Hans Borgelt · Das süßeste Mädel der Welt

HANS BORGELT

# Das süßeste Mädel der Welt

### DIE LILIAN-HARVEY-STORY

ERSCHIENEN BEI HESTIA

Printed in Germany
© 1974 by Hestia-Verlag GmbH., Bayreuth
Umschlaggestaltung: H. C. Traue
Fotos: Archiv Harvey/Wirth
Gesamtherstellung: Cicero Presse, Hamburg 20
ISBN 3-7770-0125-2

# Inhalt

Vorwort .................................................. 7
Drei Begegnungen ......................................... 10
Geleitwort für ein ungeschriebenes Buch .................. 21
Das Kuckucksei ........................................... 22
Spagat und Lampenfieber .................................. 31
Die zweite Pawlowa ....................................... 32
Karriere in Wien ......................................... 40
SOS Eichberg ............................................. 41
Pi – Pa – Po ............................................. 54
Willy heißt die erste Liebe .............................. 55
Acht Zentner Berlinerinnen ............................... 66
Die Gage klettert – 2000 Prozent! ........................ 68
Was 1930 geschah ......................................... 78
Mit Volldampf in den Tonfilm ............................. 79
Geliebt und bewundert .................................... 92
Mehr als ein Film: »Der Kongreß tanzt« ................... 94
Wenn Millionen träumen ................................... 112
»Blonder Traum« wird Wirklichkeit ........................ 114
Amerikas Filmimport: 52 % deutsch ........................ 131
In Hollywood ist alles anders ............................ 132
Man blickt auf sie mit Neid und Angst .................... 141
Gary Cooper oder Paul Martin? ............................ 145
Rubinstein und der Handstand ............................. 161
Es wird schon nicht so schlimm werden .................... 162
Immer diese verflixten Blondinen! ........................ 176
»Capriccio« und die Hosenrolle ........................... 180
Die Unermüdliche ......................................... 188
Das Ende einer Karriere .................................. 190
Keine Notiz nehmen ....................................... 204
Den Menschen Freude bereiten ............................. 206

In Cap d'Antibes .................................................. 215
In einem Meer von Mimosen ...................................... 217
Ein neues Harvey-Bild ............................................ 223
Filmographie Lilian Harvey ....................................... 229
Personenregister ................................................. 235

# *Vorwort*

Es war einmal eine junge, blonde Filmschauspielerin, die war so populär wie keine andere in deutschen Landen. In den Jahren zwischen 1930 und 1940 nannten alle Kinobesucher sie stolz und schwärmerisch nur »unsere Lilian«.

Sie war so zierlich und zerbrechlich, so unwirklich und liebenswert, daß sie die Ritterlichkeit aller Männer und zugleich das Mitgefühl aller Frauen herausforderte. Sie weckte weder Eifersucht noch gar Begehrlichkeit, es ging auch keine gefährliche Unruhe von ihr aus. Die Liebe, die mit zärtlichem Schutz sie umgab, war eine ganz allgemeine, fast unerotische Liebe.

Daß die Harvey einen englischen Namen hatte, war man bereit, ihr zu verzeihen. Die einen empfanden das »Fremdländische« an ihr als zusätzlichen Reiz, die anderen sagten: »Wer so blond und so sympathisch ist und so gut deutsch spricht, *kann* keine Ausländerin sein!« Und da sie auch nach 1933, als in Deutschland die Deutschtümelei neue Höhepunkte erreichte, im Gegensatz zu anderen Ausländern, die von Hitler des Landes verwiesen wurden, als höchst bezahlter UFA-Star in Berlin bleiben und weiterarbeiten durfte, konnte sich die Zuneigung des großen Publikums ungehindert und überschwenglich an Lilian verströmen.

Ihr ständiger Partner, Willy Fritsch, wurde in diese Liebe mit einbezogen. Nie hat es ein berühmteres Liebespaar auf der europäischen Kinoleinwand gegeben. Daß die beiden allerdings nicht heiraten wollten, weil sie sich angeblich privat nicht viel bedeuteten, war für die deutsche Öffentlichkeit ein schwerer Schock.

Und es war zur gleichen Zeit eine junge, blonde Schauspielerin, die wurde vom englischen Publikum mit nicht geringerer Herzlichkeit »Lilian, darling« genannt. Es handelte sich aber um dieselbe Künstlerin; mit Recht zählten auch die Briten sie zu den ihren. Denn schließlich war die Harvey in London geboren und Englisch ihre Muttersprache. Und ihre Partner auf der Leinwand waren waschechte Briten: John Batten, Laurence Olivier, Jack Hulbert, Maurice Evans, Esmond Knight und andere.

Und daß die Franzosen, wenn sie, ebenfalls in jenem Jahrzehnt, von »Lilian, chérie« sprachen, nur Lilian Harvey meinten, kann auch ihnen niemand verdenken. Sprach diese Frau doch französisch so gut wie englisch und deutsch und besaß an der Côte d'Azur, ihrer dritten Heimat, ein Traumhaus, die Villa »Asmodée« in Cap d'Antibes, wo viele wohlhabende Franzosen wohnten. Und ihre Filmpartner waren Lieblinge der Pariser Bühnen: Henri Garat, André Roanne, Pierre Brasseur, Charles Boyer und Louis Jouvet.

Es klingt wie ein Märchen und ist einmalig in der Geschichte des Films: daß Angehörige von drei Nationen, noch dazu von Ländern, die in jener Zeit untereinander verfeindet waren, ein und dieselbe Frau meinten, wenn sie von »ihrer« Lilian sprachen. Und daß es ein und derselbe Film war, über den sie diskutierten, ob er nun »Happy ever after«, »Une Rêve Blonde« oder »Ein blonder Traum« hieß. Was für die Franzosen damals »Le Chemin du Paradis« war, war für die Deutschen »Die Drei von der Tankstelle«. Hinter Englands »The Temporary Widow« verbarg sich Deutschlands »Hokuspokus«. Und ob in London »Did I Betray?« uraufgeführt wurde, in Paris »Les Roses Noires« oder in Berlin »Schwarze Rosen« – es war immer der gleiche, immer in Deutschland in zwei oder drei Versionen gedrehte Film mit immer nur einer einzigen Hauptdarstellerin: Lilian Harvey. Lediglich ihre Partner wechselten von Sprache zu Sprache, von Nation zu Nation.

Die Technik der Synchronisation wurde damals noch nicht angewandt. So kam es, daß die Harvey, da sie in allen Sprachen zu Hause war, mit jeweils ausgetauschtem Partner hintereinander alle drei Versionen ihrer Filme drehte und folglich stets das dreifache Arbeitspensum zu absolvieren hatte. Wenn am letzten Drehtag alle anderen Schauspieler aufatmend in Urlaub fuhren, war sie reif für das Sanatorium. Das heißt: nein – sie paukte bereits die drei Drehbücher ihres nächsten Films.

Es scheint, als habe der Unterhaltungsfilm jener Zeit auf eine Frau wie die Harvey nur gewartet. Und andererseits begann Lilian ihren einzigartigen Aufstieg wohlvorbereitet im bestmöglichen Augenblick: mit ihrer Jugend, ihrer Schönheit, ihrem Charme, ihrem Temperament, ihrer Vielseitigkeit, ihren Sprachkenntnissen, ihrem Tanzen, ihrem Singen, ihrem Humor, vor allem aber mit ihrer Energie, ihrer Unermüdlichkeit und ihrem Willen zur Leistung.

Eine Karriere wie die ihre konnte nur in jener Zeit stattfinden. Sie blieb unnachahmlich und unwiederholbar. Deshalb nimmt sie in der Filmgeschichte einen unbestrittenen Rang ein.

Nur wer so fleißig, so ehrgeizig, so zäh, so hart zu sich selber war wie diese

Frau – ganz anders, als ihre schwärmenden Verehrer sie kannten – vermochte über anderthalb Jahrzehnte die Strapazen dieses Schwerarbeiterberufs auf sich zu nehmen.

Der Lohn waren Reichtum und Ruhm. Als dann Hollywood sie holte zu Bedingungen, die keiner Greta Garbo, keiner Marlene Dietrich geboten worden waren, schien Lilian Harveys Weg zur Weltkarriere offen.

Sie ist ihn gegangen, aber zu früh umgekehrt.

Sie hat vieles falsch gemacht.

Manches Mißverständnis hat ihren Ruf beeinträchtigt.

Wie sie Ruhm und Reichtum erwarb und beides in fatalen Fehleinschätzungen wieder aufs Spiel setzte, davon erzählt dieses Buch.

# Drei Begegnungen

Dreimal bin ich Lilian Harvey begegnet.

Im Frühjahr 1939 besuchten wir, Studenten der Publizistik, die UFA-Filmstudios in Babelsberg bei Berlin. Filmwissenschaft, so unser Professor, bedürfe der Ergänzung durch das praktische Beispiel. Im Atelier »mit den Augen stehlen«, das sei noch immer die beste »filmische« Ausbildung.

Ein Dramaturg der UFA hielt uns einen gescheiten Vortrag über die Taktik des Schnitts (»Wenn dem Autor nichts mehr einfällt, wechselt er schnell die Szene«). Ein nervöser Regieassistent pries sein Medium als schöpferisches Nonplusultra (»Film - das ist das Gesamtkunstwerk«). Ein Architekt wußte es ganz genau: Film sei nur Bild, Bild nur Architektur, folglich sei Architektur Film »an sich« und damit das Größte (»Ein Film wird nicht gedreht, sondern gebaut«).

Wir fanden alles gut und richtig, hörten aber nur mit halbem Ohr zu, weil wir aufgeregt auf »sie« warteten, deretwegen wir uns, ohne es direkt zuzugeben, eigentlich hierher bemüht hatten. »Sie« war Lilian Harvey. Und wer nicht miterlebt hat, was eine romantische, blonde Schauspielerin, das »süßeste Mädel der Welt«, in einer Zeit des drohenden Unheils für Millionen Menschen bedeutete, wer sich nicht vorzustellen vermag, welche magische Kraft das Kino damals noch ausstrahlte, und wer nicht weiß, daß in der Glanzzeit des deutschen Films der »Star« eine Erscheinung fast jenseits von Gut und Böse war, tief verehrt, buchstäblich »vergöttert«, der wird nicht die Aufregung von uns damaligen Studenten verstehen können.

In jenen Tagen wurde »Frau am Steuer« gedreht, und es sprach sich herum, daß dieser Film mit Autofahren nichts zu tun habe. Ein neuer Aufguß der »Drei von der Tankstelle« sei nicht zu erwarten, der Titel vielmehr symbolisch zu verstehen. Lilian spiele eine emanzipierte Frau, die das »Steuer des Lebens« fest in der Hand halte und ihrem Mann – natürlich wieder von Willy Fritsch dargestellt – zeige, was eine Frau im Berufsleben zu leisten vermöge.

Und es hieß auch, die Stimmung sei schlecht. Nicht nur hinter den Kulissen. Und weil die Stimmung schlecht war, wurde uns nicht gestattet, während der Dreharbeiten zuzuschauen. Aber der Aufnahmeleiter versprach, Frau Harvey werde in einer Pause zu uns kommen.

Wenig später erschien sie in der Kantine – klein, zierlich, ein wenig nervös, doch sehr freundlich. Wir wurden ihr vorgestellt und »bestahlen« sie mit den Augen. Sie gab jedem von uns lächelnd die Hand, bedauerte, daß wir einen so schlechten Tag erwischt hätten, ließ sich in keine Diskussion verwickeln und verschwand schon wieder.

»Achtunddreißig Kilo!« flüsterte kopfschüttelnd neben mir eine vollschlanke Kommilitonin.

Der Aufnahmeleiter, der sie begleitet hatte, kehrte noch einmal zurück. Da hätten wir gleich konstatieren können, wie schwer es heutzutage sei, noch Filme zu machen. Und wie nervenzerfetzend für jedermann, wenn ein Weltstar wie die Harvey im Atelier stehe.

»Vergessen Sie nicht – sie kassiert Devisen!« sagte er, scheinbar zusammenhanglos, und ließ uns mit diesem Satz allein.

In einem Land, das Kanonen statt Butter fabrizierte, einer Filmschauspielerin die Gagen – man munkelte von sechsstelligen Summen – in englischen Pfunden auszuzahlen, das zeigt die Bedeutung, die das »Reichsministerium für Volksaufklärung und Propaganda« der britischen Staatsbürgerin Lilian Muriel Harvey beimaß, die noch wenige Monate vor Kriegsausbruch in und für Deutschland filmte.

Weshalb an diesem Tag die Stimmung so schlecht war, sollte ich erst nach Jahrzehnten erfahren.

Meine erste Begegnung mit Lilian ließ mich ahnen, daß auch eine Künstlerin, die nichts anderes im Sinn hatte, als ihr Publikum zu unterhalten, in jener Zeit dem Zugriff der Politik kaum zu entgehen vermochte. Sie schien sich zwischen die Stühle gesetzt zu haben. Eine »Frau am Steuer« war sie offenbar nicht.

Und eigentlich tat sie mir ein bißchen leid.

*

Meine zweite Begegnung mit ihr fand über zehn Jahre später statt, am 10. September 1949.

Berlin hatte, wenige Monate nach Beendigung der sowjetischen Blockade, aufzuatmen begonnen. Noch lag die Stadt in Trümmern. Die Jahre zwischen Kriegsende und der Währungsreform waren hart und entbehrungsreich gewesen, hatten den vier Sektoren aber einen unvergleichlichen kulturellen Aufschwung beschert. Die Besatzungsmächte wetteiferten geradezu um die Gunst der Berliner, die nach Herzenslust wählen konnten zwischen erstklassigen Gastspielen des Theaters aus den USA, des Konzerts aus der Sowjetunion, des Balletts aus England, der Oper aus Frankreich. Filme aus aller Welt strömten in die heil gebliebenen Kinos der deutschen Hauptstadt; nach den Jahren der Isolation war ein ungeheurer Nachholbedarf zu befriedigen. Und Zeitungen gab es jede Menge; neidisch blickte man aus West und Ost auf das »Presseparadies« an der Spree. Die Mauer existierte noch nicht.

Als Amerikas »Luftbrücke«, über die zwölf Monate lang die Bevölkerung Westberlins versorgt worden war, eingestellt werden konnte, normalisierte sich das Leben in der geteilten Stadt. Die »Kammerspiel-Ära«, in der jede intakt gebliebene Schul-Aula ihr eigenes Theater-Ensemble hatte, war vorbei. Nur noch qualifizierte Bühnenleistungen konnten sich halten. Das neue Geld war knapp, das Publikum verwöhnt. Man goutierte allein das Besondere, auch in der Unterhaltung.

Und da hieß es eines Tages: Lilian Harvey kommt nach Berlin!

Sie hatte sich kaum verändert. Noch immer wog sie achtunddreißig Kilo, wirkte zerbrechlich und aufgeregt. Ihr blondes Haar verbarg sich unter einem Kopftuch; später erfuhr man, es sei tags zuvor das Opfer eines ungeschickten Friseurs geworden.

Die kleine Bar in Friedenau, wo sie eine Pressekonferenz gab, war überfüllt. Dennoch ließ sie es sich nicht nehmen, jedem von uns die Hand zu geben. Denen, die sie noch von früher kannte, fiel sie um den Hals und küßte sie unter Tränen. Die Tränen waren echt.

Zu einem geordneten Interview kam es nicht. Sie sprudelte Fragen und Antworten gleichzeitig aus sich heraus, erzählte, was sie in den vergangenen zehn Jahren erlebt hatte, und wollte wissen, ob man wieder ungestört in der Havel angeln könnte, denn Angeln war noch immer ihr Hobby. Ja, sie sei nach wie vor unverheiratet. Nein, die deutsche Sprache habe sie nicht verlernt, wie ein schweizer Journal boshaft gemeldet hatte. Ja, sie befinde sich auf einer großen Tournee durch Europa und nun erstmalig wieder auf deutschem Boden.

Als sie dann sagte, sie singe überall und in mehreren Sprachen »ihre« Lieder, jene Tonfilmschlager nämlich, die so populär gewesen waren, daß sie zwischen Nord- und Südpol jedes Kind kannte – wurden wir mißtrauisch. Noch mißtrauischer, als sie eifrig versicherte, sich vorgenommen zu haben, den Menschen Freude zu bringen und ihnen den Alltag zu verschönern. »Der Krieg ist doch aus! Wissen Sie, was Sie jetzt im Kino brauchen? Etwas ganz Liebes und Süßes, etwas, das die Herzen höher schlagen läßt. Sie brauchen in Deutschland Frohsinn, Schönheit und Harmonie!«

Wir blickten uns erstaunt an. Ja, der Krieg war aus, aber die großen Erschütterungen, die wir brauchten, um uns wieder in den Frieden einzuleben, die Bewegungen des Herzens und die Erweiterung des so lange verengten Horizonts hatten wir bis jetzt von Sartre und Thornton Wilder bezogen, von Bertolt Brecht und O'Neill, von Saroyan und Miller, von Beethoven, Bruckner, Hindemith, Schönberg, Schostakowitsch, Strawinsky. Was war von Lilian Harvey zu erwarten?

»Ich habe so viele Briefe bekommen, entzückende Briefe! Sie zeigen mir, daß ich auf dem richtigen Wege bin. So lange man mich haben will, werde ich nicht aufhören, den Menschen Freude zu bringen!«

Abends, vor der Film-Bühne Wien, war der Kurfürstendamm abgesperrt. Zu Hunderten warteten die Berliner auf ihren heimgekehrten Liebling, brachten ihm Ovationen, schüttelten ihm die Hände – Furtwängler und Hans Albers, die ebenfalls damals ihr Comeback in Berlin hatten, wären neidisch gewesen, hätten sie diese Demonstration erlebt.

Was sich dann auf der Bühne tat, war eine Star-Show ältesten Stils. Vier Männer im Frack trugen Lilian an die Rampe, ein Rüschenkleidchen umhüllte den »blonden Traum«, am Mikrophon schwebte sie nieder, und als der Beifall sich endlich gelegt hatte, begann sie, von einer kleinen Kapelle begleitet, zu singen: »Liebling, mein Herz läßt dich grüßen«, »Du bist das süßeste Mädel der Welt«, »Irgendwo auf der Welt gibt's ein kleines bißchen Glück« und dann ihr Lieblingslied, jenes fatale Chanson von Werner Richard Heymann, dem Robert Gilbert einen so gefährlichen Refrain mitgegeben hatte: »Das gibt's nur einmal, das kommt nicht wieder...« Ein Vers, der sich alsbald jedem Kritiker als bissiges Bonmot aufdrängen sollte.

Wer sich an diesem Abend nicht von süßen Erinnerungen den Verstand benebeln ließ, hörte plötzlich, daß diese Frau gar keine Sängerin war. Sie besaß nur ein kleines, bescheidenes, allenfalls liebliches Stimmchen. Der Applaus war auch wesentlich schwächer als vor ihrem Auftreten, aber immer noch herzlich genug. Denn Charme hatte sie nach wie vor, die Harvey.

Die Menschen, die hier vor ihr saßen, hatten Lilian ja noch nie leibhaftig erlebt. Nur ihre Filme kannten sie; nur von der Leinwand herab war ihnen jene schöne Illusion einer heilen Welt vermittelt worden, der sie jetzt, von

Kriegstrümmern umgeben, sehnsuchtsvoll nachträumten. Nur aus Lautsprechern und von Schallplatten war ihnen Lilians süße Stimme vertraut, in einer Tontechnik, der noch viele Mängel angehaftet hatten.

Die Erinnerung, verbrämt durch den zeitlichen Abstand, prallte also ohne schonende Vorbereitung auf die Realität der Gegenwart, und gewiß vermochte nicht jeder Zuhörer den Vergleich zwischen einst und jetzt ohne Schwierigkeit zu bewältigen.

Ein Conférencier fühlte sich alsdann bemüßigt, die Künstlerin auf der Bühne zu interviewen. Warum sie nicht geheiratet habe? »Zu wenig Zeit!« scherzte sie. »Poor old Girl!« rief der Mann. »Old maid«, verbesserte sie ihn prompt. »Alte Jungfer!«

»Welche Schuhgröße haben Sie?«

»Siebenundvierzig!« und Lilian steckte schelmisch den Finger in den Mund, wie einst, bei der UFA.

»Ist Frankfurt oder Bonn die Hauptstadt Deutschlands?«

»Ich dachte Berlin?« Müdes Lachen. Derartige Scherze zogen hier nicht.

Am Schluß der Vorstellung aber wurde sie wieder gefeiert, als sei soeben ein neuer großer Lilian-Harvey-Film erfolgreich aus der Taufe gehoben worden. Die meisten Zuschauer schienen entschlossen, sich ihre gute alte Harvey-Liebe durch keinerlei Enttäuschungen beeinträchtigen zu lassen.

Mit Knickschen und Handküßchen verabschiedete sie sich, mit Winke-Winke und Tränen im lächelnden Backfischgesichtchen.

Sie war dreiundvierzig. Als Frau noch jung genug. Als Künstlerin nicht zu alt. Als Lilian Harvey aber, deren internationale Triumphe ein dutzend Jahre zurücklagen, nur ein Schatten der Vergangenheit.

Die Kritiken waren schlecht. »Kulturpolitisch gesehen«, schrieb eine Zeitung, sei diese Veranstaltung unwichtig und überflüssig gewesen. Das war das Presse-Stichwort jener Wiederaufbaujahre: Kulturpolitisch. Mit dieser Elle maßen wir Journalisten seit dem Jahre Null die Qualität des Kunstbetriebs in Berlin. Wir suchten nach Substanz, nach wegweisenden Signalen. Und ungerechterweise legten wir diesen Maßstab auch an die Produkte reiner Unterhaltung. Dieses Mißverständnis zwischen Kritik und Publikum dauert leider heute noch an.

»Ihre stimmliche Entäußerung ist ein sympathisches Zwitschern, mehr nicht«, stellte ein Reporter fest. Immerhin: »Ihre grazile Erscheinung, die wirbelnde Beweglichkeit und dieses Zwitschern sind ein erfreulicher Dreiklang.«

»Sie lebt augenscheinlich ganz in der Illusion ihrer vergangenen großen Zeit. Wird das Schicksal ihr, die zu altern vergaß, eine neue Erfolgsserie bescheren? Oder bleibt es dabei: Das kommt nicht wieder?«

»Rätselhaft ist nur, was das alles heute noch soll. Diese ›blonden Träume‹ sind vergessen; lächerlich, sie noch einmal träumen zu wollen...«

»Ein vorgestriges Publikum schien eisern entschlossen, seine Lebensideale aus der Anfangszeit des deutschen Tonfilms auch für Gegenwart und Zukunft zu proklamieren... Lilian tut gut daran, sich nunmehr überall in Deutschland zu produzieren und dadurch die musischen Langschläfer gründlich aus ihren abgestandenen Träumen zu wecken.«

Und eine Pressestimme aus Ostberlin, wo die Kritiker zwischen »formalistischer« und »fortschrittlicher« Leistung zu unterscheiden gelernt hatten: »Das war kein ›Stück vom Himmel‹, sondern ein Stück aus dem Tollhaus...«

Abermals hatte sich Lilian, obgleich sie ehrlichen Herzens nur das Beste wollte, zwischen zwei Stühle gesetzt. Was immer sie unternahm – sie kam der Politik ins Gehege. Diesmal der Kulturpolitik. Wieder tat sie mir leid.

In ihrem Nachlaß fand ich ein Bündel Verehrerpost aus der Zeit dieses Berliner Comebacks. Darunter den Brief einer damals dreißigjährigen Schwärmerin, die seit ihrem zwölften Lebensjahr alle Harvey-Filme gesehen hatte. Hinter sentimentalen Floskeln wurde eine Auffassung erkennbar, die den Kritiker von einst nachdenklich stimmte.

»Lilian, kleine, anmutige Elfe des deutschen Films, gestern nach Jahren sah ich Dich endlich wieder. Oft habe ich voller Sehnsucht meine Gedanken zu Dir in die Ferne geschickt, hinaus in die große Welt, die Deine Heimat ist. Nun bist Du endlich doch zu uns gekommen. Ich will keine großen Worte machen, will Dir nur recht herzlich danken für den gestrigen Abend in der Film-Bühne Wien. Wo gibt es in Berlin eine Künstlerin, die bei ihrem bloßen Erscheinen so umjubelt wird wie Du? Noch dazu nach einem Jahrzehnt der Trennung! Und was waren das für Jahre! Jahre der größten Umwälzungen und Erschütterungen, Jahre der Not und des Schreckens. Warst Du nicht auch erschüttert über unser liebes altes Berlin? Als ich gestern nacht ganz allein durch die gruseligen Ruinen bis in den ›fernen Osten‹ nach Haus tippelte, sah ich wieder im Geiste Deinen blonden Wuschelkopf auftauchen, sah Dich kindlich verspielt um ein großes Auto herumtollen, sah Dich zart und schutzbedürftig im Regen und Gewitter stehen, wie damals in der ›Tankstelle‹, meinem ersten Harvey-Film...«

Jahre der Not und des Schreckens hatte die Schreiberin immerhin mitgemacht. Aber ihre Lilian-Schwärmerei war den »größten Umwälzungen und Erschütterungen« nicht erlegen. Der »blonde Wuschelkopf« hatte sie als Hoffnung und Trost durch die Zeit der Entbehrungen begleitet. Neue künstlerische Leistungen wurden von dem Idol nicht mehr verlangt, im Gegenteil: »Du hast uns so reich beschenkt, daß wir Dir danken und immer nur danken können. Du hast uns durch Deine Filme soviel Sonne, soviel Freude und frohe Stunden geschenkt, daß wir immer in Deiner Schuld stehen werden. Für mich bist Du der Inbegriff alles Reinen, Schönen, Leichtbeschwingten in der Kunst. Ein Wesen ohne Erdenschwere, dem die Götter mehr gegeben haben als anderen Sterblichen. Du bist ein Stück aus unserer aller Herzen, ein Stück Berlin, wie es war – ein Traum, der Wirklichkeit wurde durch die Existenz Deiner kleinen, zierlichen Person.«

Ein Brief wie dieser mußte die Harvey allerdings in ihrer Überzeugung bestärken, sie sei auf dem richtigen Wege, erneut die Herzen höher schlagen zu lassen.

Hatten die Kritiker ihr Unrecht getan?

\*

Achtzehn Jahre später, am 2. Dezember 1967, kam es in Garmisch-Partenkirchen zu meiner dritten Begegnung mit ihr.

Ich arbeitete an einer Fernsehserie von Künstler-Portraits, darunter einem Bericht über Willy Fritsch. Dieser hatte es strikt abgelehnt, mit seiner Traumpartnerin von einst, Lilian Harvey, noch einmal vor die Kamera zu treten. Deshalb fuhr ich nach Garmisch, wo Lilian Theaterproben hatte, richtete an sie die gleichen Fragen, die ich schon in Hamburg Willy Fritsch gestellt hatte, und schnitt später die Antworten zusammen.

Sie war jetzt zweiundsechzig, noch immer blond und hielt eisern ihr Gewicht: achtunddreißig Kilo. Das Gesicht aber war vom Alter gezeichnet.

Da es ihr nicht gelungen war, wieder Filme zu machen, da sie auch ihre Lieder inzwischen selbst für veraltet halten mochte, hatte sie sich jetzt der Sprechbühne zugewandt. Der Weltstar von einst spielte Theater – in Heidelberg, in Bad Godesberg, in Garmisch-Partenkirchen...

»Ich verstehe den Willy nicht! Wir könnten doch zusammen auf Tournee gehen, mit Thomas Fritsch als unserem Bühnensohn! Tourneen bringen eine Menge Geld ein. Aber Willy will nicht, er ist einfach zu bequem.«

Fritsch hatte mir auf meine Interview-Frage, ob er, wenn ein entsprechendes Angebot käme, wieder mit Lilian filmen würde, energisch geantwortet: »Um Gottes willen nein! Man darf die ollen Kamellen doch nicht wieder aufwärmen! Damit ist es endgültig vorbei!«

Lilians Antwort in Garmisch: »Aber ja – jederzeit und mit dem größten Vergnügen!«

Warum sie überhaupt Theater spiele? »Ich hätte schon früher gern Theater gespielt. Aber damals hatte ich keine Zeit: ich mußte ja filmen. Jetzt kann ich endlich nachholen, was ich versäumt habe.«

Frage an Fritsch: »Warum spielen Sie nicht Theater?«

»Weil ich zu faul bin!«

Als wir zum erstenmal mit Kamera und Tonbandgerät in Hamburg auf ihn losgingen, war er krank und ließ sich entschuldigen. Beim zweitenmal fühlte er sich nicht wohl. Beim drittenmal war er unpäßlich. Da riet uns Thomas, sein Sohn: »Holt ihn einfach aus dem Bett und stellt ihn vor die Kamera. Den muß man überrumpeln. Ihm fehlt überhaupt nichts!«

Wir taten es, und das Interview gelang.

»Was haben Sie mehr geliebt – Ihren Beruf oder Ihr Privatleben?«

»Mein Privatleben natürlich!«

So war Willy Fritsch. Ein charmanter Faulpelz. Ein strahlender Muffel. Ein ehrgeizloser Glückspilz.

Hätte er nur einen Bruchteil von Lilians Temperament und Ehrgeiz besessen, eine Weltkarriere wäre ihm sicher gewesen. Er schlug sie aus, weil er dafür englisch hätte lernen müssen.

Lilian sprach fließend sieben Sprachen.

Letzte Frage an Willy: »Haben Sie damals Ihre Partnerin als Mensch oder als Künstlerin höher eingeschätzt?«

Er wich aus: »Beides. Ich meine, sowohl als auch. Als Mensch wie als Künstlerin.«

Lilians Antwort kam wie ein Stoßseufzer: »Ich habe ihn geliebt!«

Weshalb er später nie hatte zugeben wollen, sie ebenfalls geliebt zu haben, war ihr ein Rätsel. Willy hatte in der Öffentlichkeit stets versichert, das »berühmteste Liebespaar des Films« habe es nur auf der Leinwand gegeben, privat habe sich da nichts abgespielt – absolut gar nicht. Man habe sich gut verstanden – und damit basta.

Lilian, erbost: »Ich werde ihm seine Briefe vor die Nase halten müssen! Weshalb streitet er ab, daß wir ein Liebespaar waren – und zwar jahrelang? Ich will doch nichts mehr von ihm! Er soll nur die Wahrheit sagen!«

Heute weiß man, daß er allen Komplikationen aus dem Wege gehen wollte – tatsächlichen und eingebildeten. Seine Ehe mit Dinah Grace war glücklich – und sehr bequem. Willy haßte alles Aufsehen um seine Person, nicht aus Bescheidenheit, sondern weil es ihn in seiner schläfrigen Ruhe gestört hätte.

Die Harvey hingegen fieberte vor Tatendrang. Auch jetzt noch. Dabei ging es ihr gut, sie hatte keine materiellen Sorgen. Aber noch immer glaubte sie daran, berufen zu sein, den Menschen Freude machen zu müssen. »Wenn man mich braucht, bin ich da. Ich stehe zur Verfügung, so lange man mich will.«

Man wollte sie nicht überall und immer. Die großen Bühnen nahmen sie als Darstellerin nicht für voll. Die kleinen freuten sich über die gute Reklame, die mit Gastspielen der Harvey verbunden war. Die Boulevardzeitungen ignorierten Lilians künstlerischen Höhenflug; statt dessen bauschten sie die geringsten Kleinigkeiten aus ihrem Alltag spekulativ auf.

Ob sie bestohlen worden war, ob sie auf einer Party ein Glas Sekt hatte fallen lassen, ob ein böser Hund sie gebissen hatte – alles geriet zu Schlagzeilen und großer Aufmachung. Oft schwang Schadenfreude zwischen den Zeilen mit: Was nützt ihr nun der ganze Hollywood-Ruhm – ein Hund hat sie gebissen!

Das Publikum aber bekundete weiterhin rührende Anhänglichkeit und nicht nachlassende Liebe, so daß Lilian ihre Popularität als stets nachweisbar empfinden mußte, ohne sich über das wirkliche Ausmaß dieser Treue im klaren zu sein.

Niemand konnte ahnen, daß unser Interview in Garmisch-Partenkirchen ihr letztes sein sollte. Und ihrem Gastspiel im Kurtheater folgte kein weiterer Bühnenauftritt.

Sie starb am 27. Juli 1968 in Cap d'Antibes.

*

In Lilians Nachlaß befindet sich ein Bündel Manuskripte: persönliche Aufzeichnungen. Diese Erinnerungen »Autobiographie« zu nennen oder gar »Memoiren«, hat sie sich selbst gesträubt. Es sind subjektive, spontan formulierte Berichte quer durch ihr aufregendes Leben, nicht so sehr aus innerem Antrieb verfaßt als unter liebevollem Drängen der Umwelt. Kollegen und Freunde hatten sie oft ermahnt: »Das mußt du aufschreiben, Lilian!« – »Es darf nichts vergessen werden!« – »Du bist geradezu verpflichtet, Erinnerungen zu hinterlassen!«

Das Wort von der »Pflicht« hatte sie unsicher gemacht. Wie schreibt man Memoiren? Da es keinen Leitfaden dafür gibt, brachte sie aus »Ehrfurcht vor der Geschichte« zunächst nicht einen einzigen natürlich klingenden Satz aufs Papier.

Erich Pommer, der große deutsche, später amerikanische Filmproduzent, gab ihr, bevor er in der Bundesrepublik resignierte und 1955 zum vierten und letzten Mal nach Hollywood ging, einen freundschaftlichen Rat: »Lilian, du bist kein demissionierter Politiker und kein abgehalfterter General. Du brauchst dich also nicht zu rechtfertigen, sondern brauchst nur aufzuschreiben, was dir in deinem hübschen Leben gefallen hat. Du mußt erreichen, daß die Leute deine Erinnerungen mit einem Lächeln lesen. Aber zuerst mußt du schreiben...«

Und um seiner Meinung Nachdruck zu verleihen, schickte Pommer ihr ein paar Wochen später in englischer Sprache, weil er glaubte, als Britin werde sie englisch schreiben, ein liebenswürdiges Geleitwort für das Buch, dessen ersten Entwurf sie verworfen hatte.

Dieses Geleitwort täglich vor Augen, vermochte sich Lilian ihrer »Pflicht« nun nicht mehr zu entziehen. Sie schrieb auf, was ihr gerade einfiel. Das war so viel, daß sie es weder zu ordnen noch zu differenzieren vermochte. Manches vergaß sie, oder sie unterschlug es. Auch legte sie keinen übertriebenen Wert auf Daten, Namen und sachliche Zusammenhänge. Der Filmhistoriker runzelt beim Lesen die Stirn. Beim Film-Fan aber stellt sich sehr bald das ein, was Pommer der Schreiberin als Ziel vor Augen gehalten hatte: Das Lächeln.

Lilians Aufzeichnungen – charmant und humorvoll, aber kritiklos und verspielt und im übrigen doch in Deutsch verfaßt – reichen für eine Selbstbiographie also kaum aus; der Harvey ist damit besser gedient, daß ein Buch über sie geschrieben wird, in das manches von dem einbezogen werden kann, was an Brauchbarem aus ihrer eigenen Feder stammt. Die Harvey-Literatur ist spärlich. Anno 1931 schrieb Aros (A. Rosenthal) eine Broschüre über den fünfundzwanzigjährigen UFA-Star. Edith Hamann ließ 1936 ein ebenfalls nur schmales Heft folgen. In Frankreich brachte 1933 J. M. Aimot eine etwas umfangreichere Harvey-Broschüre heraus. Das ist alles.

Die in ihren letzten Lebensjahren vielgeschmähte, arrogant belächelte, oft nur wie ein Museumsrelikt behandelte Künstlerin verdient es, endlich als Persönlichkeit der Filmgeschichte gewürdigt zu werden, und sei es auch nur der Geschichte des Publikumsfilms, der für viele Kritiker etwas ist, über das man nur mit gerümpfter Nase oder besser gar nicht spricht. Es gibt neue deutsche Filmgeschichten, in denen der Name Harvey nicht einmal erwähnt wird. Die großen Konversationslexika, immerhin, haben sie noch nicht vergessen.

Es war ihr nicht gegeben, als eine Greta Garbo oder Asta Nielsen, nicht einmal als eine Porten oder Negri in die Annalen des Stumm- und Tonfilms einzugehen. Das Hintergründige und Tragische lag ihr nicht, ihr frühzeitig ausgeprägtes Sendungsbewußtsein konzentrierte sich auf die Elemente der leichten Kunst: Tanz, Gesang und munteres Spiel. Damit wollte sie die Menschen erheitern und fröhlich machen – von Anfang an und, leider, bis in alle Ewigkeit.

Als Muse des musikalischen Lustspiels hat sie dann den Gipfel dessen erreicht, was in ihrer Zeit zu erreichen überhaupt möglich war – nicht nur in Europa; sie war auf dem Wege zum Weltstar. Vergleicht man die deutschen Publikumsfilme von damals mit dem, was der heutige Film als Unterhaltung anzubieten wagt, dann bedarf es keines Kommentars. Autoren wie Hans Kräly, Walter Reisch, Curt Goetz und Billie Wilder waren sich nicht zu schade, für die Harvey Filme zu schreiben. Zu ihren Regisseuren gehörten auch Anatol Litvak, Robert Siodmak, Augusto Genina und Jean Boyer; die Namen ihrer prominenten Partner sind nicht zu zählen, sie werden in den folgenden Kapiteln auftauchen.

Es scheint an der Zeit, Lilian-Harvey-Filme in vernünftiger Dosierung aus der Versenkung zu holen. Nicht jeder ist noch spielbar, aber mancher steckt voller Reize, die neu entdeckt werden wollen. Filmtheater und Fernsehen sollten sich Wiederaufführungen nicht entgehen lassen. Die Internationalen Filmfestspiele Berlin haben im Sommer 1974 einen dankenswerten Anfang gemacht.

# Geleitwort
# für ein ungeschriebenes Buch

»...She was not of flesh and blood, but rather a fairy-tale creature – a lovely wish fulfillment – a thing to dream about.

And then, amazingly, she was a bundle of energy and daring, and no task was so hard or so dangerous that she did not insist upon doing it herself...

Her sweetness and charm made boundaries between countries disappear, and for years she gave pleasure to a world that needed pleasure. I hope she will give it more.«

Eric Pommer
14327 Collins Street
VAN NUYS, California

»...Sie war nicht aus Fleisch und Blut, sondern eher ein Märchengeschöpf – eine wunderschöne Wunscherfüllung, eine Erscheinung, von der man träumen kann.

Dann aber, erstaunlich, war sie ein Ausbund von Energie und Mut, und keine Aufgabe war zu schwer oder zu gefährlich, als daß sie nicht darauf bestanden hätte, sie selbst zu bewältigen.

Ihre Lieblichkeit und ihr Charme halfen Ländergrenzen zu überwinden, und viele Jahre lang bereitete sie einer Welt Vergnügen, die Vergnügen dringend nötig hatte. Ich hoffe, sie gibt ihr noch mehr.«

# Das Kuckucksei

Am Anfang dieses Berichts steht eine »Enthüllung«: unsere Lilian ist ein »Kuckucksei«. Zwar wurde sie ehelich geboren, aber nicht der Mann ihrer Mutter war ihr Vater.

Wir hätten eine so intime, bislang unbekannte Angelegenheit getrost verschweigen können, wenn nicht gerade diese Herkunft der Harvey für die Entwicklung ihrer Persönlichkeit von großer Bedeutung gewesen wäre.

Lilian hat ihre Mutter abgöttisch verehrt, den Mann ihrer Mutter jedoch gehaßt. Ihren richtigen Vater, den sie offenbar nicht kannte, hat sie dennoch geliebt, weil er als einziger es verstanden hatte, ihre Mutter glücklich zu machen. Sie betrachtete sich als ein »Kind der Liebe« und führte alle ihre positiven Eigenschaften auf diese glückliche Verbindung zurück.

Als Ethel Laughton in London den deutschen Kaufmann Walter Bruno Pape aus Magdeburg heiratete, der später die britische Staatsangehörigkeit annahm, glaubte sie an die große Liebe. Sie gebar ihm zwei Kinder, Marjorie und Walter, genannt Jimmy. Wirtschaftliche Schwierigkeiten zerrütteten diese Ehe. Pape vernachlässigte Familie und Beruf. Eines Tages war er verschwunden. Als er sich wieder einfand, hatte er drei Kinder: Lilian war inzwischen geboren worden. Er versöhnte sich mit seiner Frau und erkannte das dritte Kind als sein eigenes an.

Aber der Ehefrieden dauerte nicht ewig. Als die Kinder größer waren, reichte Mutter Ethel die Scheidung ein. Papa Pape heiratete noch einmal. Nach dem zweiten Weltkrieg stellte ein junger Mann sich Lilian Harvey als ihr Halbbruder vor, ohne zu wissen, daß er es nicht sein konnte: Papes Sohn aus zweiter Ehe.

Obgleich die drei Kinder der ersten Ehe sich äußerlich sehr unterschieden – Lilian war klein, puppenhaft zierlich und schien von Kindesbeinen an zur Tänzerin prädestiniert – verstanden sie sich gut. Die beiden älteren stellten sich voll auf den Beruf ihrer jüngeren Schwester ein. Jimmy wurde Kameramann. Marjorie heiratete den Deutschen Richard Boehme, dem Lilian später in Waren am Müritzsee zwei Filmtheater einrichtete.

Als Lilian ihr erstes Engagement antrat, tauschte sie den Namen Pape gegen den Mädchennamen ihrer englischen Großmutter aus, die eine geborene Harvey war. Und weil der neue Name so erfolgreich wurde, legten ihn sich auch die anderen Familienmitglieder offiziell zu. Mutter Ethel nannte sich Harvey-Pape. Ihre Enkel, Jimmys Kinder, aber sind »reine« Harveys geworden.

Lilians Familiensinn war sehr ausgeprägt. Solange sie gut verdiente, unterstützte sie ihre Angehörigen. Weil Pape seiner geschiedenen Frau keinen Unterhalt zahlte, ließ Lilian ihr allmonatlich einen Scheck über 2000 Mark zukommen. Und damit Pape, der immer knapp bei Kasse war, seine Ex-Familie nicht behelligte, überwies Lilian ihm monatlich 300 Mark. Erst im Jahre 1940, als nach Kriegsbeginn ihre deutschen Konten gesperrt wurden, hörten diese Zahlungen an ihn auf.

Besonders großzügig wurde Bruder Jimmy behandelt: er durfte sich die Blankoschecks selbst ausfüllen. Als Lilian später diese unbegrenzten Abbuchungen in begrenzte umwandelte, kam es zum Zerwürfnis zwischen den Geschwistern.

Dies steht fest: Ohne den Seitensprung ihrer Mutter hätte es niemals eine Lilian Harvey gegeben, keinen »blonden Traum«, kein »süßestes Mädel der Welt« und kein »Das gibt's nur einmal, das kommt nicht wieder«. Ohne diesen »Fehltritt« wäre das Filmpublikum in aller Welt um ein großes Kinoerlebnis ärmer.

Man muß der Ethel Pape dafür dankbar sein.

*

Als Lilian, neunzehn Jahre alt, bei Richard Eichberg den ersten Spielfilm gedreht hatte und ihre Gage abholen wollte, stellte sie erstaunt fest, daß ihr sogenannter Vater, Walter Pape, schneller gewesen war als sie: er hatte das Geld bereits in Empfang genommen. Weil seine Tochter doch noch unmündig wäre.

Lilian tobte. »Wie kommt denn der Kerl dazu! Er ist doch gar nicht mein Vater!«

Eichberg wurde hellhörig. »Wat haste jesagt? Det gloobste woll selber nich!«

Lilian erzählte ihm grollend die Geschichte ihrer Geburt.

Eichberg kratzte sich hinter den Ohren: »Kindchen, det is'n schlimmet

Ding!« Er nahm sie mit in sein Büro und beschwor sie, den Mund zu halten. Er war dabei, Lilian groß herauszubringen. Seine Propagandamaschine lief auf vollen Touren. Das Publikum, auf dem besten Wege, sich in den Blondschopf zu verlieben, durfte auf keinen Fall erschreckt oder verstimmt werden. Und es wäre verstimmt worden, wenn es erfahren hätte, daß bei dem kleinen Kintopp-Liebling etwas »nicht in Ordnung« war – und ausgerechnet dies!

»Mensch, Meechen, det deine Mutter fremd jegangen is, is ihre Sache. Unsere Sache is, aus dir'n Star zu machen. Aber det eene paßt nu mal nich zum anderen, und deshalb hältste die Schnauze, verstanden?«

Eingeschüchtert versprach Lilian strengstes Stillschweigen, nachdem man ihr zugesagt hatte, an Walter Pape keine Mark mehr auszuhändigen.

»Un nu muß sich der arme Richard wieder wat einfallen lassen...« stöhnte Eichberg, berühmt für seinen berlinischen Mutterwitz.

Um nicht den geringsten Zweifel an Lilians gutbürgerlicher Herkunft aufkommen zu lassen, machte er sich daran, eine »saubere Wiege« herbeizuzaubern, eine »heile Welt« um sie aufzubauen.

Englisch verstand Eichberg nicht. Aber wozu hatte er seinen britischen Star? »Besorch mir mal 'ne englische Zeitung, ejal wie alt...«

Und Lilian besorgte.

Die Zeitung enthielt eine gesellschaftliche Rubrik »Births« – »Geburten«. Sie regte den »armen Richard« zu einer raffinierten Manipulation an. Er schnitt die Rubrik aus, zerlegte sie in einzelne Meldungen, fügte eine neue hinzu, klebte alles wieder zusammen, ließ den gesamten Text in einer Druckerei neu setzen, abziehen, fotografieren – und hatte plötzlich aus einer Londoner Zeitung die »Originalkopie« von Lilians Geburtsanzeige in der Hand. Der vermeintliche Zeitungsausschnitt sah dann so aus:

*»Births«*
*»At 210 Mosspark Drive, Mosspark Glasgow on 19th January 1907 to Mr. and Mrs. Alexander Buchanan a son.*
*At Hong Kong on 18th January 1907 to Mr. and Mrs. Robert Dunlop a son.*
*On 19th January 1907 to Mr. and Mrs. Walter Harvey a daughter.«*

Diese »Meldung« enthielt zwei grobe Fehler. Erstens hatte es, als Lilian geboren wurde, keine »Mrs. und Mr. Walter Harvey« gegeben, zweitens war ihr Geburtsjahr nicht 1907, sondern 1906. Unwillig wehrte der »arme Richard« Lilians Einwände ab. »Aber, Kindchen, unter Mrs. und Mr. Walter

Pape kann sich doch keen Mensch wat vorstellen! Und warum soll ick dir nich bei die Jelejenheit een Jahr jünger machen? Siehst doch höchstens wie siebzehn aus!«

Dann ließ sich Eichberg Dokumente aus Lilians Berliner Schulzeit geben – Aufsatzhefte, Zeugnisse, Poesiealben. »Sowat rührt die Leute!«

Da war zum Beispiel eine Eintragung des »Vaters« in das Poesiealbum der Neunjährigen:

»*Dem kleinen Veilchen gleich,*
*das im Verborgenen blüht!*
*Sei immer treu und gut,*
*auch wenn Dich niemand sieht!*
*Dein Vater.*«

Da war ein Schulaufsatz über Lessings »Nathan«. Lilian hatte darin u.a. folgenden Satz verbrochen: »Es gibt viele Menschen welche lange Zeit von ihren Idealen schwärmen können aber wenn es zur guten schnellen Tat kommen soll sie meistens versagen.« Der Lehrer hatte darin mindestens vier Interpunktionsfehler entdeckt und vorwurfsvoll »Schlechtes Deutsch!« an den Rand geschrieben.

Bemerkenswert auch das erste Liebesgedicht, das der Fünfzehnjährigen von dem entflammten Primaner »K. St. - Berlin« zugesteckt wurde:

»Lilith«
»*Wie ein Hauch nur, wie ein Bild von Pastell*
*lebst in der Seele du mir.*
*Wie ein Hauch nur, wie ein Bild von Pastell.*
*Ich sehe deinen Mund, den man den Liebestempel nennt,*
*Und der ein leuchtendes Fanal in deinem Antlitz brennt.*
*Ich sehe dich ganz leicht und federweich,*
*Du bist die Fee in meinem Märchenreich,*
*Doch nur ein Hauch, ein Bild von Pastell.*«

Da war schließlich das Abgangszeugnis der Schule in Berlin-Friedenau vom 27. März 1923, das Lilian in Englisch ein »Gut«, in Deutsch ein »Genügend«, in Französisch ein »Mangelhaft« bescheinigt. Übrigens »Gut« auch in Zeichnen, Singen und Turnen.

Diese und bald darauf weitere Dokumente, mit reizenden Fotos angereichert, ließ Richard Eichberg zu einer Harvey-Dokumentation »Mein Werden in 18 Belegen« zusammenstellen. Er sollte recht behalten: Die »Leute« waren davon gerührt. Und niemand ist jemals auf die Idee gekommen, Lilians »anständige« Herkunft in Frage zu stellen.

\*

Daß im Jahre 1948 das Problem ihrer Abstammung plötzlich wieder von Bedeutung sein sollte, hätte die zweiundvierzigjährige Harvey nicht für möglich gehalten. In dieser Zeit gab sie, von Amerika kommend, ein längeres Gastspiel in Dänemark. Mit ihren alten Filmliedern selbstverständlich, die sie in englischer Sprache sang. Und da sie ihre Mutter, die in Cap d'Antibes Lilians Haus hütete, lange nicht gesehen hatte, schrieb sie ihr, sie möge eine Zeitlang zu ihr nach Kopenhagen kommen.

In Dänemark herrschte damals, wenige Jahre nach Kriegsende, noch immer eine antideutsche Stimmung, und manche Zeitung konnte sich unfreundlicher Anspielungen auf Lilians »deutsche« Zeit nicht enthalten. Die Atmosphäre war gespannt. Das geht aus einem Brief Lilians hervor, den sie am 4. Juni 1948 aus dem Stadtteil Klampenborg in Kopenhagen an ihre Mutter schrieb:

»Mommy-Darling. This is very important: If I remember right you have in your *British*-Passport the *P*-Name?? Try everything possible at the British Consulate to have it taken out, in other words change of name or what-ever. Because here you have to give your Passport to the Police and the Hotel for »food-tickets« and with that name, you can't pass as mother of Lilian Harvey. What is much worse: I have had to overcome so much bad talk and publicity, having worked in Germany, although it was before Hitler. But you should know how News-Paper-People are: They would love to get hold of such news, and I could never make them believe that he was NOT my father...Please, Dear, do your utmost to get it changed, because I have already enough to fight and I can't forever carry everything on my shoulders...«

»Liebe Mutti. Dies ist sehr wichtig: Wenn ich mich richtig erinnere, hast Du in Deinem britischen Paß den *P*-Namen? Versuche irgend etwas beim Britischen Konsulat möglich zu machen, um ihn herauszunehmen, mit anderen Worten eine Namensänderung oder was auch immer. Denn hier mußt Du Deinen Paß bei der Polizei vorlegen und im Hotel für die Lebensmittelmarken, und mit diesem Namen kannst Du nicht als Mutter von Lilian Harvey durchgehen. Was noch schlimmer ist: Ich habe hier eine sehr üble Nachrede und Publicity, weil ich in Deutschland gearbeitet habe, obgleich das vor Hitler war. Aber Du weißt ja, wie Zeitungsleute sind: sie lauern immer auf etwas Neues und ich kann ihnen doch nicht klarmachen, daß er *nicht* mein Vater war...Bitte, Liebste, tue Dein Möglichstes, um das zu ändern, denn ich habe hier genug zu kämpfen und kann nicht immer alles auf meine Schultern nehmen...«

Sie muß es damals wirklich schwer gehabt haben, die arme Lilian. Denn die Dänen, unmittelbare Nachbarn Deutschlands, ließen sich ganz gewiß nicht von ihr einreden, daß sie lediglich »vor Hitler« in Deutschland tätig gewesen war. Immerhin hatte sie ihren letzten Film noch 1939 in Berlin gedreht. Lilian war im Formulieren großzügig. Sie hatte offenbar »vor dem Krieg« gemeint.

Und prompt wurde ihr ein Jahr später, 1949, bei ihrem Nachkriegs-Comeback in Deutschland vorgeworfen, sie habe in Dänemark erklärt, die deutsche Sprache verlernt zu haben und deshalb ihre Lieder in Englisch singen müssen. Energisch bestritt Lilian diese »Verleumdung«. Immerhin enthält der zitierte Brief einen deutlichen Hinweis darauf, daß »er« nicht ihr Vater war.

*

Doch zurück in ihre Kindheit.

Am 19. Januar 1906 wurde Lilian Muriel Helen Pape im Londoner Stadtteil Hornsey geboren. Weil die Lieblingsblumen ihrer Mutter Maiglöckchen waren – englisch: »Lily of the Valley« – nannte sie ihr drittes Kind »Lilian«.

Ihr Sinn für Akrobatik, meint Lilian, sei schon frühzeitig ausgeprägt gewesen. Bereits als Fünfjährige ging sie zum Entsetzen ihrer Familie in der Dachrinne spazieren. Und ihr später nie erloschenes Lampenfieber rührt angeblich daher, daß sie erleben mußte, wie ihr Brüderchen, in einer Schultheater-Aufführung auf rotem Kissen sitzend, vor Angst die Hose und das Kissen vollmachte.

Der erste, nur für kurze Zeit geplante Besuch in Deutschland, der Heimat des Vaters, weitete sich unvorhergesehen zu einem Daueraufenthalt aus. Die Familie wurde vom Kriegsausbruch überrascht und getrennt: Mutter und Kinder konnten nicht nach England zurückkehren und blieben in Deutschland; Walter Pape, der seiner vorausgefahrenen Familie später nachfolgen wollte, konnte England nicht mehr verlassen. Den Kindern machte dies nichts aus. Schlimmer war für sie ein Schimpfwort, das ihnen täglich an den

Kopf geworfen wurde und das sie wegen mangelnder Sprachkenntnisse zuerst nicht verstanden und dann noch weniger begriffen: »Gott strafe England!«

Als die Mutter bei ihrer Jüngsten Wachstumsschwierigkeiten zu entdecken glaubte, die offenbar auf die unzureichende Ernährung zurückzuführen waren, schickte sie Lilian ins neutrale Ausland, in die Schweiz, zu einer wohlhabenden Tante nach Solothurn. Auch dieser Besuch dauerte einige Jahre, bis der Krieg zu Ende ging.

So kam es, daß Lilian als Zwölfjährige bereits viereinhalb Sprachen fast fließend beherrschte: englisch, deutsch, französisch, italienisch und schwyzerdütsch.

Aber nicht den Sprachen gehörte ihre Leidenschaft, sondern dem Turnunterricht in ihrer Schweizer Schule. Was sie bereits dort an akrobatischen Leistungen vollbrachte, verhalf ihr bei den Kameradinnen zu dem Spitznamen »Kautschuk-Baby«. Und weil sie in der Klasse die Kleinste war, bekam sie auch noch den schönen Namen »Bataillonsstumpe«, nach den kleinen Schweizer Zigarren.

Daß die »Bataillonsstumpe« nicht wachsen wollte, so viel man auch an Eßbarem in sie hineinstopfte, daß sie weder auf Lebertran noch auf Kraftpräparate jeder Art, die die gute Tante ihr verordnete, »ansprang«, beunruhigte die ferne Mutter. Und kaum war Lilian nach Kriegsende wieder bei der Familie – sie blieben jetzt in Berlin, von den begüterten Großeltern Pape in Magdeburg unterstützt – da wurden ihr die Segnungen einer »Super-Gymnastik« zuteil, die das Ziel hatte, den »Bataillonsstumpen« in einen »Regimentsriesen« zu verwandeln.

So gern Lilian Gymnastik machte – ihr Ziel dabei war ein anderes als das ihrer Mutter. Nicht »stattlich« wie die anderen Kinder wollte sie werden. Sie war von Herzen gern klein und gedachte es auch zu bleiben.

Vielleicht hat sie schon damals gespürt, welche Vorteile ihr dadurch gegeben waren: für schutzbedürftig, umhegenswert und liebenswürdig gehalten zu werden. Einem »winzigen, süßen Etwas« fliegen die Herzen schneller zu als einem uncharmanten Trampel. Daß sich Zierlichkeit von der Filmkamera viel besser einfangen läßt als gesunde Robustheit, war später ein wesentlicher Faktor für ihre Karriere.

Mit »Korkenzieherlocken« zog die Dreizehnjährige in die »Königin Luise«-Schule in Berlin-Friedenau ein, von den anderen Mädeln als »Zierpuppe« abgestempelt. Doch in der Turnstunde verging ihnen der Spott, als die Neue ihre gewagten Sprünge und Spagats vorführte und anschließend in den viel zu großen Turnschuhen ihres Bruders als Charly Chaplin durch die Turnhalle watschelte. Bald stand die »Zierpuppe« im Klassenmittelpunkt und jedes Mädchen buhlte um ihre Freundschaft.

Wenn man sie zu Hause besuchte, erinnert sich Lilians Mitschülerin Käthe Schmedes, wurde nur vom Kintopp gesprochen. Berge von Filmzeitschriften fand man bei Lilian, die Wände ihres Zimmers waren mit Portraits von Conrad Veidt bedeckt, Lilians vergöttertem Schwarm, und »Das Cabinett des Dr. Caligari«, in dem der schöne Conny auf so magische Weise vom bösen Werner Krauß verzaubert wird, muß Lilian viele Dutzend Male im Kino gesehen haben. Sie kannte jede Einstellung dieses Films auswendig und zitierte die Stummfilmzwischentexte mit einer Eindringlichkeit, daß den Schulgefährtinnen »Mark und Bein erzitterte«.

Hätte sie damals geahnt, daß sie ein Dezennium später Connys Filmpartnerin sein würde, sie wäre auf der Stelle ohnmächtig umgefallen. Dies tat sie nämlich in der Pubertät sehr gern. Vor allem auch, um gewisse Krisen in der Schulzeit besser überbrücken zu können. Der für die Versetzung wichtige Vortrag eines kunstgeschichtlichen Themas fiel aus, denn seine Referentin fiel um. Und sie fiel, da sie klein war, so graziös und lieblich um, daß der Lehrer nicht umhin konnte, den nicht gehaltenen Vortrag dennoch als genügend zu werten und damit zu Lilians Versetzung beizutragen. Sicherlich hat er später ihre Autogramme gesammelt.

Bei Kati Jüterbog in der Motzstraße erhielt Lilian ihren ersten, bei Mary Zimmermann, der Primaballerina der Deutschen Oper in Charlottenburg, ihren zweiten Tanzunterricht. Für den abendlichen Flirt beim Bummel auf der Friedenauer Rheinstraße bedurfte sie keiner Unterweisung. Die Pennäler rissen sich um sie und setzten es durch, daß sie auf Gymnasiastenbällen Tanzabende geben durfte. Vielleicht ist Lilian über keine Zeitungsrezension glücklicher gewesen als über ihre erste, die sie nach einem Schulfest-Auftritt als »feinstes Meißener Porzellan-Figürchen« lobte.

Lange Zeit hatte Mutter Ethel von dem Ballettunterricht, den ihr Töchterchen genoß, nichts gewußt. Sie glaubte, es seien die Gymnastikstunden, die Lilian mit so großer Begeisterung absolvierte. Weil das Taschengeld nicht mehr ausreichte, finanzierte Lilian ihre heimliche Tanzausbildung mit dem Verkauf ihrer sämtlichen Spielsachen. Als Mama endlich dahinterkam, stand sie vor vollendeter Tatsache. Und vor einer fast vollkommenen Ballerina, die sie auf Spitzen um nachträgliche Genehmigung anflehte.

Mrs. Pape, von dem Gedanken entsetzt, daß ihre gutbürgerlich erzogene Tochter womöglich mit einer Bühnenkarriere liebäugelte, rief ein entschiedenes »Nein«. Auch Lilians Erfolge auf Schulfesten vermochten die Mutter nicht umzustimmen.

Jetzt geriet Lilian in Gewissenskonflikte. Einerseits wäre sie gar zu gern eine brave und liebende Tochter geblieben, auf der anderen Seite aber lockten Ruhm und Erfolg. Und es zeigte sich erstmals in aller Deutlichkeit, daß ihre später so hoch gerühmte Zähigkeit und dickschädelige Energie schon in Friedenau bestens entwickelt waren.

Die Ballettmeisterin hatte inzwischen aus den Schülerinnen, die sie für bühnenreif hielt, Gruppen zusammengestellt und diese einem Theateragenten angeboten. Der Agent verfügte über eine Anfrage aus Budapest, wo ein »Corps de Ballet« benötigt wurde. In der Überzeugung, daß Lilians Mutter in Anbetracht so gewaltiger Chancen ihrer Tochter nicht länger den Weg in den Himmel der Kunst versperren werde, akzeptierte die Ballettmeisterin das Angebot und teilte Lilian als eine der vier Solotänzerinnen ein.

Als Lilian den Vertrag vor Augen hatte, war sie von dem »Bombenangebot« so erschüttert, daß sie wie besinnungslos ihren Namen daruntersetzte, obgleich sie mit siebzehn Jahren weder mündig noch urteilsfähig genug war, um zu erkennen, was überhaupt hinter diesem Engagement steckte.

Sie hatte nur »Budapest« gelesen. Das war ein geheimnisvoller, Ehrfurcht und Begeisterung erweckender, vor allem ein sehr ferner Name. Sie unterschrieb, ohne ihrer Mutter zu gestehen, was sie angestellt hatte, ohne sich ihren Geschwistern anzuvertrauen und ohne von ihren ehemaligen Schulfreundinnen – das Abgangszeugnis hatte sie in der Tasche – Abschied zu nehmen. Bei »Nacht und Nebel« reiste sie ab.

Es war das Jahr 1923, und die Inflation hörte nicht auf, den Menschen das Leben schwer zu machen.

# Spagat und Lampenfieber

»Lili war eine sehr befähigte, aber nicht gerade fleißige Schülerin. Ihre Begabungen lagen hauptsächlich auf dem Gebiet der Mathematik, der Naturwissenschaften und verwandter Fächer. Sehr interessiert war sie an Literatur und Kunstgeschichte, und im Malen, Zeichnen und Handarbeiten besaß sie eine ausgesprochene Begabung. Aber Herrscherin auf der ganzen Linie war Lili, wenn die Glocke zur Turnstunde läutete. In rasender Eile zogen wir alle unsere Turnsachen an, und dann wurde Ballettstunde gespielt, bis die Lehrerin erschien. Lili machte mit unnachahmlicher Grazie die schwierigsten Pas und Sprünge vor, die wir mit mehr oder minder Geschicklichkeit nachzumachen versuchten. Das Ziel unseres Ehrgeizes war vor allen Dingen Spagat, und immer wieder waren wir vor Bewunderung sprachlos, wenn Lilian erst in die Lüfte sprang, um dann von oben mit auseinandergespreizten Beinen herunterzusausen. In unseren Turnschuhen übten wir mit zusammengebissenen Zähnen Spitzenlaufen, trotzdem die durchgescheuerten Zehen hinterher schrecklich schmerzten...

Ganz im Gegensatz zu der angeborenen Selbstverständlichkeit, mit der Lili auf der Bühne stand, wenn es sich um Tanz handelte, litt sie unter entsetzlicher Befangenheit, wenn sie etwas vortragen oder überhaupt nur reden sollte. Waren wir auf einer Geburtstagsgesellschaft, wo alles durcheinander lachte und erzählte, Lili saß still und schüchtern dabei, und als sie im Lyzeum einen Vortrag halten sollte und sich dazu auf das Podium vor die Klasse stellen mußte, war sie ganz blaß vor Aufregung, brachte nur mühselig ein paar Worte heraus – und fiel dann in Ohnmacht.«

(»Aus Lilian Harveys Schulzeit« – *Filmwelt*, 1931)

# Die zweite Pawlowa

Die Logik der Mutter war schlicht, aber überzeugend: »Aus dir kann keine Künstlerin werden, weil du aus einer künstlerisch unbegabten gutbürgerlichen Familie kommst!« Fleiß galt ihr nichts, Vererbung alles. Da konnte Lilian sagen, was immer ihr einfiel – die Mutter war nicht zu belehren.

Dann hatte sie ein neues Argument: »Wenn du nicht wenigstens wie die Pawlowa wirst, die ganz oben auf der Baumspitze sitzt, hast du als Tänzerin nichts verloren. Da du es aber nicht werden kannst, brauchst du gar nicht erst anzufangen.« Lilians Einwand, wenn sie am Ruhm der Pawlowa gemessen werde, müsse sie schon zufrieden sein, wenigstens die halbe Höhe des Baumes zu erreichen, wurde von der Mutter abgewehrt. Die Pawlowa oder gar nichts.

Endloser Gespräche dieser Art erinnerte Lilian sich, als sie in Budapest zur ersten Musikprobe antrat. Vergeblich zwang sie sich, nicht an zu Hause zu denken. Was hatte sie, die Künstlerin, die sich seit wenigen Tagen »Lilian Harvey« nannte, noch mit dem kleinen Spießbürgermädchen Lilian Pape zu schaffen? Doch der klangvolle Künstlername vermochte ihr schlechtes Gewissen nicht zu beruhigen. Sie glaubte die vorwurfsvollen Blicke ihrer Mutter auf sich zu spüren; Mommy Darling weinte sich gewiß die Augen aus. Lilian war entsetzlich deprimiert.

Sie stand mit sechzig anderen jungen Damen auf der riesigen Bühne des Theaters, in dessen Logen Kellner Tische deckten. »Das sind Séparées«, flüsterte ihre Nachbarin, und ein Schauer lief über Lilians Rücken, als sie dieses geheimnisvolle, anrüchige Wort vernahm.

Die anderen Damen, durchweg Einheimische, machten anzügliche Bemerkungen. Die vier Berlinerinnen – 14, 15, 16 und 17 Jahre alt – rückten ängstlich enger zusammen.

Bald stellte sich heraus, daß von den anderen keine größeren tänzerischen Leistungen verlangt wurden als die, neckisch über die Bühne zu hüpfen und dabei schrille Schreie auszustoßen. Dieser Talentbeweis genügte, um nach der Vorstellung von männlichen Gästen zum Souper eingeladen zu werden. Lediglich das neue aus Berlin engagierte »Corps de Ballet« hatte höheren

# Mein Werden in 18 Belegen

von *Lilian Harvey*

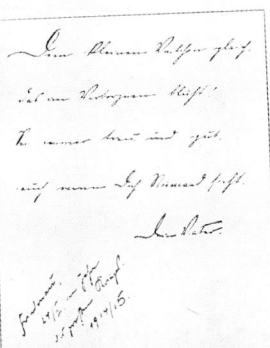

Meine Geburtsanzeige in einer Londoner Zeitung.

2. Die erste Photographie, die von mir gemacht wurde

3. Ach, mein Poesiealbum!

4. Dieser Schulaufsatz beweist, daß ich eine nicht allzu gute Schülerin war.

*Oben links:*
Die drei Geschwister Pape in London mit ihrem Kindermädchen: Walter, genannt Jimmy, Lilian Muriel, die Kleinste, und Marjorie.

*Oben rechts:*
Mrs. Ethel Pape, »Mommy-Darling«, und Lieblingstochter Lilian, das »Kind der Liebe«.

Richard Eichbergs raffinierte Fälschung, um Lilians »zweifelhafte Herkunft« zu tarnen: »Mein Leben in 18 Belegen« soll sie zu einer legitimen Bürgerstochter machen.

Von Harry Liedtke umarmt zu werden – Lilian Harvey (19) war es in einer ihrer ersten Stummfilmrollen (»Liebe und Trompetenblasen«) vergönnt. Wer hat sie nicht beneidet?

»Die Kleine vom Bummel« ganz groß herausgeputzt. Unerschrocken blickt die Neunzehnjährige in Richard Eichbergs Filmkamera.

Kunstgenuß zu befriedigen. Die vier Mädchen waren zur tänzerischen Darbietung von »Copelia«, »Moment musical« und »Carneval« von Schumann verpflichtet.

Ihre Garderobe teilten sie mit einer hochschwangeren Sängerin, die nur mit Mühe noch ihr Abendkleid zu schließen vermochte und einen erschöpften Eindruck machte. Mitleidig bot Lilian der armen Frau ihre Gage an, damit sie nicht mehr aufzutreten brauche. Doch statt eines Dankes handelte sie sich empörte Ablehnung ein. Sie liebe ihre Kunst, schrie die Dame beleidigt, und werde ihr bis zum letzten Blutstropfen dienen. Das Publikum amüsierte sich königlich über die Koloraturen schmetternde Baldgebärende.

Der Direktor, ein Mann wie ein Walroß, hatte den Mädchen nach ihrer Ankunft zwei Adressen in der ärmsten Gegend von Budapest gegeben, die als Quartier in Frage kamen. Entsetzt verließen sie die erste Stätte, von unbeschreiblichem Dreck, nach Knoblauch stinkenden Männern und Hunderten von Wanzen in die Flucht geschlagen.

Der nächste Schauplatz, ein altes Haus mit Innenhof und um diesen herum verlaufenden Galerien, war keineswegs komfortabler, enthielt aber eine Kammer, die sich die vier aus eigener Kraft zu säubern und einzurichten vermochten. Drei Mädchen schliefen im Doppelbett, für die winzige Lilian rückte die mitleidige Hauswirtin ein Bügelbrett und zwei leere Melonenkisten heraus, die Lilians 37 Kilo Lebendgewicht zu tragen vermochten.

Nach der ersten Nacht waren sie alle mit häßlichen roten Flecken übersät, die sich selbst mit dicker Schminke nicht hinwegmogeln ließen. Wanzen also auch hier. Aber nach zweistündigem Zimmerputz bei Tageslicht schien das Quartier endlich ungezieferfrei.

Am Premierenabend gingen vor Beginn der Vorstellung Kellner durch die Garderoben und schrieben sich die Nummern auf, die jede Tänzerin dezent um den Hals trug. Entsetzt fragten die Berlinerinnen, was das zu bedeuten habe; da sie aber nicht ungarisch verstanden, erhielten sie keine befriedigende Antwort.

Hinterher vermochten sich die Mädchen nicht zu erklären, weshalb sie vor dem Auftritt so großes Lampenfieber gehabt hatten. Denn ihr Ballettgehüpfe blieb ohne jedes Echo. Das Publikum ließ sich in seiner Unterhaltung nicht stören, kein Mensch kam auf die Idee zu klatschen. Kein Blümchen flog den knicksenden Mädchen vor die Füße, aber auch kein faules Ei und kein abgeknabberter Apfel, was die schwangere Sängerin zu der spitzen Bemerkung veranlaßte, diese Tatsache sei als Sensationserfolg zu werten.

Kleinlaut schlichen die Mädchen nach Hause. Als sie das Licht anzündeten, raschelte es überall im Zimmer. Diesmal waren es keine Wanzen, sondern Schaben. Die Wirtin wunderte sich, weshalb sich ihre Mieterinnen darüber aufregten. Schließlich befände sich ja im Parterre eine Bäckerei mit Millionen Schaben, und man könnte es den Tierchen nicht verdenken, daß sie von Zeit zu Zeit nach oben kämen, um sich von der anstrengenden Backofenhitze ein wenig auszuruhen.

Am nächsten Vormittag ließ der Direktor, das Walroß, die vier Damen vom »Corps de Ballet« zu sich rufen. Mit breitem Lächeln gratulierte er ihnen zum Premierenerfolg. Das Publikum sei des Lobes voll gewesen.

Lilian staunte. Offenbar pflegte man hierzulande Anerkennung durch Nichtbeachtung auszudrücken.

Überhaupt sei sein Publikum sehr kunstverständig, fuhr das Walroß fort. Mehrere Herren hätten das Bedürfnis geäußert, sich mit den begabten jungen Tänzerinnen aus Berlin zu unterhalten; sie seien so entgegenkommend, so freigiebig, diese Kunstfreunde, daß man für ihre Wünsche unbedingt Verständnis aufbringen sollte.

»Wie meinen Sie das?« fragte Lilian, mißtrauisch geworden.

»Aber Kindchen, schau, wollen diese feinen Herren gern Champagner trinken mit euch – ist doch etwas Gutes, französisches Champagner –«

»Wir betrinken uns aber nicht!«

»Nu wär wird wollen sich betrinken? Müßt ihr Champagner heimlich ausschitten unter Tisch, damit die feinen Härren gleich noch eine Flasche bestes Champagner bei mir bestellen. Und werden sie euch offerieren Bonbonnieren – feinstes Konfekt, was auf Zunge vergeht. Aber ihr braucht nicht essen, sagt einfach, ihr bringt es mit für lieben Opa oder Oma, was krank zu Hause.«

Das verstanden die Mädchen nicht. Sie hatten doch keine Großeltern in Budapest....

Da stellte sich das Walroß in Positur und spielte eine Séparéeszene vor: Also hier der Kavalier – und da die von ihm eingeladene Tänzerin. Er prostet ihr zu und trinkt, währenddessen kippt sie ihr Glas unter den Tisch. Dann klatscht er in die Hände: Herr Ober, Konfekt! Der Ober bringt eine Schachtel, die teuerste natürlich, mit großer Geste überreicht der Kavalier sie seiner Dame, die sie errötend hinter sich in den Sessel schiebt. Und warum?

»Schaut, Kindärchen, wenn ihr die Bonbonnieren gebt an mich retour, weil ich sie kann verkaufen noch einmal – dann springt ein Perzent Provision abzüglich Luxussteuer für euch heraus – na, was sagt ihr? Wenn ihr sie aber anbrecht, die Bonbonniere, und ich muß sie neu füllen mit Konfekt –«

»Wir essen keine Schokolade!« rief Lilian tapfer, »Schokolade macht dick!«

Das Walroß resignierte noch immer nicht. Mit frommem Augenaufschlag spielte er vor, wie man außerdem von zahlungskräftigen Gästen Trinkgelder kassiert – »aber mindästäns hundert Pengö – wovon wollt ihr denn läbän?«

Diese Bemerkung verwirrte die jungen Tänzerinnen. Hatten sie nicht Verträge und in den Verträgen eine wenn auch geringe Gage ausgemacht? Das Walroß sah die Fragen in ihren Augen, drückte ihnen ein paar Geldscheine in die Hände, die er als Wochengage bezeichnete, und meinte, jetzt sollten sie sich endlich mal sattessen gehen.

Und das taten sie. Zwei Tagesgagen mußten dran glauben. Für Kleidungsstücke reichte das Geld nicht mehr aus. Aber mit der Trambahn fuhren sie durch Budapest und gewöhnten sich endlich an die schöne Stadt und ihre Menschen.

Ja, die Menschen waren nett. Als sie, von neu ausbrechendem Hunger getrieben, sich in ein kleines Restaurant setzten, dessen Speisekarte vier Gerichte anpries, sprach die Wirtin sie an, eine dicke, gutmütige Frau. Verständigung war nur in französischer Sprache möglich. Und als die Wirtin nun erfuhr, daß es sich um Tänzerinnen handelte, die in einem Etablissement auftreten mußten, das keineswegs einen guten Leumund besaß, ließ sie ihre Gäste alle vier Gerichte hintereinander essen, ohne auch nur einen Pengö von ihnen zu verlangen. Sie meinte, auch sie habe Kinder, auch diese seien im Ausland, und sie hoffte, daß sich auch ihrer Kinder irgendwo ein gutmütiges Herz annehme, wenn sie sich in Not befänden.

Das Walroß kam immer auf neue Ideen, um die Sprödigkeit seines »Corps de Ballet« zu brechen.

Plötzlich war ihre Garderobe in einen kleinen Raum neben der Kasse verlegt, so daß die Mädchen vor und nach ihrem Auftritt den Zuschauerraum durchqueren mußten, allen Zudringlichkeiten ausgesetzt. Aber die Garderobenfrau, die das Walroß haßte, wies ihnen einen Geheimweg zur Bühne.

Der nächste Trick war, daß der Direktor die tägliche Auszahlung der Gage in seinem Büro verfügte, und zwar unmittelbar nach dem Auftritt, so daß auch der Weg zum Geld durch das Parkett der »feinen Herren« führte. Die vier Berlinerinnen reagierten, indem sie sich in Mäntel und Kapuzen hüllten, um das Spießrutenlaufen zu bestehen.

Soviel Verteidigungsgeschick entwaffnete das Walroß. Endlich begriff er, daß diese jungen Tänzerinnen eine etwas andere Vorstellung von ihrem Beruf hatten als er, und fortan schickte er ihnen die Gage in die Garderobe. Mochten sich seine Stammgäste halt mit jenen Damen amüsieren, die dafür engagiert waren!

Jetzt wurde das Leben erträglicher. Und Lilian schrieb endlich nach Hause, bat ihre Mutter um Verzeihung, berichtete von einem großartigen Erfolg und stellte kühn die Behauptung auf, »die Harvey« habe bereits ein dünnes Ästchen jenes Baumes erklommen, auf dessen Spitze unerreichbar die Pawlowa throne.

Jeden Tag wanderten sie durch Budapest. Fasziniert standen sie vor dem imposanten Gellert-Hotel und der Badeanstalt mit der Wellenmaschine.

»Wenn mir damals jemand erzählt hätte«, notierte Lilian in ihren Erinnerungen, »daß ich ein paar Jahre später im ›Fürsten-Appartement‹ des Gellert wohnen und eine der schönsten Besitzungen Ungarns mit einem Schloß von 28 Zimmern, mit 2000 Morgen Land, mit viel Vieh und Zuchtpferden mein eigen nennen würde – ich glaube, ich wäre nicht nur ohnmächtig, sondern tot umgefallen!«

Die restliche Zeit ihres Budapester Engagements verbrachte Lilian auf ihrem Bügelbrett mit Typhus. Die beste Medizin in diesem Fall, hatte man ihr gesagt, sei Rizinusöl. Sie trank einen Viertelliter davon und verlor sofort die Besinnung. Auftreten konnte sie nicht mehr, ihre drei Kolleginnen rückten im Ballett etwas enger zusammen. Der Arzt, der sich in ihre Behausung gewagt hatte, zerquetschte ein paar Wanzen und meinte, es gäbe zwei Möglichkeiten: Entweder sie komme durch oder sie komme nicht durch.

Wie man weiß, ist sie durchgekommen.

\*

Das Unglaubliche geschah: Budapest blieb keine Sternschnuppe – Lilians Karriere ging weiter. Und zwar ohne Pause.

Das »Corps de Ballet« erhielt ein Angebot aus Wien, wo es in die Emil-Schwarz-Revue »Wien – gib acht!« eingegliedert werden sollte, besser: einverleibt – in die hinterste Reihe mit dreißig anderen Tänzerinnen. Aber – und dies war der Unterschied – die anderen waren wirklich Tänzerinnen, und das Haus, in dem die Revue herauskam, war kein Amüsierbetrieb, sondern das altrenommierte Ronacher-Theater.

Verglichen mit Lilians Debut in Budapest, war dies beinahe ein »fürstliches« Engagement. Der Vertrag – er verpflichtete sie vom 1. März bis 30. April 1924 und sah eine Prolongation für den Monat Mai vor – sicherte ihr eine Monatsgage von drei Millionen österreichischen Kronen zu sowie freie Wohnung und freies Mittag- und Abendessen.

Sieben Wochen lang, ab Anfang Januar 1924, wurde hart geprobt, und Lilian hatte das Gefühl, daß sie hier allerlei zulernen konnte. Der Regisseur wählte sie sogar für ein winziges Solo aus. Sie hatte, als Midinette verkleidet, aus einer goldenen Truhe zu klettern und zu einem Herrn hinzuschweben, der gerade dabei war, anhand alter Fotos Liebes-Inventur zu machen. Daß in dieser kleinen Szene der Scheinwerfer sein Licht voll auf Lilian warf – das war für sie das erregend Neue.

Höhepunkt der Revue war eine kulinarische Szene. An einem gedeckten Tisch warteten die Gesangstars trällernd auf das Essen. Endlich schwebten die Gerichte herein, vom überraschten Publikum begeistert beklatscht. Jede Delikatesse wurde von einer Tänzerin verkörpert. Austern, Hummer und Kaviar hüpften herbei, die Forelle hatte eine große Zitronenscheibe um den Hals, fünf besonders schlanke Mädchen waren zu einem Spargelbund zusammengeschnürt. Artischocken trudelten auf die Bühne, ihnen folgten knusprige Backhändl, gefüllter Truthahn, Fasan und sogar ein rosiges Ferkelchen.

»Kartoffel zu sein war unter unserer Würde,« berichtet Lilian, »kein Mädel wollte sich dazu hergeben. Aber es gab ein Käse-Ballett und eine keineswegs frostige Eisbombe. Die größten von uns tanzten Weinsorten, in Flaschenkostüme gezwängt; der Haute-Sauterne hatte süße, verschleierte Augen, der Mosel gab sich spritzig, der Burgunder war rot und schwer. Jetzt kam ich an die Reihe, ich wartete in der Kulisse wie ein Rennpferd auf den Start. Ich tanzte einen ungarischen Wein, wobei ein singender Kellner so intelligente Texte wie diesen von sich gab:

»*Tokayer brennt wie Feuer –*
*ungeheuer, aber teuer –*«

Der Sänger versuchte mich aus dem Takt zu bringen, indem er das Tempo beschleunigte. Folglich mußte ich mich geradezu überstürzen, um vom Publikum nicht etwa als ›kalter Kaffee‹, sondern wirklich als feuriger Trunk empfunden zu werden. Denn gleich hinter mir schäumte das Champagner-Ballett auf die Bühne, und das war das Finale.«

Die Revue wurde ein großer Erfolg; die Direktion beschloß, mit ihr auf Tournee zu gehen. Hierfür wurde ein völlig neues Gesangs- und Tanz-Ensemble engagiert. Lilian war mit von der Partie.

Am ersten Probentag versammelte der Direktor alle Mitwirkenden auf der Bühne und fragte, ob jemand vom alten Ensemble das gesamte Programm beherrsche; der Ballettmeister sei erkrankt, es müsse jemand für ihn einspringen.

Tollkühn hob die winzigste Tänzerin den Finger. Der Direktor ließ sie nach vorn kommen und alle Tanznummern der Revue vorspielen. Er schickte das Ensemble nach draußen und verzog keine Miene, während Lilian, ganz allein auf der großen Bühne, ihr Bestes tat.

Überzeugt, sich ungeheuer blamiert zu haben, stand sie dann vor dem Direktor. »Du bist ja ein Tausendsassa, mein Kleines! Und ab heute Ballettmeisterin! Aber das sage ich dir – laß dir nicht von den anderen auf der Nase herumtanzen! Zeig denen, daß man dich respektieren muß. Hier kommt es nicht aufs Alter an, sondern aufs Können. Ach – und doppelte Gage, selbstverständlich . . . Servus, Kleines!«

Lilian war wie benommen. Erst als sie am nächsten Tag auf dem Probenzettel schwarz auf weiß ihren Namen als »Ballettmeisterin« fand, glaubte sie an ihr Glück. Durch ihre Träume schwebte der erste Nerzmantel . . .

Dies war der Augenblick, um Mommy-Darling davon zu überzeugen, daß ihre Lilian richtig gehandelt hatte. Sie lud sie per Telegramm nach Wien ein. Postwendend kam telegraphisch die Zusage.

Aufgeregt verschönerte Lilian die Dachkammer im Theatergebäude, die ihr als Behausung diente. Sie überklebte Tapetenfetzen und wickelte Zeitungspapier um die ausgeleierten Sprungfedern der Matratze, auf denen die Mutter schlafen sollte. Ihre Kolleginnen versprachen, sich musterhaft wie Klosterschülerinnen zu betragen.

Als dann Mrs. Pape die Dachkammer betrat, erschien sie nicht als strafender Erzengel, sondern als verständnisvolle Kameradin. Zuerst wollte sie sich einen Eindruck verschaffen, sagte sie. Erst danach sei sie eines Urteils fähig.

An diesem Abend tanzte Lilian sich die Seele aus dem Leib. Nie hatte sie ihren Tokayer feuriger auf das Parkett gelegt, nie war dem Nostalgie-Mann eine lieblichere Midinette im Traum erschienen. In der Pause lief sie auf ihre Mutter zu, die im schwarzen Abendkleid hinter den Kulissen stand: »Sag, schnell, wie findest du mich?«

Mommy-Darling lächelte ein wenig hilflos. »Nicht schlecht, nein, wirklich nicht. Ich verstehe nur nicht – was hat das alles mit der Pawlowa zu tun?«

Am nächsten Vormittag versuchte Lilian ihrer Mutter als Ballettmeisterin zu imponieren. Mit einem Besenstiel in der Hand wuchs sie über sich selbst hinaus, tyrannisierte ihre Mädchen und jagte das Ensemble über die Bühne, daß ihm Hören und Sehen verging. Erschöpft warf sie sich in der Pause neben die Mutter und blickte sie herausfordernd an.

Mommy-Darling wußte wieder nicht so richtig, wie sie sich verhalten sollte. Dann aber fragte sie: »Du – die Pawlowa, hat die bei den Proben auch immer so geschrien?«

Zum Glück sprach sie englisch – ihr Deutsch ließ zu wünschen übrig.

Mittags gingen Mutter und Tochter spazieren. Aber plötzlich war nicht mehr vom Aufhören und Umsatteln die Rede; weder wurde von einem »bürgerlichen Beruf« gesprochen noch von der Rücksichtnahme auf die Verwandtschaft.

»Weißt du«, sagte die Mutter, »ich habe das Gefühl, daß es keinen Zweck hätte, dich von deinen Plänen abzubringen – oder?«

»Nein!« Lilian schüttelte heftig die Locken.

»Es wäre also ein Versuch, der nur damit enden würde, daß ich dich verliere. Da habe ich einen besseren Vorschlag: ich ziehe bald zu dir und passe auf dich auf. Deine Geschwister sind selbständig und können ohne mich auskommen. Zu zweit könnten wir deine Karriere vielleicht etwas weniger abenteuerlich gestalten . . .«

Lilian fiel der Mutter gerührt um den Hals. Eine bessere Lösung war wirklich nicht denkbar als dieser Vorschlag.

Während Lilian sich am Abend zum Auftritt fertig machte, saß Frau Ethel Pape auf der wackeligen Matratze und stopfte die zerrissenen Ballettschuhe der Tochter. »Weißt du eigentlich, daß die Pawlowa ihre Ballettschuhe immer selbst gestopft hat?«

Lilian blieb ihr die Antwort nicht schuldig: »Ja, aber – weißt du auch warum? Weil sie keine so bezaubernde Mommy hatte wie ich!«

# Karriere in Wien

»Wer von unseren Großen begann in Wien mit seiner Filmlaufbahn? – Es waren viele: Fritz Kortner, Paul Richter, Alfons Fryland, Oskar Homolka, Hans Brausewetter, Erich v. Stroheim, Fritz Lang, Max Neufeld, Alexander Korda, Oskar Beregy, Elisabeth Bergner, Liane Haid, Maria Mindszenti, Vilma Bànky, Lya de Putti, Maria Cora, Ellen Kürty, Lucy Doraine, Agnes Esterhazy, Lilian Harvey – sie alle stammten aus Österreich oder begannen in Wien für den Film zu arbeiten. Für das kleine Land wahrlich eine Fülle überragender Talente! Wenn diese auch dem österreichischen Film nicht erhalten blieben – der internationale Film hat aus dem zauberhaften Wien viel Gutes empfangen. Die Filmateliers der ganzen Welt erhielten Anregungen und Talente. Und Wien als Filmmilieu ist noch heute nicht vergessen.«

(Friedrich v. Zglinicki: »Die Welt des Films«, Berlin 1956)

# SOS Eichberg

Ob nun Pawlowa oder nicht Pawlowa – Tanz muß es sein. Nichts anderes kommt für Lilian in Frage.

Nichts anderes?

Als sie im Januar 1924, einige Tage nach ihrem 18. Geburtstag, ins Büro des Direktor Schwarz gerufen wird, wo dieser ihr einen Herrn Robert Land vorstellt, hört sie plötzlich das Wort »Film«.

Land, Regisseur mit eigener Filmgesellschaft, hat sie während einer Probe auf der Bühne gesehen und wünscht sich nun »sowas wie Sie« für eine Rolle in seinem neuen Lichtbildvorhaben.

»Als Tänzerin?« fragt Lilian interessiert.

»Als Schauspielerin natürlich!«

»Aber – ich habe doch noch nie –«

»Das ist auch nicht nötig«, erklärt Land vergnügt. »Alles, was Sie tun müssen, zeige ich Ihnen. Ich pflege persönlich jede Szene vorzuspielen.«

Das plötzliche Angebot macht Lilian unsicher. Fragend blickt sie auf ihren Chef. Direktor Schwarz nickt gutmütig: »Da Herr Land versprochen hat, Sie abends pünktlich zur Vorstellung herzubringen, habe ich nichts dagegen.«

Die beiden Männer kennen sich seit langem. Der Filmmann hat in diesem Theater schon so manches Tanzsternchen für die Kamera entdeckt. Und der Revuemann weiß die gute Reklame, die mit solchen Entdeckungen für seine Truppe verbunden ist, zu schätzen.

»Sie werden berühmte Partner haben!« schwärmt Land. »Das halbe Burgtheater! Ferdinand Bonn – Hans Thimig – Anton Pointner – Oskar Beregy – Heinz Fischer –«

Nur mühsam beherrscht sich Lilian. Erst als sie am 1. Februar 1924 den Vertrag unterschrieben hat, wagt sie, an ihr Glück zu glauben. Mit einem Federstrich ist sie Millionärin geworden – wenn auch nur Inflationsmillionärin. Der Vertrag besteht aus einem Handschreiben:

»Wohlgeboren Fräulein Lilian Harvey, Wien. Ich engagiere Sie in meinem Film ›Der Fluch‹ für die Rolle der Ruth mit einer Tagesgage von 700 000 oesterreichischen Kronen per Aufnahmetag, mit einer Garantie von 10 (zehn) Aufnahmetagen. Sie verpflichten sich, mir vom heutigen Tage bis zur Beendigung des Films, voraussichtlich 5.März 1924, spätestens jedoch bis zum 15. März 1924 zur Verfügung zu stehen. Sie können an allen Aufnahmetagen spätestens um 6 Uhr abends bei Ronacher sein. Hochachtungsvoll Robert Land.«

So dubios wie ihr tänzerisches Debüt in Budapest wird jetzt Lilians filmisches in Wien.

Robert Land, der sich mit einer Reihe harmloser Lustspiele und als Entdecker zahlreicher Filmgrößen einen gewissen Namen gemacht hat, besitzt eine sehr eigenwillige Auffassung von der Arbeit des Filmregisseurs. Zwar trägt er ständig ein Bündel Papiere unter dem Arm; dieses Bündel jedoch »Drehbuch« zu nennen, wäre übertrieben. Er liebt es zu sagen: »Ich habe den fertigen Film vor Augen.« Aber davon hat das Kinopublikum noch lange nichts.

Das Drehbuch im Kopf, prominente Schauspieler vor der Kamera, auf deren Mimik man sich verlassen darf – was braucht man mehr, um Stummfilm zu machen?

Nach acht Tagen versammeln sich die Schauspieler in der Kantine, um gemeinsam zu ergründen, an was für einem Kunstwerk sie eigentlich arbeiten. Land hat abgelehnt dabeizusein. Das Palaver störe ihn nur bei seinen filmischen Visionen, hat er durch seine Sekretärin bestellen lassen; wahrscheinlich weiß er selbst noch nicht, wie der Film weitergehen soll.

»Er heißt nicht nur so«, stöhnt Hans Thimig, »er ist es auch: EIN FLUCH!«

Anton Pointer berichtet, er habe bis jetzt lediglich eine »ertrunkene Frau« an Land bringen müssen. Allerdings spiele ihm den Schreck, den er dabei ausgedrückt habe, so leicht keiner nach.

Oskar Beregys große Szene hat darin bestanden, daß er beim Anblick Lilians mit entsetzt aufgerissenen Augen sich erinnert, wann er dieses liebliche Gesicht schon einmal gesehen: vor zwanzig Jahren, als sich jene Frau seinetwegen das Leben nahm . . .

Plötzlich begreift Lilian, weshalb Land gerade sie engagiert hat: nur weil sie der Schauspielerin ähnlich sieht, die Pointner aus dem Wasser hat holen müssen. Allerdings ist diese nicht blond wie die Harvey.

Hans Thimig hat von Lilian eine »heftige Ohrfeige« erhalten, die seine Pelzmütze nebst daran angenähten Peieslocken ins Wanken brachte. Hieraus folgern die Schauspieler, daß sich die Handlung ihres Films in einem ostjüdischen Getto abspiele.

Drei sehr angenehme Tage lang hat Lilian im (Film-)Bett zu liegen und eine Sterbende zu spielen, während Oskar Beregy neben ihr sitzend oder stehend alle mimischen Skalen von tödlicher Trauer bis hemmungsloser Verzweiflung seinem Gesicht entreißt.

Die Burgschauspieler amüsieren sich vor allem über einen Rat, den Robert Land Neulingen, also auch Lilian, gegeben hat: Wenn man im Spiel nicht mehr weiter wüßte, vor der Kamera einfach in Ohnmacht zu fallen. Da Lilian diese Kunst seit ihrer Schulzeit recht gut beherrscht, sucht sie sich jetzt darin zu vervollkommnen.

Es gibt auch eine Hochzeitszeremonie in dem Film. Im weißen Brautkleid hat Lilian auf dem Höhepunkt der Szene ein Glas unter ihren Schuhen zu zerbrechen, auf daß es eine glückliche Ehe werde. Doch gelingt es ihren 38 Kilo erst beim dritten Sprung, das Glas zu zerschmettern. Ein Splitter durchstößt ganz unprogrammgemäß die Schuhsohle und dringt in ihren Fuß ein. Aus Angst, sie könnte sich eine Sehne durchschnitten haben, fällt die »Braut« in Ohnmacht, mitten in die Scherben. Land tanzt vor Begeisterung. Kameramann Nikolaus Farkas kurbelt wie besessen.

Zum Glück erweist sich die Schnittwunde als harmlos.

Eines Tages gerät Lilian versehentlich in den Vorführungsraum, in dem sich der Regisseur gerade ein paar Muster ansieht. Es ist den Schauspielern verboten, dabei anwesend zu sein. Deshalb schiebt sie der Aufnahmeleiter auch schnell wieder nach draußen. Aber der kurze Blick auf die Leinwand, auf der gerade sie selbst agiert, hat genügt, Lilians Selbstbewußtsein zu erschüttern. Denn sie findet sich auf dem Filmbild so häßlich, wie sie noch nie ein junges Mädchen gesehen hat.

Ihr seidiges blondes Haar ist Lilians ganzer Stolz. Jimmy Pape hatte sein Schwesterchen oft als Fotomodell benutzt und dabei alle Lampen voll auf ihr schönes Blondhaar gerichtet, um ihm den Effekt von Goldstaub zu entlocken.

Kameramann Farkas aber hatte sie »schwarz« fotografiert! Eine dunkelhaarige Lilian Harvey gespenstert über die Leinwand.

Als Robert Land erfährt, daß Lilian äußerst bekümmert ist, sagt er ganz harmlos: »Ach, hat man Ihnen nicht gesagt, daß Sie ein Zigeunermädchen spielen? Haben Sie schon mal eine blonde Zigeunerin gesehen? Damit Sie keine Perücke tragen müssen, hat der Farkas immer nur Ihr Gesicht beleuchtet und das Haar im Dunkeln gelassen . . .«

»Ich finde mich schrecklich häßlich!«

»Häßlich ist übertrieben. Aber ein simpler Bauerntyp wie Sie ihn hier verkörpern, ist nun mal nicht schöner . . .«

»Der Fluch« blieb ein Fluch. Lilian hat sich den Film nie angesehen. Es wäre auch nicht möglich gewesen. Denn er war so schlecht, daß sich kein Kino fand, das ihn uraufführen wollte. Erst Jahre später, als die Harvey ein Star war, wurde zu ihrem Kummer auch »Der Fluch« hier und dort gespielt. Und obgleich es sich um ein Trauerspiel handelte, lachten die Leute Tränen.

*

Nie wieder Film!

Mit diesem Schwur schnürt Lilian ihre Ballettschuhe, um zur Generalprobe der neuen Revue anzutreten. Presse und Bühnenkollegen, Theateragenten und Regisseure sitzen im Parkett; der Ruhm der Schwarz-Produktionen beginnt Österreichs Grenzen zu überschreiten, das Ausland lockt mit Gastspiel-Angeboten.

Die Tänzerinnen müssen für ihren Auftritt einen Laufsteg benutzen, der den Orchestergraben überquert. Als Lilian an der Reihe ist, reißt plötzlich das Band ihrer Ballettschuhe, sie stolpert und stürzt in den Graben – zu ihrem Glück mitten in die gut gefederte große Pauke. Sie spürt noch, daß ihr Kleid von oben bis unten aufreißt, dann verliert sie die Besinnung.

Als sie wieder zu sich kommt, liegt sie auf einer Matratze. Ein Arzt fühlt ihren Puls und murmelt etwas von »Schwein gehabt«. Direktor Schwarz steht daneben und meint, er habe schon immer gewußt, daß sie ein kräftiges Kerlchen sei, zäh wie alle Engländer. Dann schiebt er einen Herrn an Lilians Matratze: »Das ist Direktor Eichberg aus Berlin, er möchte Sie kennenlernen!«

Eichberg, ein rundlicher, gemütlich aussehender Mann, grabscht nach ihrer Hand. »Na, wie jehts denn, kleenet Frollein? Mann, det war vielleicht'n jekonnter Sturz! Alle Achtung! Und nu hörnse mal jut zu . . .«

Er angelt sich einen Stuhl und fährt fort: »Direktor Schwarz hat jesagt, Sie haben schon Kamera-Erfahrung? Det is erstens deshalb jut –«

Heftig richtet sich Lilian auf: »Filmen? Ich denke nicht daran!«

Eichberg ist nicht der Mann, sich aus der Ruhe bringen zu lassen. ». . . erstens deshalb, weil Sie meiner bildhübschen Frau so ähnlich sehen, und die Jute kann nicht alle Rollen selber spielen.«

Noch einmal protestierte Lilian: »Schon gar nicht, nur weil ich jemandem ähnlich sehe!«

»... und zweitens, weil ich Ihnen hiermit einen Sieben-Jahres-Vertrag anbiete, der nich von schlechten Eltern is, und nu will ick doch mal hören, ob Sie immer noch nee sagen – na, wat sagense nu?«

Zum drittenmal fährt Lilian hoch: »Nein! Und dabei bleibt es!«

Der Arzt bittet Eichberg, die Kranke nicht länger aufzuregen. Eichberg entfernt sich schweigend, was er noch nie getan hat. Aber es hat auch noch niemals jemand »nein« zu ihm gesagt.

Direktor Schwarz streichelt lächelnd Lilians Wange. »Wacker – wacker!«

»Ich bereue meine Absage nicht«, schreibt Lilian abends an Mommy-Darling, die ihr »Engagement als ständige Begleiterin« bei ihrer Tochter noch nicht angetreten hat. »Irgendwo habe ich gelesen, daß auch die Pawlowa Filmen nicht ausstehen kann. Hast du ihren Film ›Wintermärchen‹ gesehen? Wie schlecht sie darin fotografiert ist! Aus einem viel zu hohen Winkel, der ihre wunderbar langen Beine direkt verstümmelt, und von ihren herrlichen Fußspitzen war fast nichts zu sehen. Nein ich will nur noch tanzen, nicht filmen!«

In der neuen Revue hat Lilian mit einer Partnerin zusammen eine sehr temperamentvolle »Polka-Furiosa« auszuführen, die stets mit Sonder-Applaus belohnt wird. Wenige Tage nach der Premiere springt sie in ihrem Eifer zu hoch, landet etwas ungeschickt auf den Füßen und spürt sofort einen wahnsinnigen Schmerz in der Fessel. Zugleich gibt es ein krachendes Geräusch, das bis ins Parkett zu hören ist. Lilian bricht zusammen und muß von der Bühne getragen werden. Ein komplizierter Knochenbruch macht ihr weiteres Mitwirken in der Revue unmöglich.

Verzweifelt liegt sie auf ihrem Feldbett in der Theater-Mansarde. Alle bedauern ihr Mißgeschick. Die Kolleginnen bringen doppelte Essensportionen. Der Direktor bemüht sich persönlich in den Olymp seines Hauses, um Trost zu spenden. Der Arzt macht ein bedenkliches Gesicht. Er prophezeit wochenlange Bettlägerigkeit, Berufsaufgabe sei nicht auszuschließen.

Und wie zum Hohn kommt in diesen Tagen aus Berlin ein Brief des unnachgiebigen Herrn Richard Eichberg mit dem Entwurf eines Sieben-Jahres-Vertrages, der es tatsächlich in sich hat: Eintausend Mark Monatsgage im ersten Jahr, in jedem weiteren Jahr Erhöhung um zweihundert Mark. Das sieht fast wie eine Lebensversicherung aus ...

»Wacker, wacker!« staunt Direktor Schwarz und sagt, diese Chance dürfe sie sich nicht entgehen lassen.

Lilian gewinnt trotz ihres Gipsbeines ihren Optimismus bald zurück.

Allerdings werde sie den Vertrag nur unter der Bedingung unterschreiben, teilt sie Eichberg mutig mit, daß ihr das Recht zugesichert werde, die Drehbücher vorher zu lesen.

Zwei Tage später kommt ein Telegramm aus Berlin. Es enthält ein einziges Wort: »Ja«.

Der Knochen verheilt schnell und gut. Bald ist gewiß: sie braucht das Tanzen nicht aufzugeben. Falls es also mit dem Film nicht klappt – das Ballett bleibt ihr erhalten.

Erwartungsvoll fährt Lilian nach Berlin, wo ein neues Leben für sie beginnen wird.

*

Schon nach wenigen Tagen wird ihr das erste Drehbuch ins Haus geschickt: »Leidenschaft« oder »Die Liebschaften der Hella von Gilsar«. Neugierig liest Lilian sich Zeile für Zeile mit lauter Stimme vor. Von Liebschaften vermag sie nichts darin zu entdecken; diese Hella ist ein ganz solides Ding, die Geschichte allerdings sehr dramatisch und stellenweise furchtbar traurig. Aber der Titel, auch wenn er nur wenig mit der Handlung zu tun hat, scheint publikumswirksam zu sein – ein echter Eichberg-Titel.

Kaum haben die Zeitungen gemeldet, daß Eichbergs neuer Film nicht wie sonst mit Lee Parry, seiner Gattin, sondern mit einer Neuentdeckung namens Lilian Harvey besetzt sei, als unerwartetes Echo kommt. Eine alte Adelsfamilie, von Gilsar, die ihren guten Namen nicht mit einer filmischen Schauergeschichte im Zusammenhang gebracht zu sehen wünscht, verklagt Eichberg.

Richard reibt sich die Hände vor Vergnügen; Prozesse sind immer noch die beste, weil kostenlose Reklame für neue Filme. Doch läßt er es nicht zur Verhandlung kommen, sondern streicht am Tag vor der Premiere den Buchstaben »r« aus dem Namen. Gegen »Die Liebschaften der Hella von Gilsa« kann die beleidigte Adelsfamilie nichts mehr ausrichten.

Ein paar Wochen vor Drehbeginn wird Lilian ins Büro gerufen. Eichberg macht einen sehr deprimierten Eindruck und erzählt mit weinerlicher Stimme, Lee Parry, seine bildschöne Frau, sei kurz vor Drehschluß ihres jüngsten Films heftig erkrankt und beim besten Willen nicht in der Lage, einige Rest-Szenen zu spielen, die in den nächsten Tagen hoch oben auf dem Jungfernjoch im Schnee gedreht werden müssen.

»Und dabei hat sich mein kleiner Liebling so sehr auf die Reise jefreut! Aber der Arzt, det Biest, will es nich zulassen . . .«

»Nein, das darf er auch nicht!« ruft Lilian eifrig, »sie muß erst ganz gesund werden!«

Aber leider könne man nicht warten, jammerte der »arme Richard«, jeder Tag koste Geld, und ob Lilian seiner Frau zuliebe einspringen und den Rest quasi doubeln würde . . .

»Ick weeß, davon steht nischt in Ihrem Vertrag, aber wenn Sie 'ne blaue Brille aufsetzen und 'ne Strähne platinblonde Locken um ihre Mütze jenäht wird, merkt keen Mensch den Schwindel. Nicht mal Ihre Mutter wird Sie erkennen . . .«

Die gutmütige Lilian ist bereit, für Lee Parry einzuspringen. Außerdem fährt sie ganz gern einmal wieder in die Schweiz. Erleichtert drückt Eichberg ihr die Hand.

Das Unternehmen weitet sich zu einer einzigen Strapaze aus. Lilian hat tagelang in Schnee und Eis zu hocken und ein Seil zu halten, an dem angeblich ihr Partner baumelt, der in eine Gletscherspalte gefallen ist. Und weil niemand zu Hilfe kommt, hat sie zuguterletzt »mit übermenschlichen Kräften, wie sie nur die Liebe verleiht«, den Partner aus dem Eisschlund ans Tageslicht zu hieven – ein Persönchen von 38 Kilo einen Klotz von eindreiviertel Zentner! Kintopp macht's möglich.

Als sie wieder in Berlin ist, hört sie im Filmstudio während einer Kostümprobe durch die dünne Wand zur Nachbargarderobe lautes Lachen. Und dem schadenfrohen Gespräch ihrer Kollegen entnimmt sie, daß Lee Parry quicklebendig und keinen einzigen Tag krank gewesen sei, sich aber geweigert hatte, die anstrengenden Außenaufnahmen im Gletschereis mitzumachen. Diese Strapazen hat Lilian Harvey – »die dumme Pute, nein, daß die darauf hereingefallen ist!« – auf sich genommen, und von Lee Parry werden jetzt, im geheizten Studio, für Zwischenschnitte die Großaufnahmen hergestellt, das heißt, sie hält ihr schönes, leidendes, tragisch durchwittertes Antlitz dicht vor die Kamera, während sie – so wird dem Zuschauer suggeriert – das Schicksal ihres Geliebten, der an dem Strick hängt, buchstäblich in der Hand hält. Auf diese Weise hat sich Eichberg, so vernimmt die Lauscherin an der Wand, die Reisespesen für zwei Maskenbildnerinnen und obendrein einen todsicheren Ehekrach erspart.

Lilians »Honorar« für das Doubeln hatte aus einem freundschaftlichen Klaps auf die Wange und einer Tafel Schokolade bestanden . . .

Die bildschöne Lee Parry aber – sie ist wirklich eine der attraktivsten Frauen des Stummfilms – wird nach der Premiere von Publikum und Presse überschwenglich gefeiert.

»Was am meisten fasziniert hat«, schreibt ein Berliner Kritiker, »ist die Erkenntnis, daß diese bewundernswerte Frau nicht nur schön ist, sondern eine bisher kaum geahnte Kraft und Tapferkeit an den Tag legt; die Szenen, in denen sie ihren verunglückten Geliebten rettet, spielt der Parry so leicht keiner nach . . .«

\*

Lilians erster Ateliertag bei Eichberg wäre beinahe auch ihr letzter gewesen.

Als sie abends, in Begleitung ihrer Mutter, nach Hause fährt, fängt sie an zu weinen. Ihre Augen schmerzen, als habe jemand heißen Sand hineingeworfen. Sie halten an einer Apotheke. Dort werden Verbrennungen an den Augen festgestellt. Man gibt ihr eine Salbe zur Linderung. Am nächsten Morgen sind die Augen dick geschwollen.

Eichberg ist am Telefon sehr ungehalten, als er hört, daß sein Star nicht ins Atelier kommen will. Er hat heute 75 Komparsen engagiert, die man nicht unbezahlt nach Hause schicken kann. Er appelliert an Lilians Pflichtgefühl und verspricht, keine Großaufnahmen von ihr zu machen. Aber sie habe auf jeden Fall zu kommen und die vorgesehene Tanzszene zu spielen.

Es wird ein etwas wackeliger Tanz, dem zum Glück ein paar drehfreie Tage folgen, in denen sich Lilians Augen erholen. Später sagt ihr der Arzt, sie hätte an den Folgen der Verbrennungen erblinden können.

Andere Darsteller klagen ebenfalls über Augenschmerzen. Eichberg geht der Sache nach und entdeckt einen Beleuchter, der vergessen hatte, über den Kohlestiften der Bogenlampen mattierte Schutzgläser anzubringen.

»Die Liebschaften der Hella von Gilsa« ist ein tragischer Film, der einzige dieser Art in Lilians Karriere. Sie spielt eine Tänzerin, die in einen Gewissenskonflikt verwickelt wird, als sich herausstellt, daß ihr zukünftiger Schwiegervater der Mörder ihrer Schwester ist. Im Wissen um das Fluchwürdige seiner Tat geht der Schwiegervater freiwillig in den Tod, und das macht er auf die denkbar malerischste Weise: er wandert im Winter aufs Eis hinaus, bis er einbricht und ertrinkt. Sein Sohn und dessen Verlobte, also Lilian, versuchen ihn aus dem Wasser zu ziehen, werden aber selbst von den Eisschollen bedroht und können sich erst in letzter Minute an Land retten. Kein geringerer als Otto Gebühr spielt den Schwiegervater.

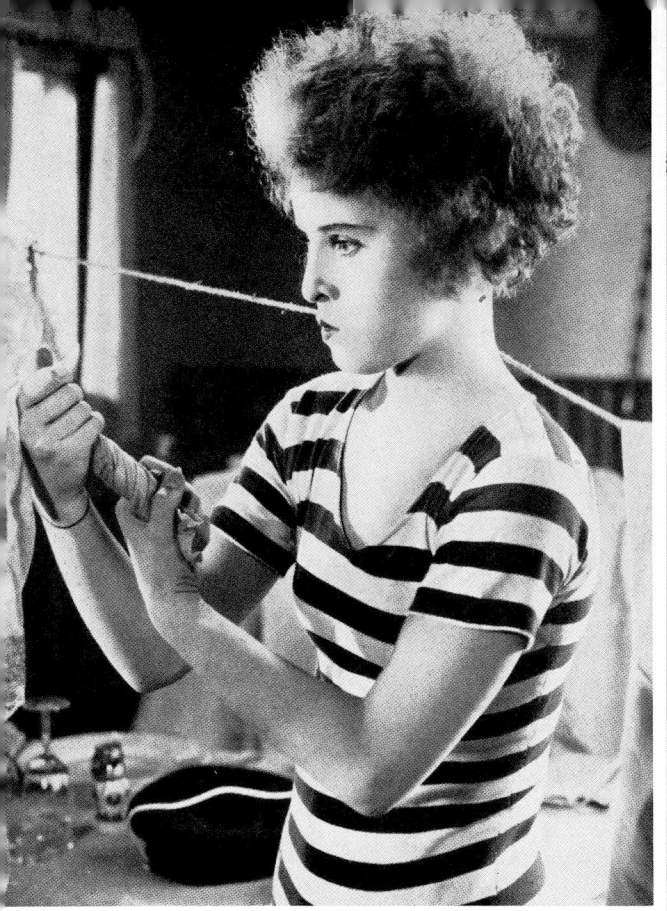

So hat man sie sich vorgestellt, die »Keusche Susanne«: dickköpfig, verbissen und ihre Wut in die Wäsche pressend.

Rechts:
Willy Fritsch macht einen niedergeschlagenen Eindruck. In seinem ersten Film mit Lilian Harvey (»Die keusche Susanne«) scheint er an eine spätere »Traumpartnerschaft« noch nicht zu glauben. Zwischen den beiden steht nicht Liz Taylor, sondern Ruth Weyher.

Der »arme Richard« (Eichberg) erweist sich zu Hause als reicher Lebemann. Seine Stars (Zweite von links: Lilian Harvey) empfängt er zum Fünf-Uhr-Tee im Swimming-Pool.

Als Anfängerin war Lilian ein »süßer Pummel« mit molligen Beinchen und Babyspeck.

Nach härtestem Training schwebte sie leicht und auf der Spitze durch's Leben – hier im Film »Fanny Elßler«.

Dies ist ein Film aus Richard Eichbergs »weißer« Periode, in der er alle Konflikte in Schnee oder Eis ansiedelt, nachdem er bei Arnold Fanck gelernt hat, wie fotogen Gebirgs- und Polarfilme sind. Bald hat der »arme Richard« einen neuen Spitznamen weg: »SOS Eichberg«.

Otto Gebührs Sterbeszene soll dramatischer Höhepunkt des Films sein. Eichberg wird sie in drei Abschnitte einteilen: die aufgeregte Suche Lilians und ihres Partners nach dem verschwundenen Schwiegervater, dessen Leidensweg über das immer brüchiger werdende Eis – und schließlich sein Versinken – Großaufnahme natürlich – im unbarmherzig kalten Wasser.

Für diese Szene ist Eichberg nichts zu teuer. Deshalb will er die Außenaufnahmen, da in Deutschland gerade kein Schnee liegt, im Norden Europas drehen, Ottos Todesstunde aber im Atelier, damit alles recht deutlich vor die Kamera kommt.

In der ganzen Halle stinkt es nach Naphtalin. Das ist der Schnee. Naphtalin bedeckt auch eine große Sperrholzfläche, die das Eis darstellen soll. Darunter liegt ein Wasserbassin, zwölf mal zwölf Meter und anderthalb Meter tief.

Als das Bassin halb gefüllt ist, birst es unter dem Druck der Wassermassen. Das Atelier wird überschwemmt. Das Wasser läuft bis in die Garderobe. Die Aufnahmen werden abgebrochen, die Bassinwände über Nacht verstärkt.

Eichberg erklärt seinem Hauptdarsteller die Situation: »Kuck mal, Otto, wo der kleene Zweig liejt, is det Sperrholz anjesägt, da mußte hin, alles andere passiert von alleene. Und daste mir anständig absaufst, verstehste?«

Otto ist zumute wie dem Reiter auf dem Bodensee. Nur daß jener nicht wußte, ob und wo er einbrechen würde.

Gemächlich lehnen die Bühnenarbeiter an der Wand; sie sehen es bekanntlich gern, wenn andere den starken Mann markieren.

Nur das Gesicht vor Splittern schützen, wenn ich ins Wasser falle, denkt Otto Gebühr. Bevor er losläuft, wirft er schnell noch einen Blick auf den Regisseur. Daß Eichberg sich in diesem Augenblick bekreuzigt, trägt nicht dazu bei, des Schauspielers Zuversicht zu stärken.

Als er den Zweig erreicht, bricht unter fürchterlichem Krachen das »Eis« unter ihm zusammen. Otto gleitet ins Wasser. Aber keiner hat mit den Tükken seines schweren Pelzmantels gerechnet. Das Wasser staut sich unter dem Mantel. Luft bläst ihn auf, wie ein Schlauchboot treibt der Verunglückte im Eismeer und will nicht versinken.

Wohl dem, der bei einem wirklichen Unglück so viel Glück entwickelt!

Aber das grausame Drehbuch fordert Ottos Tod, es läßt nicht mit sich reden.

»Mänsch, Otto, was haste bloß jemacht!« jammert Eichberg. »Die janze Szene jeschmissen! Jetzt kann ick allet noch mal uffbauen lassen. Na danke schön. Denn komm man morjen wieder!«

Mit Sperrholz und Hilfe Naphtalins ist über Nacht die Wasserfläche abermals »zugefroren«.

Als diesmal der Boden unter seinen Füßen nachgibt, drückt Otto, um jede »Rettung« zu verhindern, die weiten Mantelfalten fest an sich und fällt wie ein Stein ins Wasser. Schnell duckt er sich unter das Holz – und oben zeigen gurgelnde Blasen an, wo der Schwiegervater, sein Verbrechen mit dem Tode büßend, elend ertrank.

\*

Otto Gebühr ist ein sehr sympathischer Kollege. Geschichten erzählen kann er wie kein anderer. Und die Feste, die er feiert, sind in der Filmbranche berühmt.

Otto leidet unter seinem »Fridericus«-Ruhm. Seit der Alte Fritz »über Gebühr« berühmt geworden ist, besitzt auch sein Interpret unvorstellbare Popularität. Mancher Schauspieler wäre stolz darauf, ein »Markenartikel« geworden zu sein. Otto aber ist in erster Linie Bohemien und Lebenskünstler.

Obgleich er Spitzengagen bezieht, haust er nach wie vor in einem primitiven kleinen Maleratelier auf dem Dachboden des Hauses Kurfürstendamm 118. Monatsmiete: 50 Mark. Hier bewohnt er zwei notdürftig möblierte Räume ohne elektrisches Licht und Wasser. Das Wasser liefert der Nachbar, das Licht kommt von Dutzenden von Kerzen. In jeder freien Minute steht er an der Staffelei und malt. Seine zweite große Leidenschaft gehört dem Lautenspiel. Außerdem kocht er gern; er hat ein »Kochbuch für Junggesellen« geschrieben.

Zu dieser Lebensweise paßt seine Leib- und Magenrolle im Film wie die Faust aufs Auge. Anfangs hat er ihn gern verkörpert, den Preußen-König, dem er ein unverwechselbares Profil zu geben wußte. Aber nur Profil: Ottos Beine sind von der Natur weniger königlich ausgestattet.

Bald aber wird der Rollenanspruch zur Plage, über ein Dutzend Mal muß er, stumm und stöhnend, in die fritzische Figur und Uniform steigen. Da ist es verständlich, daß er bei jeder Gelegenheit nach anderen Rollen greift, im Film und auf der Bühne. Und deshalb sagt er auch sofort zu, als Dr. Eugen

Robert, in den zwanziger Jahren Direktor der »Tribüne«, ihm die dankbare Rolle des jüdischen Friseurgehilfen Benjamin Mandelstam in Carl Sternheims satirischem Stück »Die Hose« anbietet, einem Kapitel »aus dem bürgerlichen Heldenleben«. Seine Partner sind u. a. Käthe Haack und Jakob Tiedtke. Das Stück wird zum Serienerfolg.

Eines Abends läßt sich in der Pause ein Herr im Frack bei Otto melden. Er schnarrt einen adeligen Namen und kommt im Auftrag »Ihrer Königlichen Hoheit, Seiner Majestät Schwester«. Sie wohne der heutigen Aufführung bei und bitte Herrn Gebühr, nach der Vorstellung mit ihr das Abendessen einzunehmen. Tief geehrt sagt Otto zu.

Die Exkaiser-Schwester, später durch ihre Heirat mit einem um Jahrzehnte jüngeren russischen Emigranten namens Zoubkoff bekanntgeworden, empfängt ihn huldvoll. Sie sei von seinen Fridericus-Filmen so begeistert, gesteht sie, daß sie sich vorgenommen habe, den Mann, der die erhabene Gestalt ihres großen Vorfahren so trefflich zu verkörpern verstehe, persönlich kennenzulernen.

»Ich wollte unbedingt feststellen, wie es ihnen möglich war, zur filmischen Inkarnation eines Hohenzollernkönigs zu werden, ohne daß Sie selbst – «

»Ich bin Schauspieler, Königliche Hoheit,« unterbricht Otto mit höflichem Lächeln.

»Nun ja, das ist es eben. Als ich vor einigen Tagen in Bonn erfuhr, daß Sie zur Zeit in Berlin Theater spielen, beschloß ich, sofort hierher zu fahren, um Sie auf der Bühne zu sehen. Ich hatte nicht darauf geachtet, in welchem Stück Sie auftreten – «

Otto weiß nicht, ob er schmunzeln oder ernst bleiben soll. Mein Gott, denkt er, was muß sie gelitten haben!

» – dann also sahen wir dies Stück von Sternheim, einem Mann, dem nichts heilig ist, und erleben Sie, unseren Fridericus, als schmuddeligen, kleinen, noch dazu jüdischen Friseurgehilfen . . . Lieber Gebühr, ich gebe zu, Sie waren großartig – aber mußte das sein?«

Die Dame aus dem Hohenzollernhause steht mit ihrer Ansicht nicht allein. Als Otto Gebühr wieder einmal seinen geliebten »Schneider Wibbel« spielt, bekommt er empörte Zuschriften. Er, der König, möge gefälligst keine Arbeiter und simplen Handwerker mehr verkörpern.

Als er eine längere Tournee als Lautenschläger durch Deutschland unternimmt, wird ihm, vor allem in ländlichen Gegenden, Ablehnung und Befremdung entgegengebracht.

Wir wollen Friedrich den Großen nicht mit einer Laute um den Hals von Bühne zu Bühne ziehen sehen! Wir wollen Fridericus Rex nicht Lieder von der Liebe und vom Trinken singen hören! Das ist Verhöhnung einer historischen Persönlichkeit! Majestätsbeleidigung!

Ja, wenn er in Friedrichs Maske und Kostüm vaterländische Gedichte rezitieren würde!

Tatsächlich macht ein geschäftstüchtiger Agent Otto Gebühr den Vorschlag, keine Lauten-, sondern eine Flöten-Tournee zu unternehmen und abends, als »Alter Fritz« verkleidet, bei Kerzenlicht zu konzertieren. »Ich garantiere ausverkaufte Häuser...«

Niemand will Otto glauben, daß er gar nicht Flöte spielen kann. Auf der Leinwand blase er so echt...

*

Immerhin, als das Eichberg-Team nach Schweden aufbricht, um in Eis und Schnee Ottos Filmtod zu drehen, braucht er selbst, der Glückliche, nicht dabei zu sein. Sein Naphtalin-Sterben ist bereits »im Kasten«, es fehlen nur noch die Außenaufnahmen.

Ein milder Winter liegt über Europa. Deshalb muß man immer weiter hinauf in den Norden. Eichberg rauft sich die Haare. Reisen ist teuer. Erst ganz oben in Schweden, in der Nähe der kleinen Stadt Umea, findet man die richtige Polarlandschaft mit Rentieren, Schlittenhunden und pelzvermummten Einwohnern, die gastfreundlich ihre kleinen Holzhütten zur Verfügung stellen.

Es ist bitterkalt. 32 Grad unter Null. Waschen entfällt: Ein Eisblock liegt morgens im Waschbecken. Dennoch beginnt unerbittlich die Arbeit.

Lilian muß das gleiche Kostüm anziehen, das sie bereits während der Atelieraufnahmen in Berlin getragen hat: kariertes Wollkleidchen, leichte Lederjacke mit Kaninchenkragen, Garnstrümpfe, flache Halbschuhe, die zum Glück zwei Nummern zu groß sind, so daß sie sie mit Zeitungspapier ausstopfen kann. Eine Kopfbedeckung darf sie nicht aufsetzen. Eichberg meint, es sehe »umwerfend toll« aus, wenn sie aufrecht im Pferdeschlitten stehe, die Zügel in den Händen, und ihr Blondhaar flattert im Wind...

Im Wind? Im Eissturm!

Und warum stehend, während ihr Partner sitzen darf?

»Also det muß einfach so sein! Mach keene Fisimatenten!«

Als die Szene abgedreht ist, muß Lilian vom Schlitten gehoben werden – ihre Hände sind an den Zügeln festgefroren.

Am nächsten Tag kommt es noch schlimmer. Mit Tränen in den Augen, die sofort zu Eis erstarren, laufen Sohn und Schwiegertochter des Selbstmörders über das Eis des Bottnischen Meerbusens, den Spuren des Verschwundenen nach. Die Filmkamera befindet sich dabei auf einem Eisbrecher. Die Angst, die die beiden Schauspieler auszudrücken haben, ist echt. Rings um sie herum reißt das Eis auf, sie springen von Scholle zu Scholle, Lilian rutscht aus, wird von ihrem Partner aufgefangen. Eichberg brüllt sich von der Reling des Dampfers aus die Kehle heiser, ohne daß man versteht, was er will. Hinterher sagt er, es seien Begeisterungsschreie gewesen.

Dann werden die beiden mit Strickleitern an Bord gezogen. Lilian barfuß – diesmal sind ihre Strümpfe am Eis festgefroren. Sie jammert nach einem heißen Bad, der Kapitän des Eisbrechers aber weiß es besser: er läßt sie in eine ungeheizte Kajüte tragen und ihre Gliedmaßen mit Eis abreiben. Bald dampft sie vor Wärme.

Das alles, meint Lilian, sei noch zu ertragen gewesen. Aber heißt dieser Film nicht »Die Liebschaften der Hella von Gilsa«? Ganz ohne Liebe also geht die Schose nicht, und die hat Eichberg sich für den letzten Drehtag in Berlin aufgespart.

Noch nie, es muß gesagt werden, ist Lilian bis dahin von einem Mann geküßt worden. Jetzt aber schlägt ihre Stunde: der Partner hat sie laut Drehbuch in die Arme zu schließen und die Liebe mit einem Kuß zu besiegeln.

Lilian ziert sich entsetzlich, denn alles schaut zu. Eichberg tobt. Da verliert sein Star völlig die Fassung und fängt an zu weinen. Der »arme Richard«, dies sehend, rauft sich die Haare: »Mönsch, ick will kurbeln – und die weent!«

Zum Glück ist ihr Partner ein zartfühlender Mensch. Er nimmt das zitternde Mädchen verständnisvoll in die Arme, dreht bei Beginn der Liebesszene Lilians Antlitz von der Kamera weg, streichelt ihre blonden Locken und »spielt« einen Kuß, der später im Kino atemloses Schweigen auslöst.

»Die junge Harvey ist eine begabte Schauspielerin«, schreibt nach der Premiere eine Zeitung. »Ein leichtes Zittern der Schultern genügt ihr, um auszudrücken, wofür andere große Gesten benötigen: Die echte Regung des Gefühls. Von ihr wird man noch viel erwarten dürfen.«

# Pi - Pa - Po

»Der Regisseur und Produzent, der in der zweiten Hälfte der zwanziger Jahre mehr als irgendeiner seiner Kollegen nicht nur die Namen seiner Stars, sondern auch den eigenen Namen populär zu machen wußte, war Richard Eichberg, dem man die Entdeckung der Lilian Harvey verdankt.

Über seinen schnoddrigen Berliner Humor gibt es eine Unmenge Anekdoten, die in den meisten Fällen den Vorzug haben, wahr zu sein. So hat er das italienische Clownwort ›Pi - Pa - Po‹ erst in Berlin und dann in ganz Deutschland populär gemacht: und zwar fing es damit an, daß Conrad Veidt einmal seinen Regisseur Eichberg fragte, wie er eine bestimmte Szene spielen solle, worauf er die überraschende Antwort erhielt:

›Menschenskind, da machste einfach Pi-Pa-Po! Du hast ma doch versprochen, du bist'n Schauspieler!‹

Zu Werner Krauß, als der einmal den Drehbeginn einer Szene um ein paar Minuten verzögerte, weil er noch dabei war, eine Kleinigkeit zu essen, sagte Eichberg in echter Empörung:

›Mensch, Werner, ick zahl' dir hier'n Vermöjen, und du frißt Stullen!‹

Sehr bekannt geworden ist auch eine Bemerkung, die Eichberg zu einem Kollegen von mir machte, der ihn über den ›Monna-Vanna‹-Film interviewte. Mein Kollege wollte von Eichberg genau wissen, wie er Maurice Maeterlincks Werk, immerhin einen berühmten Stoff der Weltliteratur, filmisch gestalten wolle.

›Mensch, det is doch janz einfach‹, sagte Eichberg, ›Sieh mal, det hier‹ – auf ein Salzfäßchen deutend – ›det is Pisa, und det hier‹ – ein Mostrichtopf – ›is Florenz. Na und nu – die beeden!‹

Die beeden Hauptdarsteller nämlich.

Der Star von ›Monna-Vanna‹ war natürlich Eichbergs damalige Frau, Lee Parry, die in vielen seiner Filme die Hauptrolle spielte. Insgesamt hat er zwischen 1914 und 1929 zweiundsiebzig Stummfilme gemacht, von denen die Lilian Harvey-Filme ›Die keusche Susanne‹ und ›Prinzessin Trulala‹ noch nach Jahrzehnten in der Erinnerung haften.«

(Aus Heinrich Fraenkel: »Unsterblicher Film«, München 1956)

# Willy heißt die erste Liebe

»Sag mal«, wurde Richard Eichberg von einem Kollegen gefragt, »dein neuer Star, die kleine Harvey – wie steht es denn mit ihrem Liebesleben?«

»Liebesleben?« Eichberg schüttelte den Kopf. »Nicht zu machen. Erstens hockt sie immer mit ihrer Mutter zusammen. Und zweitens ist sie kühl wie'n Fisch, eine echte Frigidaire....«

Damit hatte Lilian ihren Spitznamen weg. Im Atelier hieß sie nur noch »Friggi«.

Eichberg konnte warten. Nach Lilians bedeutendem Start im dramatischen Fach setzte er sie jetzt als verschmollt drolligen Backfisch in Lustspielen ein. Zum Beispiel als »Prinzessin Trulala«.

»Was ist Trulala, Herr Eichberg?«

»Mensch, Meechen, det is eben Trulala!«

»Und was habe ich da zu tun?«

»Da spielste sowat wie Rotkäppchen mit Trulala. Na, wirst schon sehen!«

In Faschingslaune, leicht geschürzt, aber in aller Unschuld selbstverständlich, hatte sie im Kreise reicher Frackträger von Schoß zu Schoß zu hüpfen – wie sich Richard Eichberg und sein Autor Hans Sturm, der alle Filme für ihn schrieb, die große, weite Lebewelt so vorstellten.

Es folgte »Die Kleine vom Bummel«, was mit Bummel, welcher Art auch immer, nichts zu tun hatte, aber Eichberg fand den Titel »spannend«, und abermals mußte Lilian als blonder Irrwisch über die Leinwand tanzen.

Mit »Du sollst nicht stehlen« ließ Eichberg erkennen, worauf er hinaus wollte: aus der kleinen Harvey einen weiblichen Jacky Coogan zu machen, jenes weltberühmte amerikanische Filmkind, das mit Schiebermütze und zu weiten Hosen das Kinopublikum aller Erdteile zum Schluchzen brachte und Charly Chaplins prominenter Partner in »The Kid« war.

Auch Lilian spielte jetzt ein armes Waisenkind, das von einem alten Onkel als Junge aufgezogen und zum Stehlen ausgebildet wird. Ein bildschöner junger Mann (Werner Fütterer) erwischt sie bei einem Einbruch, hält sie fest und versucht, sie umzuerziehen, diesmal auf die »Pygmalion«-Tour ... Man sieht, Eichberg hatte wirklich eine gute Nase.

Natürlich verliebte sich der junge Mann in das zu einem blühenden Mädchen erwachende Waisenkind, worauf seine Freundin (Dina Gralla) einen Mordswirbel anstellt und die arme Lilian auf die Straße jagt. Fütterer sucht sie mit seinem Automobil, und die Verfolgungsjagd rund um die Kaiser-Wilhelm-Gedächtniskirche dauerte so lange, bis ein ahnungsloser Polizist die Filmleute stoppte, wobei Lilian unter das Auto geriet. Resultat: zwei angebrochene Wirbel. Aber Lilian war trotzdem zufrieden: abermals hatte sie keine Kußszene zu spielen brauchen.

Auch ihre nächsten Filme verschonten sie mit Liebe. Obgleich in »Liebe und Trompetenblasen« der umschwärmte Herzensbrecher Harry Liedtke ihr Partner war, obgleich Harry Halm in »Eheferien« und »Vater werden ist nicht schwer« seine Verführungskünste spielen ließ, überstand Lilian ungeschoren alle filmischen Anfechtungen des Herzens.

Richard Eichberg durfte zufrieden sein. »Friggi« war gut angekommen, das Publikum äußerte helles Entzücken. Die lustige, süße Kleine, die wie vierzehn aussah, aber schon zwanzig war, entwickelte sich zum Kassenmagneten. Die Kinos waren ausverkauft, wenn Harvey-Filme auf dem Programm standen. Aber würde sich die Drolliger-Backfisch-Maske nicht bald erschöpfen?

Richard kaute nachdenklich an seiner Zigarre. Dann versuchte er auf die väterlichste Weise seiner »Frigidaire« beizubringen, daß sie nunmehr alt genug sei, um endlich »Liebesszenen« zu lernen.

Und wie ein ungeschickter Vater, der seinen heranwachsenden Sohn aufzuklären versucht, indem er ihm einschlägige Lektüre in die Hand drückt, überreichte Eichberg Lilian das Drehbuch für ihren nächsten Film, dessen Titel allerdings recht beruhigend klang: »Die keusche Susanne«.

Sie las und war entsetzt. »Regelrechte« Liebesszenen wurden da von ihr verlangt, kein unverbindliches Flirten mehr, sondern Küsse in Großaufnahmen, bei denen kein rücksichtsvoller Partner ihr Gesicht vor der Kamera verbergen konnte.

Eichberg grinste und sagte beiläufig, daß er, um Lilian »in die Liebe einzuführen«, keine Mühe und Kosten gescheut und als Partner der »Keuschen« einen der begehrtesten jungen Liebhaber der deutschen Kinoleinwand engagiert habe: Willy Fritsch. Dessen Stammfirma, die UFA, habe ihn für dieses Projekt an Eichberg ausgeliehen.

»Der Bengel kostet mir'n Vermöjen! Nu mach mir bloß keene Schande, Friggi...«

Willy Fritsch – damals fünfundzwanzig und in der strengen Nachwuchsschule der UFA zum vielversprechenden Jung-Star herangezüchtet – verdankte seine Karriere seinem unwiderstehlichen Charme. Niemand konnte so schön lachen wie er. Frauen, die er anstrahlte, »schmolzen dahin«, wie es in den Texten der Presse-Abteilung hieß, und ein »Schwarm von Schönheiten« folgte ihm »auf dem Fuße«, wo immer er auftauchte. Er hatte bei Max Reinhardt als Schauspieler begonnen, aber keine Chance bekommen, sich die Welt der Bühne zu erobern. Verträge bei Reinhardt waren Hungerverträge, und da »beim Film« weit mehr bezahlt wurde, begann auch Willy, sich in den Friedrichstadt-Cafés zu tummeln, aus denen Regisseure und Aufnahmeleiter ihre Komparsen zu holen pflegten. Eines Tages dann hatte jemand gesehen, wie Willy zu lachen verstand – und schon war der Neunzehnjährige entdeckt. Ein Typ wie der seine war herzlich willkommen. Eine große Zukunft schien zu winken.

Natürlich hatte auch Lilian von Willy viel gehört, und mit gemischten Gefühlen blickte sie dem Drehbeginn entgegen.

Wer die beiden zum erstenmal nebeneinander sah, mußte zugeben, daß Eichberg wieder einmal den richtigen Riecher gehabt hatte. Das zierliche Mädchen und der große Mann bildeten ein Paar, das füreinander wie geschaffen schien, und daß sich die beiden sofort sympathisch waren, erkannte man auf den ersten Blick.

»Die keusche Susanne« war eine Stummfilmoperette. Die Musik von Jean Gilbert wurde später von den Kinokapellen dazu gegeben. Auf der Leinwand gab es schwungvolle Balletts und kostbare Kostüme. Eichberg bemühte sich als Regisseur, die Mittel, die der Produzent Eichberg zur Verfügung gestellt hatte, voll zur Geltung zu bringen. Die schöne Ruth Weyher, der nette Werner Fütterer, der vielseitige Hans Junkermann, die komische Lydia Potechina und der stets »blubbernde« Otto Wallburg umgaben das attraktive Paar. Niemand konnte ahnen, daß mit diesem Film der Grundstein zu einer »Firma« gelegt worden war, die sich zu einem der attraktivsten Kinogeschäfte der Geschichte entwickeln sollte, »Traumpaar des Films« genannt oder auch »das ideale Liebespaar«: Lilian Harvey und Willy Fritsch.

Was Willy an Lilian auffiel, ohne ihn etwa zu begeistern, war der fanatische Fleiß, mit dem sie sich ihre Rolle erarbeitete. Sie personifizierte den Willen, ihrem Partner um nichts in der Welt an Leistung unterlegen zu sein.

Da war Willy aus ganz anderem Holz geschnitzt. Er verließ sich ausschließlich auf sein gutes Aussehen, seine blendende Figur, sein betörendes

Lächeln und seinen Humor. Daß man darüber hinaus auch ein Drehbuch lernen mußte, störte ihn nicht. Auf genaue Texte kam es im Stummfilm sowieso nicht an. Versprecher wurden einem nicht verübelt. Willy war es gewohnt, daß man ihm ins Auge blickte, nicht auf den Mund.

»Ich hatte das Gefühl«, notierte Lilian in ihren Erinnerungen, »daß ich dreimal so fleißig sein mußte wie bisher. Warum? Um meinen Verstand, oder besser mein Gefühl, zu betäuben, das ich gegen Willys Persönlichkeit immun machen wollte. Aber es gelang mir nicht. Nach spätestens vierzehn Tagen schwebte ich nur noch. Ich wußte, daß eine gründliche Änderung mit mir vorgegangen war. Ich hatte keine Angst mehr vor Liebesszenen. Im Gegenteil: ich sehnte sie herbei. Wenn mich Willy vor der Kamera in den Arm nahm, vergingen mir Hören, Sehen und jeder Text. Ich vergaß zu sprechen, und Richard Eichberg, neben der Kamera sitzend, schrie begeistert, wie gut ihm meine Sprachlosigkeit gefalle, und ich sei eine tolle Schauspielerin. Dabei war ich nur verliebt. Zum erstenmal in meinem Leben, denn plötzlich wußte ich, daß die heftige Zuneigung, die ich einst für meinen Geometrielehrer gehegt hatte, eben doch nichts anderes als nur Verehrung gewesen war... Zugleich aber hatte ich eine höllische Angst davor, Willy könnte meinen Zustand entdecken und sich darüber lustig machen. Denn es wäre ihm ja nichts anderes übriggeblieben – er, ein Liebhaber, dem die schönsten Frauen zu Füßen lagen, hätte mich, die Dumme, Unerfahrene, ja nur auslachen können...«

Es stand also schlecht um die chancenlos, wie sie glaubte, liebende Lilian. Sie konnte nicht mehr schlafen, ihr ohnehin nur geringes Gewicht nahm weiterhin ab, sie wurde fahrig und zerstreut – ein bedenklicher Zustand.

Da war es Else Reval, eine damals dreiunddreißigjährige Schauspielerin, dank ihres Typs schon frühzeitig in Mutterrollen beschäftigt, die ihre kleine Kollegin durchschaute und ihr auf den Kopf zusagte, wie es um sie stand.

Zwar stritt Lilian alles ab, aber die gute Else sah tiefer. Und sie beschloß zu handeln.

Nach Drehschluß pflegte ein Produktionsauto die Schauspieler nach Hause zu bringen. Man traf sich am Atelier-Ausgang, und wenn der Wagen voll besetzt war, fuhr er ab. Ein Jungstar wie Willy Fritsch allerdings hatte es nicht nötig, sich diesem Sammeltransport anzuschließen, er hatte seinen eigenen Wagen.

Als er eines Abends mit heulendem Kompressor aus dem Atelier-Tor schoß, sprang Else Reval ihm in den Weg. »He, Willy, du bist kein Gentleman! Willst du etwa deine süße kleine Partnerin hier stehenlassen, bis sie schwarz wird? Siehst du nicht, wie blaß sie schon ist?«

Willy mochte die Reval gern, sie war eine lustige, immer gut aufgelegte Person. Und da der Platz neben ihm frei war, ausnahmsweise, hatte er keinen Grund, sich herauszureden. Verlegen und linkisch setzte Lilian sich zu ihm.

»Dies ist ein Cabriolet!« sagte Willy stolz und gab Gas.

Lilian war es egal, was es war. Und sie achtete nicht auf seine Erklärungen, die ihn als begeisterten Autofahrer auswiesen: Vergaser, Zylinder, Batterie, Schaltung, Bremse, Lichtmaschine und so weiter.

»Cabriolet« – das bedeutete für sie, den Kopf zurücklehnen zu können, den Wind in den Haaren spüren, die Sonne im Gesicht, und verliebt träumen.

Willy riß sie sehr schnell in die Wirklichkeit zurück, indem er auf die Avus einbog, um seiner Begleiterin zu zeigen, wieviel Pferdestärken in seinem Motor steckten und wie leicht sein Wägelchen auf hundertzwanzig »Sachen« kam. Im Handumdrehen waren sie in Potsdam, hielten vor dem »Klosterkeller«, einem damals berühmten Restaurant, und Willy, dankbar für das Auto-Interesse, das seine Partnerin bis jetzt geheuchelt hatte, meinte, daß man sich für den Heimweg erst stärken müsse.

»Du siehst hungrig aus, Kleines!« sagte er. »Scheinst sogar noch dünner als am ersten Drehtag. Was essen wir denn?«

Daß er selbst, also Liebeskummer, der Grund für Lilians Abmagerung war, konnte sie ihm schlecht glaubhaft machen. Um so gieriger stürzte sie sich auf die Speisekarte, die sie am liebsten von unten bis oben heruntergegessen hätte. Denn dies wußte Willy natürlich noch nicht: daß die »Kleine« eine ungeheure Esserin war (sie blieb es bis zum Lebensende) und zugleich eine schlechte Futterverwerterin: Was immer sie zu sich nahm, dicker machte es sie nicht.

»Also, was essen wir?«

»Och – irgend etwas . . .«

»Irgend etwas ißt man hier nicht. Dies ist ein Schlemmerlokal!«

Und er bestellte: Austern, Forelle, Rehrücken mit Sahne und Rotkohl, Crêpe flambée, Pèche Melba, dazu französischen Champagner.

Daß Lilian nicht einen Bissen auf dem Teller zurückließ, führte Willy arglos auf seine Überredungskunst zurück. Sie ließ ihn vorerst in dem Glauben und genoß die Stunde, die um so schöner war, als kein Wort über ihre gemeinsame Arbeit verloren wurde. Weit weg lag der Alltag mit seinem Filmklatsch und Studiotratsch.

Statt dessen gab es für Willy nur ein einziges Thema: sein Auto. Sie bemühte sich, ihm interessiert zu folgen, und das animierte ihn zu immer neuen kraftfahrzeugtechnischen Monologen. Immerhin hatten seine begeisterten Ausführungen den Erfolg, daß sie sich allmählich nach einem eigenen Auto zu sehnen begann. Aber bei tausend Mark Monatsgage schien derartiger Luxus vorerst unerschwinglich.

Als er sie spät abends mit kräftigem Händedruck vor ihrer Haustür verabschiedete, dachte Lilian einerseits beglückt: Wie schön, daß er nicht versucht hat, mich zu küssen; er scheint mich als seinen guten Kameraden anzusehen, der in den großen Kreis seiner Freundinnen paßt. Andererseits fragte sie sich sehnsüchtig: Warum küßt er mich nicht? Merkt er nicht, wie ich mich nach ihm verzehre?

Von nun an war Eichberg froh, allabendlich über einen freien Platz in seinem Produktionswagen verfügen zu können. Manchmal grinste er Lilian vielsagend an, ohne Fragen zu stellen. Er hatte keinen Grund zur Kritik: die Liebesszenen gelangten bildschön in die Kamera; sie brauchten weder geprobt noch wiederholt zu werden, was Lilian insgeheim bedauerte.

Eines Abends, als Lilian am Ausgang auf Willy wartete, ging Eichberg vorbei und flüsterte ihr zu: »Na, nu biste erwachsen – oder?«

Er erwartete offenbar keine Antwort und ging grinsend weiter.

Auch Willy schien allmählich Feuer zu fangen. Seine Automobil-Kommentare, die nach wie vor die Gespräche beherrschten, gewannen eine gewisse Zärtlichkeit. Wenn er von der Empfindsamkeit eines hochtourigen Motors schwärmte, war es Lilian, als meine er in Wirklichkeit etwas ganz anderes. Da sie sich ein Lehrbuch über Kraftfahrzeugbau und Motortechnik gekauft hatte, konnte sie ihm immerhin mit einigen mehr oder weniger passend angebrachten Fachausdrücken imponieren. Dann wurde sein Lächeln noch strahlender, und eines Abends, nach einem opulenten Mahl wiederum im »Klosterkeller«, küßten sie sich. Lilian fühlte sich wie im Siebenten Himmel. Beide bedauerten es von Herzen, daß mit dem letzten Drehtag der »Keuschen Susanne« ihre gemeinsame Arbeit zu Ende ging.

Aber das bedeutete keine Trennung. Lilian begann sofort einen neuen Film bei Eichberg: »Die tolle Lola«. Auf Willy wartete die nächste Aufgabe wieder bei der UFA. Lilian drehte im Osten Berlins, Willy im Westen. Abends trafen sie sich auf halbem Wege: In Lilians Wohnung in Wilmersdorf, Düsseldorfer Str. 147, wo Mutter Harvey sich bemühte, »den Kindern« ein leckeres Abendbrot vorzusetzen.

Sie hatten ein Abkommen geschlossen: Willy sollte ihr »Alles übers Auto« beibringen, Lilian ihm englischen Unterricht geben. Er wollte sich mit »Mommy-Darling«, deren Deutsch zu wünschen übrigließ, in ihrer Muttersprache unterhalten können. Aber schon nach wenigen Versuchen resignierte Willy und behauptete, unbegabt zu sein. Lilian erklärte es für Faulheit. Das machte ihm nichts aus, jede Arbeit habe Grenzen, sagte er. Er war nun einmal ein Mensch, der das Leben genoß, ohne viel dafür zu tun.

Eines Abends, beim Bier, fragte Mutter Harvey: »Willy, warum ist Biertrinken gefährlich?«

»Gefährlich? Nicht daß ich wüßte!«

Aber Mommy-Darling blieb dabei, in Deutschland sei das Bier ungenießbar. Sie sei im Kino gewesen, und dort habe ein Getränkeverkäufer laut und deutlich gerufen: »Bier gefährlich!«

Das Wort »gefällig« befand sich noch nicht in ihrem Sprachschatz. –

»Die keusche Susanne« war so gut gelungen, daß die Uraufführung zu Eichbergs eigenem Erstaunen im UFA-Palast am Zoo stattfand, dem damals schönsten Kino von Berlin. Lilian erklärte sich bereit, in einer kleinen Bühnenschau mitzuwirken.

Sie hatte in diesem Film eine Tanzszene, in der sie von zwei Herren im Frack in eine Bar hineingetragen und auf einen Tisch gestellt wird, wo sie sogleich einen Charleston entfesselt, jenen Modetanz, der gerade »neuester Schrei« in Berlin war. Um ihrem persönlichen Auftritt einen Sinn zu geben, hatte Lilian vorgeschlagen, bei Beginn jener Szene die Vorführung des Film zu unterbrechen und den Charleston auf die Bühne zu verlegen. Eichberg und der Theaterdirektor waren von dieser Idee sehr angetan und bauten sie aus. Sie ließen die große Bühne mit Tüllvorhängen ausstatten, engagierten gleich zehn Tänzer, und als sich während der Premiere plötzlich die Leinwand hob, die Tüllvorhänge beiseite glitten und Lilian Harvey, in einer glitzernden Traum-Creation von Joe Straßner, vom großen UFA-Orchester begleitet, herbeischwebte, um ihren Tanz zu zelebrieren, brach das überraschte Publikum in begeisterten Beifall aus. Die Uraufführung mußte von zwei Wochen auf drei Monate verlängert werden, und zweimal täglich, sonnabends und sonntags je dreimal, zeigte Lilian ihre erfolgreiche Tanzeinlage, ohne auch nur einen einzigen Pfennig Gage dafür zu erhalten.

»Es machte mir ganz einfach Spaß, obgleich es sehr anstrengend war«, erinnert sich Lilian. »Bei drei Auftritten am Tag, von denen jeder sechs Minuten dauerte, hatte ich sechs Stunden Wartezeit, in denen ich meine Post und die unzähligen Autogrammwünsche erledigte. Meine Mutter kam täglich zu Besuch. Die Garderobe im UFA-Palast war ein trostloses Loch ohne Fenster. Wie oft habe ich erlebt – nicht nur in Berlin und in Deutschland, sondern überall in der Welt: Hinter den schönsten und glitzerndsten Kinofassaden hatten die Architekten und Baumeister vergessen, daß gastierende Künstler auch Menschen sind und gelegentlich etwas brauchen, sei es eine Gelegenheit sich umzuziehen, sei es die Möglichkeit, ein gewisses Rühren zu befriedigen. Es ist kein Vergnügen, sich bei einer winzigen Deckenlampe der Gerümpelkammer in einem Reisespiegel zu schminken, ebenso wenig, sich durch die Schar der Autogrammjäger einen Weg zur Toilette auf dem Hof bahnen zu müssen. Erst allmählich trat hier eine Wandlung ein, im UFA-Palast erfolgte sie so schnell – nicht zuletzt durch meine Vorwürfe –, daß ich bereits bei der Premiere zur »Tollen Lola« eine zauberhaft eingerichtete Garderobe mit allen Bequemlichkeiten vorfand. Auch das Kino hat seine Flegeljahre durchmachen müssen.«

Für Eichberg war es ganz selbstverständlich, daß sein junger Star, ohne zu murren, die täglichen Auftritte im Kino absolvierte, obgleich ein langer Drehtag bereits hinter ihr lag. Erst nach Mitternacht kam Lilian nach Hause, warf sich erschöpft in die Badewanne, aß eine Kleinigkeit, fiel in tiefen Schlaf, um gegen sechs Uhr früh wieder aufzustehen und um acht im Atelier zu sein.

Kaum war »Die tolle Lola« abgedreht, als es zur englischen Premiere der »Keuschen Susanne« nach London ging. Auch hier trat Lilian täglich dreimal auf, auch hier wiederholte sich der große Erfolg. Zusätzliche Freude brachte der Umstand, endlich wieder einmal in ihrer Geburtsstadt zu sein und ihre Geschwister wiederzusehen.

Eichberg, dank seiner Harvey-Erfolge vor einer drohenden Pleite bewahrt, klopfte Lilian strahlend auf den Rücken: »Na siehste, Kleene, jetzt bist'n jemachter Mann!«

*

Daß ihre junge Liebe einer starken Belastungsprobe ausgesetzt war, wenn Lilian beruflich derartig gefordert wurde, ist verständlich. Willy Fritsch hatte sich lediglich am Premierenabend im UFA-Palast verbeugt und war dann nicht mehr erschienen. Manchmal besuchte er sie in der Garderobe oder zu Hause, aber diese Zusammenkünfte blieben begrenzt und gehemmt. In ihrer Wohnung war Lilian niemals allein, in seine Wohnung wagte sie sich noch nicht.

Dennoch überwand ihre Zuneigung die ersten Krisen. Und als die beiden in aller Heimlichkeit eine gemeinsame Reise nach Meran unternahmen, genossen sie unbeschwert ihr Glück. Ein volles Jahr hatte es gedauert, bis aus dem verliebten Paar ein echtes Liebespaar geworden war. So lange hatte Lilian ihren Willy hingehalten. Sie wollte keine Liebe zwischen Tür und Angel, sie hatte Angst vor einem schnellen, flüchtigen, oberflächlich bleibenden Verhältnis. Sie liebte Willys Jungenhaftigkeit. Aber strahlende Fröhlichkeit und unbekümmerte Albernheit schienen ihr auf die Dauer keine ausreichende Basis für echte Partnerschaft auch im Privatleben.

Willy hingegen – es muß gesagt werden – war nicht der ideale Liebhaber, für den er gehalten wurde. Er hatte nur eine Leidenschaft: sein Auto. In der Liebe erwies er sich als pedantisch wie ein Beamter, er hielt es mit Martin Luther: In der Woche zweimal ...

Er hing an Lilian und bewahrte ihr die Treue. Sie aber wollte nicht nach der Uhr geliebt werden. Ihr beruflicher Ehrgeiz und fanatischer Arbeitseifer hinderten sie nicht daran, auch in der Liebe maßlos zu sein. Seine Bequemlichkeit machte sie rasend; sie wußte, daß er beruflich viel mehr aus sich hätte machen können, wenn er nicht so faul gewesen wäre. Alle Erfolge fielen ihm in den Schoß, er brauchte sich nichts zu erarbeiten. Das machte ihn anspruchslos, er mußte sich keine Mühe geben. Daß er Gesangsunterricht nahm, um seine sympathische Naturstimme zu schulen, war Lilians Verdienst. Aber lange hielt er nicht durch. Er habe nicht die Absicht, als Heldentenor zur Staatsoper zu gehen, sagte er.

Oft sprachen sie vom Heiraten. Aber Lilian, nur auf Karriere ausgerichtet und vom Eifer getrieben, immer mehr, immer Besseres leisten zu können, hatte Angst vor der Ehe mit einem Mann, dem das gute Leben wichtiger war als die Strapazen seines Berufes. Und Willy hatte Angst vor der Ehe mit einer Frau, deren Erfolge größer waren als seine eigenen. »Die Frau, die ich heirate«, sagte er, »muß ihren Beruf aufgeben. Es ist Beruf genug, mit mir verheiratet zu sein!«

Dennoch hatten sie niemals Streit. Ihr Zusammenleben war heiter und harmonisch und klammerte alle Problematik aus. Um so erstaunter war Lilian, als Willy in späteren Jahren abstritt, jemals ein Verhältnis mit seiner langjährigen Filmpartnerin gehabt zu haben. Er reduzierte alles auf »gute Freundschaft« und benutzte die Tatsache, daß sie niemals miteinander verheiratet waren, als angeblichen Beweis dafür, zwischen der Harvey und dem Fritsch habe es keine engeren persönlichen Kontakte gegeben. Im Grunde sei man sich gleichgültig gewesen, das »Liebespaar« habe nur im Wunschdenken des großen Publikums existiert.

Erst kurz vor seinem Tode, im Jahre 1972, als ein deutsches Fernseh-Magazin »Willy-Fritsch-Memoiren« veröffentlichte, mußte er sich zu einem Zugeständnis bequemen. Man hatte ihm Fotokopien seiner Liebesbriefe an Lilian vorgelegt, deren Inhalt für sich sprach. Aber selbst diese Zeugnisse versuchte er nachträglich noch zu verkleinern und abzuschwächen.

»Die Frage, die mir in meinem Leben am häufigsten gestellt wurde, so einige hundert Mal, wenn ich es recht bedenke, lautet: Wie war das denn nun mit der Lilian Harvey und Ihnen, hatten Sie beide was miteinander? Oder hatten Sie nicht? Die Antwort, die ich ebenso oft gegeben habe, hieß: Nein! . . . Wenn es auch gelogen war. Die Wahrheit ist: Ich habe Lilian Harvey einmal sehr geliebt. Und sie ist auch meine Geliebte gewesen – eine einzige Nacht lang! . . . Als ›es‹ passierte, kannte ich Lilian schon sechs Jahre, ohne ihr wirklich nähergekommen zu sein . . .«

In diesen Memoiren, die vier Jahre nach Lilians Tod erschienen, wimmelt es von Unwahrheiten und Widersprüchen. »So gut wir uns beruflich und kameradschaftlich verstanden, so schlecht stand es letzten Endes um unsere Liebesbeziehungen. Schließlich ging ich nur noch aus lieber Gewohnheit zu ihr. Wenn man immer nur mit einem Mädchen zusammen ist und nicht richtig ›landen‹ kann, läßt auch die größte Liebe langsam nach . . . Irgendwie hatten wir uns aneinander gewöhnt, und irgendwie blieben wir dauernd zusammen . . . Und immer noch hatte ich ein bißchen Hoffnung, es müßte mir doch gelingen, die spröde Schöne zu erobern. Obwohl sie mich als Frau schon längst nicht mehr reizte . . . Wenn ich sie – nach lieber alter Gewohnheit – abends besuchte, fürchtete ich mich stets ein bißchen davor, sie könnte mich bitten dazubleiben . . .«

Wie »es« dann das angeblich eine und einzige Mal passiert sein soll, und zwar im Grand-Hotel zu St. Moritz, schildert Willy Fritsch so: »Die Abschiedsstimmung, die Silvesternacht, der Sekt, all das blieb nicht ohne Wirkung auf uns. Am letzten Tag im alten Jahr kamen wir uns näher als je zuvor . . . Wir hätten es besser bleiben lassen sollen. Plötzlich wurde mir klar, weshalb sie sich so lange gesträubt hatte. Sie war kalt wie ein Fisch. Für mich war es das Ende einer langen, langen Gemeinsamkeit, die so vieles gewesen war: anfangs Verliebtheit, zwischendurch Spielerei, dann Freundschaft, Kameradschaft, Berufspartnerschaft, ach, was weiß ich, was noch alles. Und nun war es vorbei. Auch wenn ich später noch ein paar Briefe an

Lilian Harvey und Willy Fritsch – das berühmteste Liebespaar des europäischen Films, anderthalb Jahrzehnte lang. Ob er als Offizier und sie als Prinzessin sich in den Armen lagen (links) - oder er als kleiner Angestellter und sie als Tochter aus reichem Hause (»Sieben Ohrfeigen«): Hauptsache, sie kriegten sich und das Publikum war glücklich.

Ein Liebesbrief, der nach Willys Meinung keiner ist.

Links:
Durchbruch auf dem Gebiet der Tonfilm-Operette: »Die Drei von der Tankstelle« wurde ein Welterfolg. Hier tänzelt Lilian mit Oskar Karlweis.

Rechts:
Curt Goetz stand Pate: »Hokuspokus« verlangte von Lilian und Willy subtile Schauspielkunst.

Und noch einmal Harry Liedtke, der umschwärmte. Seinen Schwur »Nie wieder Liebe« hat nicht nur Lilian Harvey nicht ernstgenommen.

Lilian geschickt habe, die ich heute dumm finde, die ich heute nicht mehr unterschreiben würde ... Wenige Tage danach, am 6. Januar 1933, reiste Lilian Harvey aus Berlin ab: Richtung Hollywood. Ich habe sie nicht einmal zum Zug gebracht ...«

Daß ein alter Mann Briefe aus seiner Jugendzeit »dumm« findet, mag verständlich sein, ebenso, daß er Liebesbriefe von einst »heute nicht mehr unterschreiben würde«. Daß aber ein Willy Fritsch das Verhältnis mit seiner Partnerin Lilian Harvey ein Leben lang abgestritten und dann so taktlos bagatellisiert hat, ist kaum noch verständlich. Geschah es, um sich von dem »Traumpaar-Trauma« zu lösen? Um nach soviel Scheinwelt-Flimmer endlich ein ungestörtes Privatleben mit der Frau, die er später geheiratet hatte, der Tänzerin Dinah Grace, führen zu können? Das aber hätte er auch erreichen können, ohne seine langjährige berufliche Partnerin zu diffamieren. Doch bevor wir diese Frage noch einmal aufgreifen werden, kehren wir in das Jahr 1927 zurück, in das Jahr der Erfolge für Richard Eichberg und seinen Star, die Harvey, in das Jahr der jungen Liebe zwischen Lilian und Willy Fritsch.

# Acht Zentner Berlinerinnen

Wenn Lilian Harvey nach anstrengenden Filmarbeiten – in den »goldenen« zwanziger Jahren – das Bedürfnis hatte, sich zu entspannen, begab sie sich in das »Admirals-Dampfbad« am Bahnhof Friedrichstraße.

Der Zufall wollte es, daß sie hier immer dem gleichen Damen-Quartett begegnete, vier sehr vollschlanken Berlinerinnen, von denen jede gut und gerne das dreifache von Lilians Lebendgewicht auf imponierendem Körper versammelte. Entsetzt sahen die Walküren, wie der Zeiger bei 37,6 Kilogramm stehenblieb, wenn die junge Schauspielerin auf die Waage trat.

Die Damen, von dem Aberglauben beseelt, man könne sich Fett buchstäblich abschwitzen, verbrachten täglich viele Stunden im Dampfbad, unterwarfen sich schmerzhafter Massagen und schwammen manche Runde im Wasserbassin. Wenn sie dann entzückt feststellten, daß es ihnen gelungen war, hundertfünfzig Gramm abzunehmen, stürzten sie sich, von der schweren Arbeit erschöpft, hungrig ins Admirals-Café, um sich bei Kaffee und Kuchen zu erholen. Danach gingen sie in der festen Überzeugung nach Hause, für Gesundheit und Figur wieder einmal das Menschenmögliche getan zu haben.

Seit ihnen die Harvey begegnet war, hatte ihr Selbstbewußtsein zu wanken begonnen. Die knabenhafte, dennoch wohlproportionierte Figur mit dem verwirrenden Leichtgewicht provozierte das Gerechtigkeitsgefühl der vier Damen. Eines Tages bauten sie sich in ihrer ganzen bedrohlichen Leibesfülle vor der blonden Lilian auf.

Es sei unfair, begann die eine, mit »so einer« Figur ins Dampfbad zu gehen und damit die Umwelt zu brüskieren. Wer »es« nicht nötig habe, setzte die zweite fort, möge gefälligst verduften. Ob sie etwa gekommen sei, um andere Leute zu beleidigen, fragte die dritte. Und die vierte seufzte, seit langem habe nichts sie so sehr entmutigt wie der Anblick dieses Häufchens Haut und Knochen auf zwei Beinen.

Da sich die Heroinen während ihrer sehr berlinischen, sehr eindeutigen Rede drohend auf die nackten Schenkel klatschten und den Kreis um Lilian immer enger zogen, hielt es diese für richtig, sich mit einem Sprung ins Wasserbecken zu retten und künftig das »Admirals-Bad« nicht mehr zu betreten.

Acht Zentner Berlinerinnen gegen fünfundsiebzig Pfund Harvey – es wäre ein ungleicher Kampf geworden.

## Die Gage klettert – 2000 Prozent!

Am letzten Abend in London tat Richard Eichberg etwas, was er nie zuvor getan hatte: er lud Lilian zu einer Flasche französischen Champagners ein. Und er verheimlichte ihr auch nicht den Grund seiner ungewohnten Großzügigkeit. Er habe das beste Geschäft seines Lebens gemacht, nämlich für einen stolzen Preis alle Harvey-Filme an den britischen Markt verkauft. Seine Abnehmer hatten nun vor, Eichbergs Filme als »Crazy-Mazy«-Serie herauszubringen. Eine Bomben-Idee, wie er meinte.

»Weeßte, wat det bedeutet? Wir müssen immer weiter machen – eine Crazy-Mazy nach der anderen! Mazy im Kindergarten, Mazys Verlobung, Mazys Hochzeit, Mazy zwischen Gangstern – and so on!«

Ein Schauer lief Lilian über den Rücken. Sie erinnerte sich der »Nesthäkchen«-Bücher. Mazy und ihr erstes Kind, Mazys Liebesleben, Mazy als Großmutter ...

Neue Hoffnung schöpfte sie erst in Berlin, wo ein Brief der UFA auf sie wartete. Direktor Correll, Vorstandsmitglied und Produktionschef, äußerte den Wunsch, sie kennenzulernen. Auch Erich Pommer habe Interesse an Lilian Harvey.

Pommer – ein elektrisierender Name. Fast alles was gut und teuer war, will sagen, was erfolgreich und berühmt geworden ist in der großen Zeit des deutschen Films, ist durch Pommers Hände gegangen. Als die von ihm gegründete Decla-Produktionsgesellschaft nach dem Ersten Weltkrieg mit der Universum-Film fusionierte, hatte Pommer innerhalb der UFA die Verantwortung für die Produktion übernommen. Fritz-Lang-Filme wie »Das Kabinett des Dr. Caligari«, »Dr. Mabuse der Spieler«, »Die Nibelungen« und »Metropolis«, Duponts »Varieté«, später »Der blaue Engel« von Josef von Sternberg und weitere Super-Produktionen, die neue filmische Wege erschlossen, waren auf seine Veranlassung und unter seiner Betreuung entstanden. Pommer war für den Film damals das, was Max Reinhardt für das Theater war – ein Magnet, der jeden jungen Schauspieler, jeden begabten Regisseur unwiderstehlich anzog, weil alle wußten, daß sie nirgendwo so sorgfältig »aufgebaut« wurden wie draußen in Neubabelsberg.

Kein Wunder, daß sich auch Lilian Harvey nicht zweimal bitten ließ, den Produktionschef der UFA aufzusuchen.

Eine Menge Herren waren im Chefzimmer versammelt, als Ernst Hugo Correll die junge Schauspielerin ohne Umschweife fragte, ob sie es interessiere, einen Dreijahres-Vertrag mit der UFA abzuschließen und welche Bedingungen sie stellen würde.

Lilian war keiner Antwort fähig. Zum ersten Mal wurde sie nach ihren Wünschen gefragt. Bis dahin hatte sie immer nur tun müssen, was andere ihr befahlen.

Endlich wagte sie den schüchternen Hinweis darauf, daß von den sieben Jahren, die sie sich bei Eichberg verpflichtet hatte, erst drei vergangen seien.

»Wann werden Sie mündig?« fragte Correll.

»Ich bin es gerade geworden . . .«

»Dann ist Ihr Vertrag mit Eichberg ungültig. Er erlischt automatisch, wenn man volljährig wird. Wenn Sie nicht selbst mit Herrn Eichberg darüber sprechen wollen, sind wir gern bereit, unseren Anwalt zu ihm zu schicken.«

Aber das wollte Lilian nicht. Immerhin verdankte sie Eichberg ihre Karriere. Sie hätte es für unfair gehalten, ihn nicht selbst darum zu bitten, sie freizugeben. Dafür hatten die Herren Verständnis.

»Darf ich fragen, was Herr Eichberg Ihnen für Ihre Bühnengastspiele in Berlin und London gezahlt hat? Sie sind doch monatelang Tag für Tag aufgetreten . . .«

Es war Lilian unangenehm, die Wahrheit zu sagen: »Nichts«.

Corell nickte. »Wir wußten es. Aber wir wollten es von Ihnen bestätigt hören. Ist Ihnen nicht bekannt, daß Sie für diese Sonderleistungen eine sehr beachtliche Gage hätten beanspruchen können?«

Nein, Lilian wußte es nicht, und sie verabschiedete sich sehr nachdenklich.

Zu Hause fand sie das neueste »Crazy-Mazy«-Drehbuch vor. Sie überflog es. Es war ein unerträglicher Blödsinn. Sie mußte daran denken, was Correll ihr beim Abschied gesagt hatte: »Bei uns, Fräulein Harvey, werden Sie die Wahl Ihrer Manuskripte haben.«

Nach stundenlangem Spaziergang, bei dem sie sich eine Absage-Ausrede ausdachte, fand sie sich in Richtung Eichbergs Büro ein. Die Sekretärin, die, wie Lilian wußte, es gut mit ihr meinte, blickte ihr besorgt entgegen. Ohne ein Wort zu sagen, kritzelte sie ein paar Zeilen auf einen Zettel und hielt ihn hoch. »Nein! Nein! Nein!« las Lilian. Dann sagte die Sekretärin, der Chef erwarte sie bereits.

Eichberg schoß auf sie zu: »Na, is det 'ne dufte Sache? Mazy und die bösen Buben?«

Lilian holte tief Luft, drückte ihm das Manuskript in die Hand und sagte so laut, daß es die Sekretärin im Vorzimmer hören konnte: »Nein!«

Erstaunt blickte Eichberg sie an. Widerspruch war er nicht gewohnt. Dann polterte er los. Lilian habe sich an den Vertrag zu halten, er werde sie zwingen, diesen Film zu machen.

Abermals sagte sie »nein!«, drehte sich um und verließ das Büro.

»Bravo!« flüsterte die Sekretärin und drückte ihr die Hand.

Dennoch ging Lilian mit dem Gefühl nach Hause, eine Schlacht verloren zu haben. Das Recht war auf Eichbergs Seite, wie sie nach wie vor glaubte, er würde alles daransetzen, die Einhaltung des Vertrages zu erzwingen. Sie wagte nicht, ihrer Mutter die Wahrheit zu sagen, verbrachte eine schlaflose Nacht und stand früh auf, um sich mit leichter Gartenarbeit abzulenken.

Um neun rief Direktor Correll an und bat sie dringend ins Büro. Es habe keinen Zweck, sagte Lilian traurig, Eichberg bestehe auf seinem Vertrag. Eben deshalb müsse sie sofort kommen, erwiderte Correll und legte auf.

»Der gerissene Eichberg« – so Lilian in ihren Aufzeichnungen – »hatte ›Lunte‹ gerochen, Correll angerufen und ihm einen ›Riesen-Zores‹ angedroht, falls die UFA wage, mich abzuwerben. Er würde mich in aller Öffentlichkeit fertigmachen. Entsetzt stand ich auf und wollte gehen, aber Correll drückte mich in den Sessel zurück. Dann rief er seine Sekretärin und ließ ein großes Glas Milch und eine Portion Pfannkuchen für mich kommen. Ich mußte plötzlich an den Champagner denken, den mir Eichberg in London als Entschädigung für meine Tanzeinlagen spendiert hatte. Und mir kam der Gedanke, daß eine Firma, die einen Star wie mich mit Milch und Pfannkuchen zu erobern versuchte, eigentlich seriöser und ehrlicher handelte, als eine, die mir goldene Berge verspricht und mich dann nach Strich und Faden ausnutzt.«

Correll fand die richtigen Worte. Wenn Lilian noch einen einzigen Crazy-Mazy-Film spiele, sei die UFA nicht mehr an ihr interessiert.

»Dann ist Ihr guter Ruf ruiniert, Fräulein Harvey. Eichberg weiß das genauso wie wir, aber er nutzt rücksichtslos seine Chance.«

Stars seien wie Edelsteine, sagte Correll pathetisch. Aber Edelsteine bedürften einer guten Fassung, und Lilian sei in einer schlechten Fassung. Die UFA sei gewiß keine Wohltäterin, sondern ein geschäftliches Unternehmen. Aber sie beteilige ihre Stars durch hohe Gagen am Gewinn.

Als Lilian wieder ihr Tanztraining aufnahm, spürte sie heftige Schmerzen in der Brust. Sie konsultierte Dr. Alexander, den Arzt von Willy Fritsch, der ein bedenkliches Gesicht machte und sie zu Röntgenaufnahmen in die Klinik schickte. Der Befund ergab, daß die Wirbel-Verletzungen bei den Aufnahmen für »Du sollst nicht stehlen« noch nicht verheilt waren. Lilian mußte in der Klinik bleiben.

Prompt erklärte Eichberg ihre Krankheit für einen faulen Trick und schickte Vertrauensärzte seiner Versicherung in die Klinik. Sie untersuchten Lilian und erklärten sie trotz des Röntgenbefundes für arbeitsfähig. Dr. Alexander protestierte. Eichberg verklagte seinen Star auf Vertragserfüllung, wurde jedoch abgewiesen. Er legte Berufung ein, verlor und ging trotzig in dritter Instanz bis zum Reichsgericht. Seine Absicht war, Zeit zu gewinnen und inzwischen Lilian zu zwingen, den von ihr abgelehnten Mazy-Film zu spielen.

In diesem Augenblick griff die UFA ein und bot Eichberg eine Abstandssumme. Der »arme Richard« aber fühlte sich stark genug, um ein Vielfaches des gebotenen Betrages zu verlangen, nämlich eine halbe Million Reichsmark. Die Antwort der UFA: sie sei an der Harvey nun nicht mehr interessiert.

Jetzt kam Eichberg in eine schwierige Situation. Einerseits mußte er Lilian monatlich über tausend Mark bezahlen, um damit zu dokumentieren, daß er den Vertrag auch weiterhin als gültig betrachte, andererseits verweigerte sie unter Hinweis auf ihren Gesundheitszustand die Arbeit. Da bedauerte er, den Bogen überspannt zu haben, und schickte seinen Anwalt zur UFA mit dem Angebot, Lilian für nur eine Viertelmillion freizugeben. Aber Correll blieb standhaft. Allerdings sagte er, liege die Anfrage einer englischen Firma vor; man wolle sehen, ob und welche Abstandssumme diese für die Harvey zu zahlen bereit sei. Die »englische« Firma war aber nichts anderes als die britische Filiale der UFA in London. Diese bot auf Corrells Veranlassung 75 000 Mark – und Eichberg ging sofort darauf ein.

Eine Stunde vor der Vertragsunterzeichnung stürmte Eichberg aufgebracht ins UFA-Büro und schrie seine Empörung durch die Räume: Man habe ihm hinterbracht, daß es überhaupt keine englische Firma gebe, daß die UFA ihn übers Ohr hauen wolle, und das lasse er sich nicht bieten. Correll blieb kühl. Dann eben nicht, sagte er. Man werde der Firma in London Mitteilung machen. Die Verträge wurden nicht unterschrieben.

Corrells Sicherheit irritierte Eichberg. Als er Wochen später – Lilian verging inzwischen vor Aufregung und Nervosität, und Willy mußte seine ganze Liebe aufbringen, um sie zu trösten – als Eichberg aus Babelsberg nichts mehr hörte, griff er zu einem, wie er meinte, schlauen Trick. Er ließ der UFA mitteilen, jene englische Firma habe sich direkt an ihn gewandt und ihm 75 000 Mark Ablösung für die Harvey geboten. Er als guter Deutscher beabsichtige aber nicht, seinen Star ins Ausland zu verkaufen: wenn die UFA noch Wert auf Lilian lege, sei er bereit, sie für den gleichen Preis zu überlassen und sie damit dem deutschen Markt zu erhalten.

Bei der UFA lachte man sich ins Fäustchen. Noch am gleichen Tag wurde der Vertrag unterschrieben. Lilian war frei, der Edelstein in einer neuen, kostbaren Fassung.

Wie kostbar, das sprach sich allmählich in der Branche herum. So groß war das Vertrauen in die junge, begabte Künstlerin, daß die UFA ihr die höchste Gage bewilligte, die sie je gezahlt hatte. Der Vertrag garantierte Lilian im ersten Jahr eine Summe von 180 000 Reichsmark für drei Filme und einen bezahlten Urlaub. Sie hatte außerdem das Recht, statt Urlaub zu machen, einen vierten Film zu einer Gage von 60 000 Mark zu drehen. (Von diesem Recht hat Lilian stets Gebrauch gemacht.) Im zweiten Vertragsjahr erhöhte sich die Garantiesumme für drei Filme auf 220 000 Mark, im dritten auf 280 000 Mark. Nach Ablauf der garantierten drei Jahre verlängerte sich der Vertrag automatisch von Jahr zu Jahr, sofern er nicht von einem der beiden Parteien gekündigt wurde. Vom vierten Vertragsjahr ab stieg das Jahreshonorar auf 360 000 Mark.

Für die Hauptrolle in einem Spielfilm 120 000 Mark – das kam amerikanischen Dimensionen nahe! Gezahlt in einer Zeit, als die Arbeitslosigkeit in Deutschland bedrohliche Ausmaße annahm, als die politische Situation dem Abgrund entgegensteuerte, als die UFA selbst gerade eine schwere wirtschaftliche Krise mühsam hinter sich gebracht hatte.

Ohne ihren Willy hätte Lilian diese aufregenden Wochen kaum zu überstehen vermocht. Immer wieder ließ sie sich von ihm in den Arm zwicken, um zu kontrollieren, ob sie auch keine Halluzinationen erlebe. »Wein' ich, lach' ich, träum' ich, wach' ich« – die Anfangszeile dieses Liedes, das sie ein paar Jahre später weltberühmt machen sollte, hier in Neubabelsberg 1928, stimmte sie aufs Wort.

Tausend Mark Monatsgage bei Richard Eichberg, zweihundertvierzigtausend Mark anfängliches Jahreseinkommen bei der UFA – das bedeutete – über Nacht eine Gagensteigerung um 2000 Prozent.

Wer aber hatte Richard Eichberg hinterbracht, daß die UFA falsches Spiel mit ihm treibe? Eine ebenfalls noch blutjunge Schauspielerin, die der Harvey das unfaßliche Glück offenbar von Herzen mißgönnte. Hätte Jenny Jugo gewußt, daß sie sich bald darauf ebenfalls zu einer sehr erfolgreichen, sehr beliebten komischen Schauspielerin entwickeln sollte, wäre sie damals gewiß nicht der Versuchung erlegen, Schicksal spielen zu wollen.

Wir halten es für richtig, die Story von Lilian Harveys UFA-Start so ausführlich zu schildern (und sie damit zugleich des romantischen Beiwerks zu entkleiden, das sie im Laufe der Jahre angesetzt hat). Wie man sieht, waren die Filmbosse jener Jahre keineswegs »pingelig« in der Wahl ihrer Mittel. Womit nicht gesagt werden soll, daß die heutigen vornehmer geworden seien.

*

Die Ironie des Schicksals wollte es, daß die UFA nach erfochtenem Sieg tatsächlich aus London ein Angebot erhielt, Lilian Harvey für die Hauptrolle in dem Film »One Night of London« zu beurlauben, der nach einem deutschen Szenario von dem deutschen Regisseur Lupu Pick inszeniert werden sollte.

Da bei der UFA alle Köpfe rauchten – das Tonfilmzeitalter war angebrochen, und eiligst mußten neue Aufnahmehallen gebaut werden, gewährte man Lilian gerne diesen Urlaub.

Lupu Pick, gebürtiger Rumäne, hatte sich mit anspruchsvollen Spielfilmen – darunter »Scherben« mit Werner Krauß, »Sylvester« und »Die letzte Droschke von Berlin« – als kundiger Regisseur empfohlen. Jetzt drehte er einen Unterhaltungsfilm jener Sorte, die im Feine-Leute-Milieu spielten und deshalb von der großen Masse besonders gerne gesehen wurden. Lilian war darin, laut Programmheft, »Aline, ein sonniges Menschenkind. Das vollendete Ebenmaß ihres sporttrainierten Körpers, die feinen Linien ihres schönen Gesichts, ihr heiteres, liebenswürdiges Naturell entzücken selbst diejenigen, die täglich an ihre zauberhafte Erscheinung gewöhnt sind. Von ihrer Mutter und ihrem Brüderchen John vergöttert, verlebt Aline in der Nähe von London, auf dem Lande, eine heitere, glückliche Jugend . . .«

Die Arbeit bereitete Lilian doppeltes Vergnügen, weil sie in ihrer Geburtsstadt stattfand. Schlechte Nachrichten trafen erst nach Fertigstellung des Films ein: Robert Irvine, ihr Partner, starb. Bill Crothers, der Produktionsleiter, beging Selbstmord in Cannes, Lupu Pick erlag nach einem Bankett im Hotel Adlon einer mysteriösen Vergiftung. Seine Frau, die Schauspielerin Edith Posca, nahm sich an seinem Grab das Leben.

Und nun der erste offizielle UFA-Film mit der Harvey, noch eine stumme Produktion, aber wieder mit Willy Fritsch als Partner: »Ihr dunkler Punkt«. Dieser, ein Leberfleck auf dem rechten Oberschenkel, erweist sich als das einzige Merkmal, das die schwarzhaarige Hochstablerin Yvette von der blonden Baronesse von Trucks unterscheidet. Doch ehe diese Unterscheidung polizeiaktenkundig ist, wird die Baronesse in einen tollen Verwechselungsstrudel gerissen – man ahnt bereits, weshalb: um Lilian Harvey Gelegenheit zu geben, in einer Doppelrolle alle Register ihres Temperaments zu ziehen.

»Ich habe nie einen gutmütigeren Menschen kennengelernt als Dr. Johannes Guter, unseren Regisseur«, erinnert sich Lilian. »Er war Weißrusse und schwärmte unentwegt vom Theater in St. Petersburg. Er betete seine schöne Frau an, liebte das Leben, die Liebe, die Arbeit – und wir liebten ihn. Vor allem aber liebte er das Essen, und man sah ihm an, wie sehr er es liebte. Als der Kostümbildner kam, um Kleider für mich zu entwerfen, nahm Guter das Maßband und legte es um seinen Hals. ›Warum gibst du mit deiner Wespentaille so an, Lilian?‹ rief er strahlend. ›Schau mal, mein Halsumfang ist noch zwei Zentimeter geringer!‹«

Die Außenaufnahmen fanden an der Côte d'Azur statt. Die Filmleute wohnten im Hotel »Negresco« in Nizza.

Lilian: »Als ich meinen ersten Film machte, hatte ich zwei große Wünsche. Einen Pelzmantel und ein Auto. Das Auto war nun endlich ›im Kommen‹; ich hatte gerade meinen Führerschein gemacht. Auch der Pelzmantel war da, ein Nerz – allerdings nur von weitem, von nahem ein Nerz-Murmel, aber ich liebte ihn sehr und hatte ihn ›Mimu‹ genannt. Wenn jemand sagte, ach, was für einen schönen Pelz tragen Sie da, von was für einem Tier stammt denn der – dann sagte ich stolz, es sei ein Mimu, und kein Mensch ist je so unhöflich gewesen zu fragen, was denn ein Mimu sei. Aber an der herrlichen Côte d'Azur kam nun ein dritter Wunsch hinzu: hier irgendwo ein kleines Häuschen zu besitzen, in dieser paradiesischen Gegend, die der liebe Gott in seiner besten Laune geschaffen haben mußte . . .«

Auch dieser Traum sollte bald in Erfüllung gehen.

Doch zuvor erlitt Lilian wieder einmal einen Unfall. Mit Harry Halm zusammen mußte sie aus einem großen Auto springen, in seiner Aufregung warf Halm die Autotür zu früh zu und klemmte die Hand seiner Partnerin ein. Auf der Stelle kippte Lilian um.

Erschrocken, aber flink wie ein Wiesel, sprang der dicke Doktor Guter hinzu und befreite seinen Star aus der mißlichen Lage. Zum Glück war nichts gebrochen, und den dicken Verband um die Hand konnte Lilian für die restlichen Drehtage in einem Muff verstecken. Gegen die Schmerzen hatte Guter ein original-russisches Rezept bereit: doppelten Wodka. Er machte vor, wie er getrunken werden muß: in einem Zuge selbstverständlich und ausatmen erst, nachdem das Glas neu aufgefüllt vor ihm stand. Lilian tat ihm nach und fühlte sich schlagartig wohler. Abends trank sie zwei weitere doppelte und schlief traumlos lange in den drehfreien Tag hinein.

Übrigens waren im »Dunklen Punkt« außer Willy Fritsch und Harry Halm der Komiker Siegfried Arno sowie Hermann Speelmanns und Wilhelm Bendow ihre Partner.

Gleich anschließend gab die UFA noch einen Stummfilm zur Produktion frei, diesmal unter der Regie von Wilhelm Thiele, über den noch zu sprechen sein wird: »Adieu Mascotte«. Die Zeitschrift *Film-Magazin* über Lilians Rolle: »Lilian Harvey, deren Filme gewöhnlich den Aufstieg des kleinen Mädchens in die Gesellschaft zeigen, tritt auch in ›Adieu Mascotte‹ die Filmfahrt ins Glück an. Sie ist ein kleines Pariser Mädel, das seine Armut nicht tragisch nimmt, weil Jugend immer Liebe bringt. Und wie diese Pariser Mädel schon sind: Aus Gutmütigkeit, um einer Freundin zu helfen, die eine Badereise nötig hat, läßt sich Lilian auf einem Pariser Künstlerball versteigern, damit die Summe zusammenkommt.«

Und abermals kam es zu einem tragischen Nachspiel: Lilians Gegenspielerin, die begabte Wienerin Marietta Millner, starb noch vor der Premiere des Films an einer Lungenentzündung.

Der dritte und letzte UFA-Stummfilm, den Lilian Harvey zu drehen hatte – »Wenn du einmal dein Herz verschenkst« – war, als er am 17. Januar 1930 uraufgeführt wurde, nachträglich mit Musik und Gesang und einzelnen Dialogstellen versehen worden, also »nachsynchronisiert«.

Dieser Film bewies, daß der kleinen Lilian auch bei der großen UFA nichts geschenkt wurde – sie hatte ein Maximum an physischen Leistungen zu erbringen und kehrte noch einmal in das Fach des weiblichen Jacky Coogan zurück.

Sie spielte eine Plantagenarbeiterin »irgendwo an der afrikanischen Küste«, die den ganzen Tag Bananen zu ernten hat. Eines Tages liegt ein deutscher Dampfer vor Anker, und zwei Matrosen führen an Bord Filme vor, die zeigen, »wie das elegante Europa ißt und trinkt, wie es weint und lacht und wie es lebt und liebt«. Die Eingeborenen strömen scharenweise auf den Dampfer, um gegen einen geringen Obulus diesen seltenen Kunstgenuß mitzuerleben, und unsere kleine Dolly – so heißt Lilian hier – möchte gar zu gerne die Wunder der großen weiten Welt kennenlernen. Da sie kein Geld hat, schleppt sie eine riesige Bananenstaude an Bord. Und was sie dann auf der Leinwand sieht, fasziniert sie so sehr, daß sie tags darauf zu Hause ausreißt, zum Schiff hinausschwimmt, an Bord klettert und als blinder Passagier nach Europa gelangt.

Die Außenaufnahmen wurden auf den Kanarischen Inseln und schon unterwegs an Bord eines Bananendampfers gedreht, den der filmbegeisterte Marquis von Arucas zur Verfügung gestellt hatte. Harry Halm und Igo Sym – Willy Fritsch war diesmal nicht dabei – mußten wegen schwerer Stürme und entsprechender Seekrankheit bereits von Antwerpen aus nach Hause geschickt werden. Dr. Johannes Guter, der wieder Regie führte, Lilian Harvey und Kameramann Fritz Arno Wagner aber gelangten bis nach Las Palmas.

Dennoch gab es genügend Hindernisse. Als Lilian die große Bananenstaude huckepack auf die Kamera zutrug, sprang plötzlich der spanische Marquis persönlich ins Bild und wollte ihr tragen helfen. Guters gestenreicher Hinweis auf die Notwendigkeit dieser Filmszene ließ Herr von Arucas nicht gelten; seine Auffassung von Ritterlichkeit verbietet ihm den Anblick einer Lasten schleppenden Frau. Da er andererseits nicht zu bewegen war, den Schauplatz der Handlung zu verlassen, blieb den Filmleuten nichts anderes übrig, als die Bananenstaude mit nach Berlin zu nehmen und die Szene im Atelier zu drehen.

Zum Glück brauchte der Marquis nicht mitzuerleben, was Dolly-Lilian dann alles an Bord widerfuhr: sie hatte in einen Topf zu fallen, dessen Inhalt, Teer, mit Sirup vermischt war, damit er besonders hartnäckig an ihr klebte. Darauf hakte ein Schiffsjunge den blinden Passagier an einen Ladekran, auf gings mit der strampelnden Last in luftige Höhe – und das bei einem Sturm, der den Dampfer in ständiges Schlingern brachte. Der Sturm wurde nachts so stark, daß er den Regisseur, als er sich in seine Kajüte begeben wollte, die Treppe hinunterwarf. Mit angebrochenem Fuß mußte Dr. Guter im Bett bleiben. Lilian wurde beinahe von ihrem Schrankkoffer erschlagen, der sich selbständig machte und die Frisiertoilette zertrümmerte.

Die Schwimmaufnahmen hingegen fanden bei schönstem Wetter statt. Eine Barkasse mit Regisseur und Kameramann fuhr neben Lilian her, und man filmte, wie sie an der Ankerkette den Dampfer enterte. Dreimal mußte die Schwimmszene wiederholt werden, über viele Stunden blieb sie im zum Glück angenehm warmen Wasser. Während der letzten Aufnahme sah sie, daß der Kapitän vom Dampfer aus und der Regisseur einander heftig zuwinkten, worauf die Barkasse am Dampfer anlegte.

Was war der Grund dieses mimischen Meinungsaustausches? Kreidebleich zeigte der Kapitän auf einen Haufen charakteristischer Rückenflossen, die sich jetzt schnell dem Dampfer näherten und ihn umkreisten. Ein Rudel Menschenhaie war plötzlich aufgetaucht. Der Kapitän tobte – er habe die Verantwortung für jeden an Bord Befindlichen. Allerdings mußte er auch zugeben, daß Haifische in dieser Gegend nur selten auftauchten.

Man stürzte sich auf harte Getränke, um den Schreck herunterzuspülen. Lilian behielt als einzige die Ruhe.

»Was hätte passieren können?« fragte sie. »Der erste Hai, der mich näher betrachtet hätte, wäre voller Verachtung umgekehrt, um seine Artgenossen zu warnen: es lohnt sich nicht – kein Fleisch, nur Knochen!«

Erschöpft, mit vielen kleinen Schürfwunden bedeckt, verschlief Lilian die halbe Rückfahrt, und war erst wieder glücklich, als sie im »Fliegenden Hamburger« mit ihrer Mutter und mit Willy telefonieren konnte.

Beide standen am Bahnhof, um sie abzuholen. Nach herzlichen Umarmungen drückte Fritsch ihr ein Drehbuch in die Hand: »Unser nächster Film! Du kannst dich freuen – es ist endlich eine Pommer-Produktion!«

# Was 1930 geschah

Heinrich Brüning (Zentrum, geb. 1885, gest. 1970) wird deutscher Reichskanzler (bis 1932).

Adolf Hitler schwört im Reichswehrprozeß vor dem Reichsgericht in Leipzig, die Weimarer Verfassung einzuhalten.

Hans Fallada veröffentlicht »Bauern, Bonzen, Bomben« (gesellschaftskritischer Roman).

Friedrich Wolf schreibt »Die Matrosen von Cattaro« (Schauspiel).

Sigmund Freud: »Das Unbehagen in der Kultur« (psychoanalytische Kulturphilosophie; Konflikt zwischen Ich und Kultur-Über-Ich).

Alfred Rosenberg (geb. 1893, hingerichtet 1946): »Der Mythos des 20. Jahrhunderts« (nationalsozialistische Weltanschauung).

Hans Poelzig: Haus des Rundfunks, Berlin (Baubeginn 1929, ein Höhepunkt der technischen und künstlerischen Entfaltung des Funks; Einweihung mit »Faust« I und II).

»Der blaue Engel« (Tonfilm nach »Professor Unrat« von Heinrich Mann, mit Marlene Dietrich und Emil Jannings; Regie: Josef von Sternberg, 1894 bis 1969).

»Die Drei von der Tankstelle« (Tonfilmoperette mit Lilian Harvey, Willy Fritsch, Heinz Rühmann; Regie: Wilhelm Thiele; wird typisch für diese Gattung).

»Im Westen nichts Neues« (nordamerikanisch-deutscher Film; Regie: Lewis Milestone, nach Erich Maria Remarque).

Ralph Benatzky: »Im weißen Rößl« (Operetten-Revue im Großen Schauspielhaus Berlin).

Arnold Schönberg: »Begleitmusik zu einer Lichtspielszene« (Filmmusik).

Cosima Wagner stirbt, Gattin Richard Wagners seit 1870; leitete 1883 bis 1908 die Bayreuther Festspiele (geb. 1837 als Tochter Franz Liszts).

Erste drahtlose Fernsehübertragung.

Max Schmeling durch Disqualifikation Jack Sharkeys Boxweltmeister (erster nichtamerikanischer Boxweltmeister).

(Nach Werner Stein: »Kulturfahrplan«, Berlin 1946)

# Mit Volldampf in den Tonfilm

Willy Fritsch erzählte Wunderdinge. Er hatte, während Lilian bei Las Palmas ihre Schwimmabenteuer erlebte, in der ungarischen Pußta den Stummfilm »Melodie des Herzens« gedreht, eine aufwendige Erich-Pommer-Produktion. Die Aufnahmen gingen dem Ende zu, als plötzlich aus Amerika ein Telegramm des UFA-Generaldirektors Ludwig Klitzsch eintraf, das die sofortige Einstellung der Dreharbeiten befahl.

Klitzsch hatte in New York die ersten Probeaufnahmen des Tonfilms »The Jazzsinger« mit Al Jolson gesehen und erkannt, daß die akustische Revolution schneller als erwartet über den Großen Teich greifen und Europa erobern würde. Jede Mark, die jetzt noch in einen Stummfilm investiert wurde, schien vergeudet. Vor allem »Melodie des Herzens«, dem Titel nach und vom Inhalt her auf Musik abgestellt, verlangte nach Klang und Ton.

In aller Eile wurden Gesangseinlagen gedreht, quiekende Schweine und wiehernde Pferde ans Mikrophon geholt, Zigeunergeigen mußten schluchzen und die Hauptdarsteller wenigstens einen Dialog wirklich sprechen, nicht nur markieren.

So kam es, daß der erste Satz, den Willy Fritsch in ein Tonfilmmikrophon gesprochen hat, berühmt geworden ist, ein Satz, mit dem er so lange aufgezogen werden sollte: »Ich spare nämlich auf ein Pferd!«

Diese phänomenale Mitteilung macht er als schlichter Honvedsoldat dem nicht weniger schlichten Pußta-Mädchen Dita Parlo, das daran erkennen soll, was für einen tüchtigen Freund es sich einzuhandeln im Begriff ist.

Noch vor kurzem waren die Gegner des Tonfilms in der Mehrzahl. Ein Künstler wie Luis Trenker hatte verkündet: »Die empfindsamen Kreise sind jahrelang unserer Kunst ferngeblieben – sie werden von neuem abwandern, wenn der organisierte Lärm die Leinwandruhe zerstört, und sie haben recht. Aus dem Krachfilm wird dann wohl noch ein Filmkrach werden.«

Vierzig Jahre später hatte sich der gleiche Künstler zu einem beliebten Fernsehplauderer entwickelt, was er ohne den »Krachfilm« niemals hätte werden können.

»Das dreidimensionale Tönen« – äußerte der Schriftsteller Axel Eggebrecht – »werde ich mir nie im Leben als eine künstlerische Bereicherung einreden lassen; es ist vielmehr ein hahnebüchener Kitsch, ganz genau entsprechend jenen Postkarten, auf denen Esel aufgeklebte Schwänze aus Haaren haben.«

Der gleiche Eggebrecht schrieb später so erfolgreiche Tonfilm-Drehbücher wie »Bel ami«, »Operette«, »Wiener Blut«, »Land des Lächelns«, »Eine Liebesgeschichte« und »Stresemann«.

Heinrich Fraenkel, einstmals Redakteur der *Lichtbildbühne:* »Die Filmkunst darf den akustischen Film nie beachten, denn des künstlerischen Films Wesenheit und Hauptstärke liegt – in seiner Stummheit.«

Auch er hat sein krasses Urteil revidieren müssen.

Nicht besser erging es dem bekannten Kritiker Herbert Ihering, der einmal sarkastisch geschrieben hat: »Der sprechende Film ist die phänomenale Erfindung eines Geistes, der sich gerade durch seine letzte Vervollkommnung wieder aufhebt, der seinen ganzen Reichtum nur darauf verwendet, um gegen sich selbst tödliche Waffen zu schmieden.«

Die Situation war also gespannt – um so gespannter, als jeder deutsche Filmschauspieler sich jetzt einer Prüfung zu unterziehen hatte, die über seine Zukunft entscheiden sollte: Hatte er »Stimme«? Drohend stand das Schicksal des Hollywood-Stars John Gilbert vor Augen. Gilbert, nach seinem Erfolg als Partner von Greta Garbo in »Anna Karenina« weltberühmt geworden, hatte von der MGM einen Fünf-Jahres-Vertrag mit einer garantierten Wochen-Gage von 10000 Dollar erhalten, und die Firma bildete sich noch ein, damit einen besonders vorteilhaften Abschluß getätigt zu haben. Dann aber brach die Tonfilm-Ära an, und es stellte sich heraus, daß Gilberts farblose, piepsige Stimme, die in einem Mißverhältnis zu seiner imponierenden männlichen Erscheinung stand, für das Mikrophon völlig ungeeignet und durch keinerlei Sprechunterricht zu verbessern war. Der Vertrag wurde gelöst, MGM zahlte Gilbert eine Ablösung von einer Million Dollar.

So viel Glück im Unglück war seinen deutschen Kollegen, die vor der Umstellung kapitulieren mußten, nicht beschieden. Profilierten Bühnendarstellern, die den Stummfilm bislang als Afterkunst angesehen hatten, boten sich jetzt dagegen neue und große Möglichkeiten.

Klopfenden Herzens sah Lilian Harvey der Prüfung entgegen. Auch sie hatte ihre Stimme beruflich bisher nicht benötigt, weder als Tänzerin noch als Stummfilmdarstellerin. Wie würde sich »Mik«, der Feind aller Nur-Mimen, das geheimnisvolle, kleine Mikrophon, ihr gegenüber verhalten?

*Die kleine Handschuhmacherin hat an den unbekannten Offizier ihr Herz verloren (rechts). In drei Sprachen spielt und singt Lilian Harvey in »Der Kongreß tanzt«.*

*Zwanzig Stockhiebe auf den Allerwertesten hat der Polizeipräsident der kleinen Handschuhverkäuferin verordnet. Vor dieser Szene hat Lilian Angst, und sie verbietet, dabei fotografiert zu werden (unten links).*

*Ein grollendes Ungewitter entlädt sich über die kleine Handschuhverkäuferin. Wenn Adele Sandrock donnert, wagt Lilian Harvey keinen Widerspruch (unten rechts).*

»Gnädige Frau, komm spiel mit mir...« In der Maske des Clowns »Quick« versucht Hans Albers, Lilian Harvey zu umgarnen (oben links).

Zwei Fensterputzer (Willy Fritsch, rechts, und Willi Forst) werben um das gleiche Mädchen. Für wen wird sie sich entscheiden? »Der blonde Traum« enthüllt die Wahrheit (unten links).

Um sich nicht doubeln lassen zu müssen, erlernte Lilian für ihren Film »Der blonde Traum« heimlich das Seiltanzen. Ihre Zähigkeit und Energie kannte kein »unmöglich« (oben rechts).

Erich Pommer war persönlich dabei, als in dem großzügigen neuen UFA-Atelier in Babelsberg, einer in Kreuzform angeordneten Hallen-Kombination, unter der Leitung des Tonmeisters Fritz Thiery die Prüfung der beiden Schauspieler vor sich ging. Willy, bereits bewährt, sprach seine Probesätze unerschrocken ins »Mik« und bestand endgültig mit dem Prädikat »gut«. Lilian, die zwischen Flüstern und Schreien verschiedene Ausdrucksskalen zeigen mußte, erntete ebenfalls zufriedenes Nicken. Damit war der nächste Fritsch-Harvey-Film der UFA gesichert.

Erich Pommer produzierte zwei nunmehr hundertprozentige Tonfilme gleichzeitig, und mit beiden betrat er dramaturgisches Neuland: »Der blaue Engel« und »Liebeswalzer«. Beiden gemeinsam war das von Generaldirektor Klitzsch und Produktionschef Correll gesetzte UFA-Ziel: das jenseits der deutschen Grenzen eroberte Kino-Terrain zu verteidigen. Keine leichte Aufgabe, nachdem der Film zu sprechen begonnen und damit seinen internationalen Charakter verloren hatte.

Deshalb baute Pommer beim »Blauen Engel« auf die prominente Besetzung. Unter der Regie des von den Amerikanern empfohlenen Josef von Sternberg, der in Wirklichkeit Joe Stern hieß und aus Wien stammte, mit Emil Jannings in der Hauptrolle, der auch in Amerika sehr bekannt war, wurde der Roman »Professor Unrat« von Heinrich Mann verfilmt, den immerhin Dichter wie Carl Zuckmayer und Karl Vollmöller filmisch bearbeitet hatten. Daß die junge Marlene Dietrich und die von ihr gesungenen Lieder von Friedrich Holländer auf die Dauer den nachhaltigsten Eindruck hinterlassen würden, war anfangs nicht vorauszusehen. Pommer nahm an, daß ein so sorgfältig hergestellter Film auch in deutscher Originalfassung, allenfalls mit fremdsprachigen Untertiteln, die Welt erobern müßte.

Bei »Liebeswalzer«, der ersten deutschen Tonfilmoperette, war Pommer weniger optimistisch. Deshalb hatte er von Anfang an ein britisches Ensemble verpflichtet, das in Babelsberg unter demselben Regisseur in den gleichen Dekorationen dieselben Szenen in englischer Sprache zu wiederholen hatte – nach seiner Meinung das billigste Verfahren zur Herstellung einer fremdsprachigen Version. Der ehrgeizigen Lilian Harvey, die immerhin gebürtige Engländerin war, traute Pommer zu, daß sie beide Fassungen spielen konnte. Er sah sich nicht getäuscht. »Love Waltz« machte Lilian schlagartig zu einem Publikums-Liebling auch in England. Die hohe Gagen-Investition hatte sich ausgezahlt. Und in Deutschland ließ der »Liebeswalzer« rein geschäftlich den »Blauen Engel« weit hinter sich.

Die Handlung war so operettenhaft wie möglich, doch von den Autoren Hans Müller und Robert Liebmann in beschwingte optische und sprachliche Form gebracht. Im Grunde eine romantische Allerwelts-Geschichte: Prinzessin Eva soll den Erzherzog Ferdinand aus dem Nachbarland heiraten. Der schickt, da er Eva nicht kennt, seinen Freund Bobby als Kundschafter aus. Bobby verliebt sich prompt in Eva, die ihn für den Erzherzog hält, bis dieser (Georg Alexander) persönlich eintrifft und alles ins Lot bringt: Eva und Bobby werden ein Paar.

Doch ehe es soweit ist, muß Eva-Lilian ihrem Bobby-Willy wütend die Meinung sagen. Sie tut es, indem sie mit ihren kleinen Fäusten auf seine Brust trommelt, und dieses Trommeln klang im empfindlichen Mikrophon wie ein Erdbeben. Zu dem Erdbeben gesellte sich ein Wolkenbruch, als Königinmutter Julia Serda den Saal betrat. Die Tonspezialisten hatten lange zu tun, bis sie die Störungsquellen entdeckten: u. a. war das rauschende Taftkleid Ihrer Majestät daran schuld.

Um so erstaunlicher, daß die Musik, von Werner Richard Heymann komponiert, von Anfang an sauber aus den Lautsprechern klang, und als Pommer zum erstenmal Lilians kleine, aber liebliche Gesangsstimme hörte, drückte er ihr erfreut ein Markstück in die Hand – Ausdruck der höchsten Anerkennung, deren er fähig war.

Der Refrain, den Willy Fritsch zu singen hatte, machte sein Lied zu Lilians Schicksalslied:

»*Du bist das süßeste Mädel der Welt,*
*Du bist die einzige, die mir gefällt,*
*Du bist im Wachen und Träumen und immer bei mir,*
*Und wo ich bin, bin ich bei dir.*
*Du bist das süßeste Mädel der Welt,*
*Du bist die einzige, die mir gefällt,*
*Wenn selbst der silberne Mond vom Himmelszelt fällt –*
*Du bist das süßeste Mädel auf der Welt.*«

Binnen kurzem war dieses Lied der beliebteste Tonfilmschlager des Jahres, ein »Ohrwurm«, der einen nicht mehr losließ.

Regie führte Wilhelm Thiele, den Lilian bereits seit »Adieu Mascotte« kannte. Man muß ihn als den Schöpfer der deutschen Tonfilm-Operette bezeichnen.

»Wilhelm Thiele hat das Problem gelöst, das realistische Element des Films mit dem charakteristischen der Operette zu vermählen. Er überließ dabei dem Film die Führung. Oberstes Gesetz also: auch die Tonfilmoperette bleibt filmbewegt. Beschämt konstatieren die besiegten Gegner des Tonfilms: Das jüngste Kind aus der Ehe von Technik und Kunst gedeiht prächtig und wächst seinen Paten, dem Schauspiel, der Oper und der Operette, von Tag zu Tag mehr über den Kopf. Und in Amerika bekommen die Filmfabrikanten lange Gesichter. Die verfluchten Deutschen können sogar Tonfilme machen, auf jeden Fall Tonfilmoperetten. Aber nicht nur Amerika, die Welt horcht auf. Am Tage nach der Berliner Premiere packt nämlich die UFA zwei, drei Kilometer Zelluloid in eine Blechkiste, und vier bis fünf Wochen später strömt in Japan ein buntes Volk aus dem Nagasaki-Palace, und die niedlichen Tokioerinnen summen: ›Du bist die süßeste Geisha der Welt‹...« (Oskar Kalbus: »Vom Werden deutscher Filmkunst«, Hamburg 1935).

Viele Dutzend Briefe haben Lilian Harvey erreicht, die statt eines Namens und einer Adresse lediglich die Aufschrift trugen: »An das süßeste Mädel der Welt.«

Die Post wußte, wo es wohnte.

*

Das verblüffendste Echo auf den »Liebeswalzer« aber war die fast als massiv zu bezeichnende Forderung des Publikums nach mehr Filmen mit Lilian Harvey und Willy Fritsch. Waschkörbeweise trafen Briefe ein, die die beiden als das »beliebteste Liebespaar« feierten, als ein »Traumpaar« das nicht mehr getrennt werden dürfe. Es war, als hätte der Zuschauer die geheime und geheimnisvolle private Übereinstimmung zwischen Lilian und Willy genau gespürt.

Schon ihre beiden Stummfilme »Die keusche Susanne« und »Ihr dunkler Punkt« waren sehr positiv aufgenommen worden. Der »Liebeswalzer« aber, erster Tonfilm der beiden, schien ganze Schleusentore geöffnet zu haben, durch die sich jetzt die Flut der Zustimmung wälzte.

Die UFA-Gewaltigen wurden nachdenklich. Zunächst noch vorsichtig, gaben sie die Parole aus, nach weiteren geeigneten Stoffen für das beliebte Paar zu fahnden. Und es verging kein Jahr, da hieß es in Babelsberg: Was immer passiert – die Lilian hat am Ende ihren Willy zu kriegen. Die »Firma« Harvey-Fritsch war damit endgültig zu einem Markenartikel geworden.

Und nahezu automatisch wurde, wie immer in derlei Fällen, die Maschinerie der Gerüchte in Gang gebracht. Eine Zeitlang schien die Kinobesucher – neben der Sorge um ihr tägliches Brot, das damals schwer genug zu verdienen war – keine andere Frage als diese zu interessieren: Sind »sie« auch privat ein Paar oder nicht? Sind sie heimlich verheiratet – oder wenigstens verlobt?

Die Briefkastentanten der Zeitungen und Illustrierten wurden mit Fragen nach dem Privatleben der beiden überhäuft. Deshalb schickte die Zeitschrift *Filmwoche* ihre Mitarbeiterin Edith Hamann in die Höhle des Löwen, nämlich in das Haus Ahorn-Allee 16/17, in dem Lilian Harvey jetzt wohnte. Natürlich traf sie dort auch Willy Fritsch an, beide »bei friedlicher Gartenarbeit« und nicht etwa in amourösem Techtelmechtel, wie argwöhnische Leser hatten glauben machen wollen. Hier Edith Hamanns Sonderbericht unter dem Titel »Lilian und Willy erklären« (*Filmwoche* Nr. 16 – 1930):

»...Wir haben eine wichtige Angelegenheit zu besprechen, denn ich bin aus dem Grunde gekommen, um endlich eine Erklärung veröffentlichen zu können, die all den Gerüchten und Gereden um diese Lieblinge des Publikums ein Ende machen soll. Nachdem vor kurzem in einer Berliner Tageszeitung schwarz auf weiß zu lesen war, daß Lilian Harvey und Willy Fritsch verheiratet seien, sind die Gemüter der deutschen Kinobesucher aufs heftigste beunruhigt. Sie glauben ein Anrecht darauf zu haben, über das Privatleben der von ihnen verehrten Stars informiert zu sein – und da niemand etwas Genaues wissen wollte, sondern jeder nur vielsagend lächelte, die Achseln zuckte oder mit den Augen zwinkerte, verstieg sich die öffentliche und private Meinung bis zu hohen Wetten.

Lilian erklärte sich temperamentvoller und energischer als Willy, der die Sache mehr von der humoristischen Seite nimmt. Sie ist ganz empört: ›Wir sind *nicht* verheiratet! Himmelherrgott – wie oft soll ich das noch sagen? Wer es nicht glauben will, der soll doch zum Standesamt gehen und sich erkundigen. Wir hätten doch keinen Grund es zu leugnen, wenn es wahr wäre!‹

Willy fällt ein: ›Ja, man hat sich ja schließlich daran gewöhnt, daß einem sein Privatleben nicht mehr ganz gehört, man ist nicht umsonst ›Liebling des Volkes‹, aber wenn die Menschen wüßten, wie schwer sie einem mit solchem Gerede das Leben manchmal machen, würden sie vielleicht doch rücksichtsvoller sein.‹

Lilian seufzt. Wir müssen alle drei einen Kognak trinken, um uns zu stärken. Dann sagt sie: ›Das ist so komisch. Wenn zwei Menschen sich lange kennen, gut befreundet sind und alle Freuden und Leiden des Berufs zusammen durchmachen, dann glauben die Leute gleich, sie abstempeln zu müssen.‹

Ich lenke ein: ›Das ist doch erklärlich. Von den Menschen, die euch immer wieder im Kino sehen als glückliches Liebespaar – von denen trennen die wenigsten die Persönlichkeit von der Rolle. Für die seid ihr die schöne Verkörperung einer Sehnsucht und wenn sie euch nach einer Premiere zusammen wegfahren sehen, können sie sich nicht vorstellen, daß das keine Fortsetzung des Films sein soll, den sie eben miterlebt haben!‹

›Wenn die wüßten‹, lacht Lilian ›wie oft wir uns gerade dann am meisten kabbeln über künstlerische und sonstige Fragen!‹

Willy kneift ein Auge zu. ›Das ist ja wahrscheinlich auch der Grund, warum unsere Freundschaft so gut hält – ohne Kabbeln wären wir sicher schon vor Langeweile gestorben!‹

›Heiraten –‹ schließt Lilian, ›immer gleich heiraten! Seht euch die vielen Künstlerehen an – die meisten sind doch nichts als Aufregungen, ich muß meine Ruhe haben, um arbeiten zu können.‹

Und dann unterhalten wir uns noch eine Weile über den Wert einer wirklichen und ehrlichen Freundschaft, die gerade unter Kollegen und Partnern beim Film und bei der Bühne so selten ist...«

Interviews wie dieses, die zu Dutzenden erschienen, erfüllten schließlich ihren Zweck. Das Publikum begann sich an seine Enttäuschungen über das suspendierte Liebesleben seiner Lieblinge zu gewöhnen. Es fiel auf den Schwindel herein. Daß sich ausgerechnet Lilian beim Beteuern der »reinen Freundschaft« so wortstark hervortat, war bezeichnend. Sie mußte sich, da ihr das Lügen nicht lag, besonders drastischer Formulierungen bedienen.

\*

Der ersten deutschen Tonfilm-Operette folgte die erste deutsche Vertonfilmung eines Bühnenstücks. Und wieder stellte Pommer die Harvey vor eine völlig neue Aufgabe: eine hundertprozentige Sprechrolle, ohne Tanz, ohne Drolligkeit, ohne Gesang – das einzige Lied darin hatte sie mehr zu rezitieren. Von früh bis spät im schwarzen Kleid auf einer Anklagebank: Lilian in »Hokuspokus« von Curt Goetz, in der Paraderolle der Goetz-Gattin Valerie von Martens.

Sie steht unter Mordverdacht. Die kleine, zierliche Frau soll ihren Mann getötet haben, draußen auf dem See ins Wasser gestoßen, weil sie wußte, daß er nicht schwimmen kann. So folgert messerscharf der Staatsanwalt, von keinem geringeren als Gustaf Gründgens gespielt, und das Gericht ist drauf und dran, seinen Ausführungen zu glauben.

Der Ermordete war Maler, ein völlig unbekanntes Genie. Die Sensation aber macht ihn über Nacht bekannt, und plötzlich verkaufen sich seine Bilder glänzend – erstaunlich nur, wie viele er »hinterlassen« hat: die böse Witwe wird immer reicher.

»Stimmt es, Angeklagte, daß Sie sich bereits acht Tage vor dem Mord eine komplette Witwenausrüstung gekauft haben, darunter drei schwarze Abendkleider?«

Lilian hat »echt weiblich« zu antworten: »Ja, aber das können Sie nicht verstehen, weil Sie keine Frau sind!«

»Stimmt es, daß man Sie gleich nach der Tat hat fröhlich singen hören?«
»Fröhlich? Na, hören Sie mal!«

Der Lokaltermin findet in Booten auf der Mitte des Sees statt, wo die gräßliche Tat geschah. »Nun singen Sie mal das gleiche Lied!« befiehlt der Vorsitzende.

Lilian setzt an – aber singen kann sie nicht, es wird eine geflüsterte Rezitation:

*»Ich will deine Kameradin sein,*
*Mach, was du willst, mit mir,*
*Du brauchst nie zu fragen, ich sage nie nein –«*

Dann bricht sie zusammen.

Übrigens hat Robert Stolz dieses Lied geschrieben, und Lilian hat es später auch richtig gesungen, es gibt Platten davon.

Unnötig zu erwähnen, daß der Ermordete plötzlich quicklebendig in den Gerichtssaal stürzt. Er kann es nicht mehr mit ansehen, wie seine arme Frau gequält wird: Das Ganze war doch nur ein ›Trick‹, um ihn als Maler bekannt zu machen...

In der deutschen Fassung spielte Willy Fritsch den Maler, in der englischen – »The Temporary Widow« – der berühmte Shakespeare-Darsteller Olivier, später Sir Laurence. Ihre Auftritte waren leider nur kurz, da sie erst am Ende als deus ex machina erfolgten. Lilian hatte das Schwergewicht der Handlung mit den anstrengenden Kreuzverhören allein zu tragen.

Gustav Ucicky gehörte zu den ersten Tonfilmregisseuren, die es auszubaden hatten, daß fremdsprachige Versionen deutscher Filme nicht in jedem Fall nur aus einem Austausch der Schauspieler und einer Übersetzung der Dialoge bestanden. Für »The Temporary Widow« mußte von einem englischen Autor, der gleichzeitig Gerichtspraktiker war, der Ablauf des Prozesses völlig umgestellt werden. Das Gerichtsmilieu ist in London ein anderes als in Berlin. Englische Richter sehen nicht aus wie deutsche Richter, englische Angeklagte verhalten sich vor den Schranken anders als deutsche Angeklagte. Nicht einmal englische Gerichtsdiener sind ohne weiteres deutschen gleichzusetzen.

Am letzten Drehtag klemmte sich Gründgens sein Monokel ins Auge und richtete dieses anerkennend auf Lilian: »In deutsch und englisch unter Mordanklage – großartig, mein Kompliment!«

Pommer, der dabei stand, fing an zu lachen: »Das war noch gar nichts! Den nächsten Film spielt sie französisch!«

\*

Pommers Bemerkung, listig unverbindlich, hatte genügt, Lilians Eifer erneut anzustacheln. Ihre französischen Sprachkenntnisse entstammten dem Schulunterricht. Sofort engagierte sie sich eine Lehrerin, büffelte Tag und Nacht und fühlte sich vier Wochen später nahezu perfekt.

Als Erich Pommer auf seine Bemerkung zurückkam und fragte, ob Lilian sich auch eine französische Version zutraue, sagte sie leichthin: »J'espère...«

»Nun, wir werden eine Probeaufnahme machen«, sagte Pommer. »Ich lasse eine Schauspielerin aus Paris kommen. Wenn Ihr Französisch nicht ausreicht, werden Sie nachsynchronisiert.«

Lilian erzählt: »Mommy-Darling sah das französische Manuskript und schüttelte den Kopf. Sie hätte lieber gesehen, wenn ich mal Urlaub gemacht hätte. Aber das ließ mein Ehrgeiz natürlich nicht zu. Ich legte das Manuskript unter das Kopfkissen und fühlte mich am nächsten Morgen fit. In der Probeszene mußte ich eine Prinzessin spielen (mir schwante Schlimmes), die ihren Majordomus beschimpft, weil er ihre bevorstehende Vermählung bekanntgegeben hat. Ich hatte böse und schnell zu sprechen. War der Text schon in Deutsch der reinste Zungensalat, so erst recht in Französisch. Ich rasselte ihn in furiosem Tempo zweimal hintereinander herunter, dann wurde die Aufnahme abgebrochen, und ich wartete ängstlich auf das Ergebnis. Plötzlich kam die französische Kollegin auf mich zu: Sie habe Pommer geraten, von einer Synchronisierung abzusehen, weil mein Französisch einen ›so süßen‹ englischen Akzent habe, daß das französische Publikum begeistert sein werde. Vor Freude habe ich die nette Kollegin und Pommer gleich mit umarmt.«

Lilians böse Ahnung blieb unerfüllt. Sie hatte, obgleich wieder eine Operette auf dem Plan stand, keine Märchenprinzessin zu verkörpern, sondern ein modernes Mädchen von heute. Schon am Titel war zu erkennen, daß Pommers neuer Film sich in der Gegenwart bewegte: Er hieß »Die Drei von der Tankstelle.«

Bevor Pommer ein neues Projekt freigab, war er sich über den Stil im klaren, in dem es verfilmt werden sollte. Aber die »Tankstelle« bereitete offenbar Schwierigkeiten. Franz Schulz und Paul Frank, die Autoren, Billie Wilder, der »Gagman«, Wilhelm Thiele, der Regisseur, und Pommer selbst – jeder hatte eine andere Auffassung. Vielleicht lag es daran, daß die Story ein bißchen dünn war und für eine Operette so wenig Voraussetzungen zu haben schien. Eine Handlung, in der Gegenwart, nämlich in der Arbeitslosigkeit des Jahres 1930, angesiedelt: drei junge Männer, die sich für ihr letztes Geld eine Tankstelle kaufen und nun auf Kundschaft warten, dazu die vermögende Konsulstochter, die sich in einen der drei Tankwärter verliebt – da fehlte es an allen Ecken und Enden noch an Ideen. Kurzerhand setzte Pommer eine Leseprobe mit allen Mitwirkenden an.

Auch Werner Richard Heymann war eingeladen, er sollte die Anwesenden mit seiner Musik bekanntmachen. Fünf Lieder hatte er auf Texte von Robert Gilbert geschrieben, Lieder, die seine Zuhörer sofort in Stimmung versetzten. Eines war darunter, das die Schauspieler förmlich von den Stühlen riß, weil es mit dem Signal einer Autohupe begann, der gleichen, die auch Lilians Filmwagen schon von weitem ankündigte:

*»Autofahren, Autofahren*
*Ist die größte Schwäche jeder kleinen Frau,*
*Und es träumen alle Mägdelein*
*Heute schon von einem Führerschein.*
*Rassewagen, Klassewagen,*
*Drin ein süßes Mädel und der Himmel blau –*
*Ja, wer möchte da nicht Partner sein?*
*Und so mancher Mann ruft hinterdrein:*
*Halloh! Du süße Frau, fahr nicht allein,*

*Es könnte sein, du steuerst falsch –*
*Und grad vorbei an deinem Glück.*
*Wieso mein lieber Schatz,*
*Brauchst du für dich den ganzen Platz?*
*Nimm mich doch mit!*
*Ich kenn den Weg hin und zurück!*
*Hält der rechte Mann das Steuer,*
*Fährt er dich ins Abenteuer.*
*Halloh! Du süße Frau, fahr nicht allein,*
*Es könnte sein, du steuerst falsch –*
*Und grad vorbei an deinem Glück.«*

Bald war man sich darüber einig, daß aus dem Geist dieser heiteren, unbeschwerten Musik der Darstellungsstil entwickelt werden mußte. Beispielsweise hatte Lilian vor ihrem dreiteiligen Frisierspiegel eine stumme Szene mit drei Tankwart-Puppen. Thiele sagte lediglich: »Na, Lilian, was tun Sie, wenn Sie glücklich sind?« – »Ich tanze«, sagte sie und begann sich in einem eigenwilligen Rhythmus zu bewegen, während sie die Puppen um sich herum aufbaute. Kameramann Franz Planer drehte mit – die Szene gefiel Pommer so gut, daß er anordnete, alle Handlungsvorgänge ähnlich beschwingt aufzulockern. So kam es, daß der Gerichtsvollzieher (Felix Bressart) im Tanzschritt eine Villa pfändet, der Rechtsanwalt seine Post in Chansonform erledigt, daß die Möbel aus dem Fenster schweben und die Möbelpacker eine Art Schwere-Jungen-Ballett aufführen. Spiel, Dialog, Tanz und Musik gingen ineinander über.

»Das bedeutet nichts anderes als die Entdeckung einer neuen deutschen Filmgroteske und die Höherentwicklung des Stils, den einst Lubitsch in seiner ›Bergkatze‹ schuf. Das bedeutet aber noch viel mehr: ›Die Drei von der Tankstelle‹ zeigen zum erstenmal nicht ›vertonte‹ Szenen, sondern ›inszenierte Melodien‹, ›inszenierten Ton‹ und ›bebilderte Musik‹. Hier haben alle bisherigen Bemühungen um eine stileigene Tonfilmoperette ihren Höhepunkt erreicht. Unzählige Male hat man diesen Thiele-Film zu kopieren versucht, keiner hat diesen Höhepunkt noch einmal erreicht.« (Kalbus).

Und hinzuzufügen wäre: Nie wieder ist versucht worden, aus einer aktuellen Notsituation, der Wirtschaftskrise, eine dramaturgische Tugend zu machen.

Zwei Tankstellen hatte Thiele errichten lassen. Eine im Atelier mit versetzbaren Wänden für die Spielszene, eine für die Außenaufnahmen, am Waldrand in der Nähe von Babelsberg. Als dort die Arbeit beginnen sollte, mußte erst eine ganze Wagenkolonne verscheucht werden, die an der Tankstelle vorgefahren war, um – was auch sonst? – zu tanken.

Die Filmtankstelle gefiel dem Publikum – und vor allem den Autofahrern – so gut, daß im In- und Ausland fortan nach diesem Modell zahlreiche Tankstellen gebaut wurden. Und ein Fabrikant von Autohupen machte mit dem Heymann-Signal gute Geschäfte.

Dann gab es noch eine gewisse Telefonzelle, in der Willy und Lilian bei heftigem Gewitter ihr ebenfalls weltberühmt gewordenes Liebeslied zu singen hatten:

> »*Liebling, mein Herz läßt dich grüßen,*
> *Nur mit dir allein*
> *Kann es glücklich sein.*
> *All meine Träume, die süßen,*
> *Leg ich in den Gruß mit hinein.*
> *Laß nicht die Tage verfließen,*
> *Bald ist der Frühling dahin.*
> *Liebling, mein Herz läßt dich grüßen*
> *Und dir sagen, wie gut ich dir bin.*«

Unnötig zu sagen, daß das von den drei Tankwarten – Willy Fritsch, Oskar Karlweis und Heinz Rühmann – gesungene Marschlied ebenfalls ein Schlager ersten Ranges geworden ist:

> »*Ein Freund, ein guter Freund,*
> *Das ist das Beste, was es gibt auf der Welt,*
> *Ein Freund bleibt immer Freund,*
> *Und wenn die ganze Welt zusammenfällt.*
> *Drum sei auch nie betrübt,*
> *Wenn dein Schatz dich nicht mehr liebt.*
> *Ein Freund, ein guter Freund,*
> *Das ist der größte Schatz, den's gibt.*«

Aufgeregt wartete Lilian auf die französischen Szenen. Hierfür war Max de Veaucorbeille als Dialogregisseur engagiert worden. Der französische Willy Fritsch war Henri Garat, ein Sänger und Tänzer der Pariser Operettenbühne, der als Partner von Lilian Harvey zum Publikumsliebling Nr. 1 avancieren sollte. René Lefèvre und Jacques Maury ersetzten Karlweis und Rühmann, Gaston Jacquet Lilians deutschen Filmvater Fritz Kampers. Der Dichter Louis Verneuil, der das Drehbuch ins Französische übersetzte, ließ sich Zeit und schickte das Manuskript seitenweise, so daß Lilian zum Lernen immer gerade nur die Nacht blieb. Aber alles klappte, und »Le Chemin du Paradis« schlug in Frankreich genau so erfolgreich ein wie »Die Drei von der Tankstelle« in Deutschland.

Allerdings mußten einige Szenen nachgedreht werden, und zwar nur solche, in denen Olga Tschechowa mitwirkte. Der verliebte Franz Planer hatte, von ihrer Schönheit hypnotisiert, immer nur auf sie die Schärfe gelegt, während die anderen Darsteller im optischen Niemandsland schmorten...

Lilian erinnert sich: »Vor der Uraufführung im ›Gloria-Palast am Zoo‹ am 15. November 1930 sagten wir uns: es gibt nur zwei Möglichkeiten – man wird uns entweder für verrückt erklären oder es wird ein Sensationserfolg. Letzteres wurde es. Ich war auch bei der Pariser Premiere anwesend. Genau die gleiche Reaktion. Beim Hinausgehen sangen die Leute bereits die Refrains. Natürlich in französisch: ›Pourquoi – sous le ciel bleu – partez - vous seul – c'est dangereux – emmenez - moi – on conduit mieux – quand on est deux!‹ Oder: 'Tout est permis quand on rêve, on a tous les droits, Chéri, c'est pourquoi!‹ Oder: ›Avoir un bon copain – voilà c'qu'il ya d'meilleur au monde...‹ Auch der berühmte Regisseur René Clair war zugegen. Er gratulierte Pommer und versicherte ihm, diesen neuartigen Stil adaptieren zu wollen. Pommer strahlte. Hinterher sagte er zu mir: Kopieren ist immer noch die ehrlichste Form der Bewunderung...«

Um dieses sehr erfolgreiche Jahr abzurunden, drehte Lilian schnell noch einen vierten Spielfilm mit Willy Fritsch, aber nur in einer Version: »Einbrecher«. Eine musikalische Ehekomödie von Louis Verneuil, im Pariser Gesellschaftsmilieu angesiedelt, von Hanns Schwarz inszeniert, mit Heinz Rühmann, Ralph Arthur Roberts, Oskar Sima und Paul Henckels als weiteren Partnern. Kein bedeutendes Werk, aber mit der einprägsamen Musik von Friedrich Holländer, darunter einem ausgelassenen Duett zwischen Lilian und Willy: »Laß mich, laß mich einmal deine Carmen sein, nur eine Nacht, nur eine Stunde...«

Als die beiden am 18. Januar 1931, am Vorabend von Lilians 25. Geburtstag und neun Tage vor Willys 30. Geburtstag, eine Flasche Sekt öffneten, stellten sie dankbar fest, daß ihnen im schwersten Jahr der Weltwirtschaftskrise ein Glück beschieden sei, um das sie Millionen beneiden mußten.

# Geliebt und bewundert

Als Willy Fritsch noch in Lilian Harvey verliebt war und sie in ihn, benutzten sie jede freie Minute, um zusammen zu sein. Die freien Minuten waren aber knapp, da Lilian, wenn Willy Feierabend hatte, noch ihre fremdsprachigen Versionen drehen mußte.

In dem Film »Ihre Hoheit befiehlt« hatten sie keine gemeinsame Szene, da Lilian als Partnerin von Henri Garat nur die französische, Fritsch zusammen mit Käthe von Nagy nur die deutsche Fassung spielte. Nur in den Pausen saßen sie zusammen.

Plötzlich fragte Willy: »Gehen wir heute abend aus?«

Lilian schüttelte traurig den Kopf. »Du weißt doch, daß es bei mir bis Mitternacht dauert!«

»Wetten, daß wir heute zusammen ausgehen?«

»Du bist ja verrückt!«

»Schau mal dahin!« grinste Willy. Sie folgte seinem Blick und sah am Baldachin des Thronsessels, in dem die nächsten Szenen gedreht werden sollten, eine kleine Flamme züngeln. Erschrocken wollte sie aufspringen, aber Willy drückte sie auf den Sitz zurück. »Warte noch fünf Minuten! Wollen doch mal sehen, was passiert!«

Sie warteten gespannt. Die Flamme fraß sich weiter, wurde größer und entwickelte endlich so viel Rauch, daß auch andere das Feuer entdeckten. Zwar wurde es sofort gelöscht, aber der Baldachin mußte erneuert werden.

»Feierabend!« rief der Regisseur. »Wir machen morgen weiter!« Willy hatte die Wette gewonnen. Es wurde ein lustiger Abend.

*

Adele Sandrock, die große alte Dame des deutschen Films, sagte während der Aufnahmen zu »Der Kongreß tanzt« bewundernd zu Lilian: »Es muß doch schrecklich anstrengend sein, von morgens bis abends erst auf deutsch, dann auf französisch und schließlich auch noch auf englisch schön zu sein!«

Lilian lachte. »Man gewöhnt sich an alles!«

Adele schüttelte nachdenklich den Kopf. »Also, ehrlich, ich könnte das nicht!«

## Mehr als ein Film: »Der Kongreß tanzt«

Im siebenten Jahr ihrer Karriere hat Lilian Harvey die Gewißheit, eine international bekannte Filmschauspielerin geworden zu sein. Es ist kein verflixtes, dieses siebente Jahr 1931, es wird zum beruflichen Höhepunkt ohnegleichen.

Sie erkennt ihre Bedeutung beispielsweise daran, daß die UFA aus Paris dringend gebeten wird, wenigstens die französische Version ihres neuen Willy-Fritsch-Films, für den eine andere Partnerin erprobt werden soll, mit Lilian Harvey zu besetzen. Denn Henri Garat hat mit »Le Chemin du Paradis« einen so großen Erfolg errungen, daß »alle Welt« ihn schleunigst in einem neuen Film, aber in der alten Kombination, also neben Lilian, wiedersehen will.

»Ihre Hoheit befiehlt« heißt dieser neue Fritsch-Film, in der französischen Fassung »Princesse à vos Ordres«, und also kommt Lilian doch noch einmal dazu, ein blaublütiges Wesen zu spielen. Ihr Pendant in der deutschen Version ist Käthe von Nagy, eine schwarzhaarige, bildhübsche Ungarin, vier Jahre jünger als die Harvey, und so sympathisch, daß Lilian ihrem Willy den künstlerischen Seitensprung verzeiht. Hanns Schwarz, der schon die »Einbrecher« inszeniert hat, führt Regie.

Es ist das alte Operetten-Motiv: eine Prinzessin verliebt sich in einen einfachen Soldaten, der sie für eine Kammerzofe hält. Der Soldat wird auf ihre Veranlassung so lange befördert, bis man ihn für würdig genug hält, mit Ihrer Hoheit vermählt zu werden.

Es ist lustig, den Wettbewerb zu beobachten, der in Babelsberg zwischen den Versionen ausbricht: Hier die temperamentvolle Lilian – dort die viel ruhigere Käthe; hier der zappelnd-vitale Henri Garat – dort der strahlend-besonnene Willy Fritsch; hier der fiebrig-nervöse Marcel Vibert als Haushofmeister, ein Virtuose des Schnellsprechens – dort der würdevolle Reinhold Schünzel, dessen Stärke es ist, seinen Dialog genußvoll auszukosten.

Ergebnis: die französische Version des Films ist dreihundert Meter kürzer als die deutsche.

Bei der Premiere in Brüssel, an der Lilian nicht teilnehmen kann, wird Garat von seinen Verehrerinnen beinahe zerrissen. In Paris feiert man ihn als Star der Stunde. Auch die deutsche Version ist erfolgreich, und Käthe von Nagy wird in »Ronny« abermals Willys Partnerin sein.

*

Die Harvey aber steckt bereits in einem anderen Film. Den hat sie sich schon deshalb nicht entgehen lassen, weil er in einer Landschaft spielt, die ihr ans Herz gewachsen ist, an der Côte d'Azur. Pommer, ständig auf Nachwuchssuche, hat einen neunundzwanzigjährigen Regisseur verpflichtet, der sich später in Hollywood einen guten Namen machen wird: Anatol Litvak. Für die UFA drehte er bisher einen Dolly-Haas-Film »Dolly macht Karriere«. Das gleiche tut er jetzt mit »Nie wieder Liebe«, nach einem »Ärmelkanalschwimmerinnentheaterstück« von Julius Berstel namens »Calais - Dover«.

Lilian spielt eine Reporterin, die mit einem Trick auf die Yacht eines spleenigen Millionärs gelangt, der gewettet hat, daß er fünf Jahre lang ohne Frau auskommen wird – und diese Wette natürlich mit Pauken und Trompeten verliert. In der deutschen Fassung ist Harry Liedtke der Millionär, und wer ihn kennt, weiß, daß er weder privat noch auf der Leinwand eine so irrsinnige Wette durchzuhalten vermöchte. André Roanne ist sein französisches Pendant.

Lilian muß also wieder einmal nach Herzenslust schwimmen – diesmal ohne Haifische – im Blumenkorso von Nizza mitfahren und natürlich singen:

*»Zwei Jahre war ich deine Braut*
*Und habe dir grenzenlos vertraut.*
*Das war mein ganzes Malheur.*
*Nun sitz ich da mit der l'amour;*
*Doch kommst du sicher mal retour,*
*Weil ich auf eines immer schwör':*

*Leben ohne Liebe kannst du nicht,*
*Wenn man auch den Himmel dir verspricht.*

*Alles kannst du haben.*
*Und hast doch keine Ruh',*
*Denn ein bißchen Liebe*
*Gehört nun mal dazu.*
*Wenn auch nur'ne kleine Sympathie,*
*Doch ganz ohne Liebe geht es nie.*
*Zehnmal eher kannst du entbehren Lust und Licht,*
*Aber Leben ohne Liebe nicht.«*

Mischa Spoliansky hat die einschmeichelnde Melodie geschrieben – auf einen Text von Robert Gilbert – und nach der Harvey haben es später auch die Dietrich und Richard Tauber auf Schallplatten gesungen.

Ein Teil der Wasseraufnahmen muß in Berlin nachgedreht werden, wofür die Schwimmhalle Halensee eine Nacht lang zur Verfügung steht. Stundenlang wird unbarmherzig gesprungen, geschwommen, gekurbelt, bis Lilian im Wasser einen Schock erleidet. Sie verliert die Besinnung. Als sie wieder zu sich kommt, liegt sie auf einer Pritsche, wird massiert und frottiert, und ihre Maskenbildnerin flüstert ihr erschrocken ins Ohr: »Aber, Frau Harvey, was soll denn Hollywood ohne Sie anfangen?«

*

Hollywood – das attraktivste Stichwort jener Zeit.

Amerikas Wirtschaftskrise ist nicht geringer als die in Europa. Und die Filmwirtschaft ist hier wie dort schwer angeschlagen durch die kostspieligen Tonfilm-Investitionen, von denen sie andererseits eine Rettung aus ihrer Krise erhofft. Denn nur eine neue technische und künstlerische Attraktion vermag das arm gewordene Filmpublikum dazu zu bewegen, seine Erwerbslosengroschen an der Kinokasse abzuliefern.

Dank der schnellen Reaktion vor allem der UFA ist die Überschwemmung des deutschen Marktes mit amerikanischen Filmen noch ausgeblieben. UFA-Tonfilme haben künstlerische Qualität oder wenigstens Unterhaltungswert. Im übrigen werden auch noch Stummfilme produziert. Es ist ein Segen, daß viele Kinos für die Umstellung auf die neue Technik noch Jahre benötigen; auf diese Weise lassen sich Dutzende von Stummfilmen ausreichend amortisieren und retten ihre Produzenten vor dem Bankerott.

Die UFA hat die Methode, Filme in mehreren Sprachversionen herzustellen, nicht erfunden. Es liegt auf der Hand, daß jede Filmnation im Kampf um ihren Auslandsmarkt sich dieser Technik bedient. Die Engländer sind die ersten, noch im Jahre 1929 drehen sie von ihrem E.A. Dupont-Film »Atlantik«, dem Drama einer Schiffskatastrophe, eine berühmt gewordene deutschsprachige Version mit Fritz Kortner, Elsa Wagner, Heinrich Schroth, Julia Serda, Lucie Mannheim, Franz Lederer und Willi Forst. Kurz darauf produziert der clevere Richard Eichberg, durch seine Lilian-Harvey-Crazy-Mazy-Erfolge auf den englischen Geschmack gekommen, in London die deutsche Fassung von »Hai-Tang« mit Anna May Wong und Franz Lederer. Auch »Der Greifer« mit Hans Albers und Charlotte Susa und »Die Bräutigamswitwe« mit Marta Eggerth, Georg Alexander und Fritz Kampers sind Gemeinschaftsproduktionen Eichbergs mit British International Pictures Ltd. Weitere deutsche Versionen britischer Filme: »Die singende Stadt« von Carmine Gallone mit Jan Kiepura und Brigitte Helm, »Menschen im Käfig« von E. A. Dupont mit der attraktiven Besetzung Conrad Veidt, Fritz Kortner und Heinrich George und »Zwei Welten«, ebenfalls von Dupont mit Maria Paudler und Peter Voß. Insgesamt neun deutsche Fassungen englischer Filme entstehen in den Jahren 1929 bis 1932.

Die Amerikaner sind auf diesem Gebiet noch aktiver. Sie produzieren in den ersten drei Tonfilmjahren dreißig rein deutsche Versionen ihrer Filme, die zur Hälfte in Hollywood, der Rest in Paris als amerikanisch-französisch-deutsche Coproduktionen gedreht werden. Auf diese Weise entstehen so interessante Stoffe wie »Die Königsloge« mit Alexander Moissi und Camilla Horn, »Anna Christie« mit der deutsch sprechenden Greta Garbo, Theo Shall und Hans Junkermann unter der Regie von Jacques Feyder, »Der Tanz geht weiter« unter der Regie von Wilhelm Dieterle, der später als William Dieterle noch viele bedeutende amerikanische Filme inszenieren wird. Sogar Buster Keaton taucht – allerdings stumm – in einer deutschsprachigen Version auf: neben Marion Lessing, Paul Morgan, Egon von Jordan und Françoise Rosay in »Casanova wider Willen«. Nicht zu vergessen Heinrich George, Gustav Dießl, Egon von Jordan und Anton Pointner in dem packenden Sträflingsfilm »Menschen hinter Gittern«.

Für ihre amerikanisch-französisch-deutschen Produktionen richtet die Paramount in Joinville bei Paris eigene Studios ein. Erwähnenswerte Filme dieses Ursprungs: »Das Konzert« nach Hermann Bahr mit Olga Tschechowa, Oskar Karlweis, Ursula Grabley und Walter Janssen, »Die Nacht der Entscheidung« mit Conrad Veidt und Olga Tschechowa, »Die nackte Wahrheit«

mit Jenny Jugo, Oskar Karlweis und Trude Hesterberg, »Zum goldenen Anker« nach Marcel Pagnol mit Albert Bassermann, Ursula Grabley und Mathias Wieman.

Außerdem werden in Pariser Studios zweiundzwanzig deutsche Versionen rein französischer Filme gedreht, beginnend mit »Zärtlichkeit« (Carola Neher, Karl Ludwig Diehl und Paul Otto), über den »Erlkönig« (Otto Gebühr), »Die Fledermaus« (Anny Ondra, Georg Alexander, Oskar Sima) bis zu »Der träumende Mund« (Elisabeth Bergner, Rudolf Forster, Anton Edthofer, Regie: Dr. Paul Czinner).

Schätzungsweise neunzig deutschsprachige Filme sind seit Beginn des Tonfilms auf diese Weise entstanden. Wieviel Auslandsversionen deutscher Filme im gleichen Zeitraum produziert wurden, ist schwer feststellbar.

Mit dem Anbruch des Dritten Reichs, das sich auch filmtechnisch und künstlerisch sogleich zu isolieren beginnt, und dem Aufkommen der Synchronisationsmethode endet das Zwei- oder Drei-Versionen-Spiel in den internationalen Filmateliers.

In dem gigantischen Konkurrenzkampf, den das Tonfilmzeitalter ausgelöst hat, greifen die Amerikaner noch zu anderen Mitteln. Zum Beispiel dazu, ausländische Schauspieler, die in ihrer Heimat volle Kassen garantieren, hoch bezahlt nach Hollywood zu holen und sie dort entweder auf Eis zu legen oder in zweitrangigen Filmen zu verschleißen. Nur wenigen Stars gelingt es, sich auch in Hollywood durchzusetzen – z. B. Maurice Chevalier, Charles Boyer und Marlene Dietrich – andere kehren enttäuscht in ihre Heimat zurück, wie Lil Dagover und Dorothea Wieck.

Es ist unausbleiblich, daß Amerikas Kundschafter auch auf Lilian Harvey aufmerksam werden, die nicht nur in Deutschland an der Spitze der Publikumsgunst steht, sondern obendrein das Englische als Muttersprache spricht.

\*

Doch vorerst bleibt Lilians Interesse auf Berlin konzentriert. Sie weiß, daß Pommer dabei ist, eine Super-Produktion vorzubereiten, über die schon seit Monaten Wunderdinge erzählt werden. Natürlich ist es wieder etwas »völlig Neues« – nicht das Historische daran, sondern das Aufgebot der Massen, das an die Großzeit des Stummfilms vor zehn Jahren erinnert, als Lubitsch in den Rüdersdorfer Kalkbergen »Madame Dubarry« und »Das Weib des Pharao« und Joe May seine »Herrin der Welt« gedreht hat.

Im Grunde ist es abermals eine Operetten-Handlung: Die Liebesaffäre eines hübschen Wiener Ladenmädels mit dem jungen Zaren von Rußland, der 1814 in die Donaustadt kommt, um am Wiener Kongreß teilzunehmen, mit dem nach der Unterwerfung Napoleons Europa neu geordnet werden soll. Doch die Historie bleibt im Hintergrund, das Rendezvous der Kaiser, Könige, Minister und Generale ist zweitrangig gegenüber dem Erlebnis der kleinen Putzmacherin – denn: »Der Kongreß tanzt«.

Pommer hat sich durch den Augenzeugenbericht eines Kongreßteilnehmers, des Grafen de la Garde, anregen lassen, in dem es u. a. heißt:

»Als der Abend kam, erleuchteten hunderttausend Lampen den Augarten mit Tageshelle. Darauf wurde vor dem Schlosse ein prächtiges Feuerwerk abgebrannt; die vorzüglichsten Teile dieser Feuerspiele stellten die Baudenkmäler von Mailand, Berlin und Petersburg dar. Eine ungeheure Menge wogte in den Alleen des Augartens, aber keinen Augenblick verleugnete sich ein bewunderungswürdiger Ordnungsgeist. Nach dem Feuerwerk gingen die Monarchen durch die Straßen der Stadt und wurden überall mit einstimmigem Jubel empfangen. Dann begab sich der ganze Hof nach dem Kärntnertor-Theater. Alle Paläste, alle Hotels, alle Privathäuser waren auf die glänzendste Weise illuminiert. Die Tänze, die Walzer, die Musik der Orchester hörten die ganze Nacht nicht auf; es war ein ununterbrochenes Schauspiel von Glück und Herrlichkeit. Eine wahrhafte Freude herrschte unter dem Volke, und zwar war sie weniger Freude von dem Feste, das man ihnen dargeboten, als von der Hoffnung auf einen dauernden Frieden, der mit den unaufhörlichen Opfern vieler Jahre erkauft war. Und doch konnte der greise Fürst von Ligne, einer der geistreichsten Menschen seiner Zeit, die Zeit des Kongresses nicht besser charakterisieren als mit den Worten: Europa ist in Wien. Der Teppich der Politik ist ganz mit Festlichkeiten durchwebt, denn der Kongreß tanzt, aber es geht nicht vorwärts.«

Und dies ist der (leicht gekürzte) Inhalt, wie ihn der *Illustrierte-Film-Kurier* in seiner Nummer 1668 wiedergibt:

»1814! Napoleon, der Kaiser der Franzosen, sitzt auf der Insel Elba. Die Säbel und Kanonen feiern, aber für die Minister, die Diplomaten, die Potentaten ist Hochkonjunktur. Es gilt, den alten Erdteil wieder zusammenzuleimen. In Wien hat sich alles zusammengefunden, was Wünsche und Ansprüche hat, und in die unbändige Lebenslust, die nach jahrelangen Kriegen mit aller Kraft erwacht ist, mischt sich das Heer der großen und kleinen Fürsten mit ihren Ministern, ihrem Hofstaat und vielen reizenden Frauen. Wien ist für kurze Zeit die Hauptstadt der Welt. Man kommt aus dem Feiern gar nicht heraus.

Hoch oben auf der Tribüne, die gerade vor ihrem Fenster gebaut ist, steht die Christel, das schönste Mädel von Wien, und hat ein Bukett in der Hand. Heut soll ja der Zar Alexander von Rußland einziehen, und der muß doch auch seinen Strauß bekommen wie all die anderen gekrönten Häupter – wenn sich auch der allmächtige Minister Metternich darüber gegiftet hat, weil nämlich immer auf der Papiermanschette des Straußes die Firma steht, in der Christel Handschuhe verkauft.

Metternichs rechte Hand ist der Pepi, der Herr Generalsekretär, und der liebt doch die Christel, aber das leichtsinnige Mädel ist viel zu übermütig, um Frau Generalsekretärin werden zu wollen – und schon begrüßt lächelnd der schöne Zar die lieben Wiener, die ihm zujubeln. Da fliegt ein harter Gegenstand durch die Luft, streift Alexanders Tschako! Ein Attentat? Der Zar ist unverletzt, fährt grüßend weiter. Polizisten umringen die »Höllenmaschine« und finden – Christels Blumenstrauß!

Die Justiz arbeitet schnell. Christel kommt ins Kittchen und soll 25 Schläge bekommen auf ihren sanft gerundeten hinteren Körperteil. Pepi interveniert beim Zaren, aber Undank ist der Welt Lohn – der Zar sieht Christel und fängt Feuer. Metternich ist entzückt, denn nun wird ja der Zar kaum Zeit finden, an den Kongreßberatungen teilzunehmen. Alexander überlistet jedoch dank eines Doppelgängers den schlauen Metternich und erscheint doch beim Kongreß. Dann aber geht er mit Christel hinaus zum Heurigen.

Am nächsten Tag fährt vor dem kleinen Handschuhladen eine pompöse Kutsche vor. Christel wird abgeholt in ihr entzückendes neues Schlößchen, tief drinnen im Wiener Wald. Im Triumph fährt sie durch die Straßen.

Der arme Pepi ist um so unglücklicher, je zufriedener Metternich ist, der den Zaren nun endgültig gefesselt glaubt. Sein letzter Schachzug ist, den Zaren auf der feierlichen Redoute festzuhalten, indem er ihn Küsse zum Besten der Wiener Armen für hundert Gulden verkaufen läßt. Küßt der echte oder der falsche Alexander? Christel weiß es besser... Durch die Ballgäste drängt sich ein Reiter. Eine Depesche. Napoleon ist in Frankreich gelandet! Alles stiebt auseinander, und wieder marschieren die Soldaten gen Westen, und an der Spitze seiner Russen der Zar.

Ein Blütentraum ist zu Ende. Die Christel wird nicht Kaiserin von Rußland werden, aber – Frau Generalsekretär in Wien ist auch nicht schlecht...«

Der Film ist so teuer wie kein anderer UFA-Film bisher: er kostet weit über eine Million Mark. (In Deutschland gibt es jetzt acht Millionen Arbeitslose.)

Und Pommer engagiert die beste aller Besetzungen: Außer Lilian Harvey und Willy Fritsch, der die Doppelrolle des Zaren und seines Doppelgängers spielt, Conrad Veidt (Metternich), Otto Wallburg (Adjutant des Zaren), Carl-Heinz Schroth (Pepi), Lil Dagover, Adele Sandrock, Margarete Kupfer, Alfred Abel, Eugen Rex, Alfred Gerasch, Julius Falkenstein, Max Gülstorff und Paul Hörbiger, also selbst für die kleinsten Rollen profilierte Darsteller.

Das Manuskript schreiben Norbert Falk und Robert Gilbert. Als Kameramann wird Carl Hoffmann engagiert, als Schnittmeister Paul Martin, für den Ton Fritz Thiery, für die Bauten Robert Herlth und Walter Röhrig, für die Kostüme Professor Ernst Stern und Joe Straßner, der fast alle Kleider für Lilian, auch die privaten, entwirft.

Die größte Überraschung aber ist die Wahl des Regisseurs. Eine echte Pommer-Wahl: kein »Fachmann«, kein Routinier, kein »alter Film-Hase« wird berufen, sondern ein beinahe krasser Außenseiter: Erik Charell. Doch wundert, wer diesen Mann kennt, Pommers Entscheidung schließlich nicht.

Denn Charell hat im Großen Schauspielhaus zu Berlin den Begriff der großen Operetten-Revue neu formuliert. Seine »Drei Musketiere«, sein »Casanova«, sein »Weißes Rößl«, mit allem Show-Prunk ausgestattet, den Organisation und Technik hergeben, locken die Berliner in Scharen in das »Theater der Dreitausend«. Einen »Massen-Magier«, den »Max Reinhardt der Revue« nennt man Charell. Und genau so einen kann Erich Pommer für seinen »Kongreß« gebrauchen. Für das filmtechnische »Drumherum« sorgt schließlich der routinierte Stab; Charell hat sich lediglich um die Führung der Schauspieler und das Arrangement der unzähligen Komparsen zu kümmern.

Daß Pommers Wagemut sich auszahlen wird, liegt auf der Hand. »Der Kongreß tanzt« spielt Millionen ein, verhilft dem deutschen Film erneut zu internationalem Prestige-Gewinn und führt das Filmlustspiel auf einen kaum wieder erreichten Gipfel.

Nachdem Lilian das Drehbuch gelesen hat, ist sie glücklich. Zwar scheint ihre Rolle bei weitem nicht die größte zu sein, aber offenbar die beste. Und das Schönste daran: zum ersten Mal wird ein UFA-Film in drei Versionen gedreht: die deutsche, die französische und die englische.

Drei Wochen vor Drehbeginn bittet Produktionschef Correll sie zu sich. Auch Erich Pommer ist anwesend.

»Fräulein Harvey«, beginnt Correll und scheint nervös zu sein, »wie Sie wissen, bieten wir Ihnen mit diesem Film eine Chance, wie sie noch keiner anderen Schauspielerin in Deutschland geboten worden ist. Sind Sie sich dessen bewußt?«

»Selbstverständlich«, sagt Lilian, »und ich bin sehr glücklich darüber.«

»Andererseits geht die UFA damit ein sehr großes Risiko ein. Denn Lilian Harvey wird nach dem ›Kongreß‹ in der ganzen Welt gefragt sein. . . «

Lilian weiß nicht, was sie dazu sagen soll.

»Wenn sich also«, fährt Correll fort, »das Gerücht bestätigen sollte, daß Sie mit Hollywood verhandeln und schon sehr bald Deutschland verlassen werden, ist die UFA nicht in der Lage, den Erfolg, den sie mit Ihnen hatte, weiter auszuwerten. Sehen Sie das ein?«

»Ich habe noch nicht unterschrieben, Herr Correll!«

»Aber man wartet nur darauf, und das Risiko ist uns zu groß . . .«

»Worauf wollen Sie hinaus?«

»Ich will damit sagen, daß die UFA Ihnen die drei ›Kongreß‹-Versionen nur übertragen kann, wenn Sie sich bereit erklären, Ihren Vertrag mit uns abermals um ein Jahr zu verlängern.«

Das also ist es. In Babelsberg wird – mit Recht – befürchtet, daß die amerikanische Abwerbungsmaschine auch die Harvey erfaßt, das zugkräftigste Pferd im UFA-Stall. Ihr Dreijahres-Vertrag ist längst abgelaufen, die UFA will ihn um jeden Preis verlängern. Aber ihre Methode sieht schlichtweg nach Erpressung aus.

Lilian lächelt. Sie kann Corrells Drohung nicht ernstnehmen. Woher will er so schnell Ersatz nehmen? Dreifachen Ersatz: eine deutsche Schauspielerin, eine französische Schauspielerin, eine englische Schauspielerin – denn es gibt weit und breit keine andere die, wie Lilian, alle drei Versionen spielen könnte. Jede der Ersatzdamen müßte für sich eingearbeitet werden. Da die Filmarbeit zu neunzig Prozent aus Proben besteht, wäre der Drehplan nicht einzuhalten.

Pommer sagt kein Wort. Er nickt Lilian zu und wirkt sehr zuversichtlich.

Einerseits sind Lilians Verhandlungen mit der FOX-Film in Hollywood sehr weit gediehen. Es liegt ein lukratives Angebot vor. Andererseits hängt sie an ihrer Arbeit in Deutschland. Das Interesse der UFA ist verständlich. Trotz ihrer Supergage bleibt die Harvey eine billige Kraft. Wenn sie drei Versionen spielt, spart die Firma zwei Drittel Kostüme und Probezeit, Filmmaterial, Licht, Ton, Komparserie – denn umfangreiche stumme Szenen mit

Lilian, beispielsweise ein Teil der Wagenfahrt im »Kongreß«, brauchen nur ein einziges Mal gedreht zu werden.

Lilian bittet sich Bedenkzeit aus. Eigentlich hat sie sich längst für die UFA entschieden. Aber sie möchte Correll und Pommer ein bißchen zappeln lassen. Als Strafe für den Erpressungsversuch...

Als sich eines Tages sogar Generaldirektor Klitzsch einschaltet, beendet Lilian die Wartequalen der UFA-Herren und sagt ja. Sie ist bereit, ihren Vertrag um ein weiteres Jahr zu verlängern.

Der Traum von Hollywood muß eben noch warten. Aber der Aufschub lohnt sich für Lilian: »Der Kongreß tanzt« wird ihr größter Erfolg in einer an Höhepunkten reichen Karriere.

*

Noch zehn Tage bis Drehbeginn. Zehn freie Tage.

Willy und Lilian blicken sich an. Sie haben beide den gleichen Gedanken.

»Wohin?« fragt er.

»An die Côte d'Azur« ruft sie begeistert.

Sie fahren in seinem Mercedes – diesmal sehr vornehm: mit Chauffeur und französischer Zofe. Wer so hart arbeitet wie diese beiden, möchte in der knappen Freizeit seinen Luxus genießen.

Sie wohnen im Hotel Provençale in Cap d'Antibes. Es ist herrliches Wetter. Sie liegen in der Sonne, schwimmen, laufen Wasserski, essen, trinken. Ihre Drehbücher, vorsorglich mitgenommen, bleiben ungeöffnet im Schrank.

Einmal entfernt sich Lilian unter einem Vorwand. Während der Außenaufnahmen für »Nie wieder Liebe« hatte sie zwischen Juan les Pins und Cap d'Antibes ein Häuschen entdeckt, das sie entzückte. Ein nagelneues, kaum fertiggestelltes Haus in einem Rosengarten, von Oliven, Feigen, Orangen, Zitronen und Grapefruitbäumen umgeben, auf einem 3000 Quadratmeter großen Hanggrundstück. Die Besitzer waren plötzlich ausgewandert. Nun stand das Haus zum Verkauf.

Sie hat Glück. Die Villa »Asmodée« ist noch immer zu haben. Schnell wird sie sich mit dem Makler einig, unterzeichnet den Kaufvertrag und füllt den Scheck aus. Eine Stunde später ist ein Baumeister zur Stelle, mit dem sie ihre Umbauwünsche bespricht. Der Mann blickt sie bewundernd an. »An Ihnen ist ein Architekt verlorengegangen, Madame!«

Als sie endlich an den Strand kommt, ist Willy sauer. Vier Stunden hat sie ihn alleingelassen – warum? Lilian bittet ihn, sie zu begleiten, sie seien eingeladen. Als Willy das Häuschen sieht, ist er genauso begeistert, gratuliert, schmiedet Zukunftspläne ...

»Was heißt Asmodée?« will er wissen.

»Kommt aus dem Südamerikanischen«, erklärt Lilian. »Bedeutet ›Kaminhexe‹. So behauptet jedenfalls der Makler.«

»Den Namen behältst du. Er paßt zu dir!«

Hätte Lilian im Lexikon nachgeblättert, z.B. im Großen Meyer von 1890, wären ihr gewiß Bedenken gekommen. Denn dort steht: »ASMODI – (soviel wie Begehrliches wissend, a.d.Persischen), in der hebräischen Mythologie der Eheteufel, Störer der Ehe. Auch im Talmud erscheint der A. als ein wollüstiger, nach Frauen lüsterner Dämon, ja als der König der Dämonen, von dem alle Wissenschaft, mit Ausnahme der Heilkunde, ausgeht.«

Vielleicht hätte sie doch einen anderen Namen wählen sollen ...

\*

Am ersten Drehtag, man hat ihr ein zauberhaftes Empirekostüm angezogen und einen Lockenkopf aufgetürmt, zittern Lilian die Hände. Ausgerechnet vor der Szene am Verkaufstisch, in der sie einem Offizier ein Paar Handschuhe anpassen muß. In Großaufnahme.

Sie entschuldigt sich, läßt sich ein Glas warme, gezuckerte Milch geben, geht tief durchatmend ein paar Schritte ins Freie und steht schon wieder vor der Kamera. Das Zittern des Lampenfiebers ist vorbei und kehrt nicht wieder.

Bereits am nächsten Tag beginnt der große Tanz im Ballsaal mit über tausend Komparsen. Christel und der Zar drehen sich im Walzertakt, sie tanzen treppauf und treppab, in alle Winkel des Riesensaales, immer von den Kameras verfolgt, die von unten, von oben und aus der Plattform des großen Schwenkkrans ihre neugierigen Objektive auf die Tanzenden richten. Noch einmal, noch einmal – und weil es so schön war, gleich noch einmal.

Es ist kein Tanz, es ist ein »Marathonlauf«.

Und während Willy Fritsch aufatmend in einen Sessel fällt und sich die Schuhe ausziehen läßt, beginnt Lilians Tanz sofort aufs neue, diesmal mit Henri Garat für die französische und – gottlob zugleich auch für die britische Fassung, in der Garat ebenfalls den Zaren spielt; sein Englisch ist perfekt.

Zu Lilians Glück setzt plötzlich der Strom aus. Ungeschickter Atelier-Disposition ist es zu verdanken, daß im Nachbarstudio eine andere Großproduktion arbeitet, die zeitweilig den gesamten Strom der Lichtanlage benötigt. Man einigt sich und dreht abwechselnd. In den willkommenen Pausen liegt Lilian flach auf dem Boden und schnappt nach Luft. Die ganze Halle scheint sich um sie herum zu drehen. Nachts hat sie das Gefühl, weitertanzen zu müssen, aber andersherum, um ihren »einseitig getanzten« Körper wieder »zurückzudrehen«.

Charell ist unermüdlich. Wie ein Besessener arbeitet er mit seinen Schauspielern. Die Szene, in der Lilian laut Drehbuch »außer sich vor Glück« durch die Halle zu tanzen hat, ist ihm nicht temperamentvoll genug. In Großaufnahme soll sie die Arme über den Kopf wirbeln, von einem Bein auf das andere springen und möglichst noch eine Pirouette drehen. Das ist leicht gesagt, denn Lilians Aufmerksamkeit muß sich dabei auf die Kamera konzentrieren, in deren Blickfeld sie zu bleiben sich bemüht. Aber der Regisseur ist immer noch nicht zufrieden.

Da schaltet Carl Hoffmann, der Kameramann, sich ein: »Herr Charell, Sie werden nichts davon auf dem Film haben, wenn Lilian das alles machen soll!«

Charell ist böse: »Ich möchte, daß Lilians Freude gleichsam aus ihr herausbricht. Weshalb können Sie mir das nicht so bringen, wie mir das vorschwebt?«

»Aber überzeugen Sie sich doch selbst, daß es nicht geht!«

»Mich selbst überzeugen?« ruft Charell. »Bitte gern – aber wie?«

Plötzlich ist es mäuschenstill im Atelier. Die »alten Hasen« starren fassungslos einen Mann an, der dabei ist, sich ungeheuer zu blamieren.

Hoffmann führt seinen Regisseur nachsichtig an das »Guckloch« der Kamera: »Da kann man nämlich durchgucken, Herr Charell . . .«

»Tatsächlich?« Charell guckt durch, Lilian spielt die Szene, wie er sie haben will. Die anderen feixen. Ein Filmregisseur, der sich noch nie mit einer Kamera befaßt hat!

»Sie haben recht«, sagt Charell erstaunt. »Es geht wirklich nicht.« Er stellt die Szene um. Und ist von jetzt ab der eifrigste »Kamera-Gucker« des deutschen Films . . .

Auch mit Willy Fritsch hat der Fanatiker des Details seine Szene.

Dreimal drückt er vor Drehbeginn seinem Hauptdarsteller den Zweispitz tiefer aufs Ohr, dreimal schiebt Willy ihn wieder aufs Haupt zurück, weil ihm das nicht gefällt.

Beim viertenmal rutscht Willy, den sonst nichts aus der guten Laune bringen kann, die Hand aus. Er haut Charell auf die Finger. Der macht ein erstauntes Gesicht und läßt den Zaren seinen Zweispitz fortan tragen wie er will.

Kaum jemand hat diese »Stumme-Szene« bemerkt. Nur Lilian, die danebensteht und sich mühsam das Lachen verbeißt.

Das Lachen vergeht jedem, als mitten in einer Tanzszene im Ballsaal die Schleppe einer jungen Tänzerin aus unerklärlichen Gründen Feuer fängt. Wie eine brennende Fackel läuft das Mädchen schreiend durch die Halle, ehe sie von beherzten Bühnenarbeitern zu Boden gerissen und das Feuer erstickt werden kann. Mit schweren Verbrennungen kommt sie ins Krankenhaus.

An ihrem ersten freien Drehtag besuchen Lilian und Willy die Unglückliche. Sie ist sehr tapfer und freut sich auf ihre Entlassung aus dem Krankenhaus, weil sie für eine schöne neue Aufgabe engagiert worden ist. Aber der Arzt macht ein bedenkliches Gesicht.

Ein junger Kollege, der sie liebt, spendet sein Blut für die erforderliche Transfusion. Es hilft nicht mehr. Am sechzehnten Tag nach dem Unfall stirbt sie. Ihr Tod wird zum Anlaß für eine Verschärfung der Sicherheits- und Arbeitsschutz-Maßnahmen in den deutschen Filmateliers.

Aber die Arbeit geht weiter.

Jetzt wird eine Szene gedreht, vor der Lilian sich fürchtet; es ist ihr nicht gelungen, sie zu streichen. Pommer und Charell sind hart geblieben.

Die Szene, in der Christel nach ihrer Verhaftung auf die Prügelbank geschnallt wird, um ihre Stockhiebe zu erhalten. Ein riesiger Polizist blättert genüßlich ihre zahlreichen Unterröcke auseinander in der Hoffnung, an den reizenden Allerwertesten der Delinquentin zu gelangen. Aber er gelangt nicht daran; in letzter Minute trifft die Begnadigung ein.

Lilian besteht darauf, daß niemand, der nicht unbedingt zugegen sein muß, der Aufnahme beiwohnt. Kein Foto darf gemacht werden. Später, beim Ausmustern der Szene, verläßt sie den Vorführraum. Sie will nichts davon sehen, sie fühlt sich beschämt und deprimiert.

Ist sie so prüde? Gewiß, ein wenig. Aber das allein ist nicht der Grund ihres Protestes. Sie hat eine ausgeprägte Abneigung gegen Erniedrigungen jeder Art, gegen Verletzungen der menschlichen Würde. Verprügelt zu werden, ist in ihren Augen die schlimmste Beleidigung, die einem zugefügt werden kann – ob im Film oder in der Wirklichkeit, ob im Ernst oder nur, um Lachen zu provozieren.

Nach der Premiere erreichen die UFA zahlreiche Briefe mit Fragen, ob denn keine Aufnahmen von dieser »charmanten« Szene existieren. Und der Kameramann erhält das Angebot eines Studienrates, ihm Vergrößerungen vom Negativ zu verkaufen – für jeden Preis...

Drei Wochen Dreharbeit kostet die große, berühmte, in die Filmgeschichte eingegangene Fiakerfahrt Christels. Für diese teuerste Szene des Films ist auf dem Freigelände eine ganze Straße, ein Marktplatz mit Cafés, Wachthäuschen, einer Kirche, vielen Geschäften und Fachwerkhäusern gebaut worden. Zweitausend kostümierte Komparsen – Bürger, Marktfrauen, Soldaten, Wäscherinnen – beleben die Dekoration. Das gute alte Wien ist auferstanden und jubelt der glücklichen Handschuhverkäuferin auf ihrer Fahrt ins Schloß zum Zaren zu. Die schnittlose Bilderfolge wird zum Erlebnis, eine Komposition von Bewegung, Bild und Musik. Und alle Menschen singen im Chor den Refrain des unvergessenen Liedes mit, das für Lilian Harvey so bedeutungsschwer werden soll:

»Wein' ich, lach' ich, träum' ich, wach' ich?
Heut' weiß ich nicht, was ich tu.
Wo ich gehe, wo ich stehe,
Lachen die Menschen mir zu!
Heut' werden alle Märchen wahr,
Heut' wird mir eines klar:

Das gibt's nur einmal,
Das kommt nicht wieder,
Das ist zu schön, um wahr zu sein.
So wie ein Wunder fällt auf uns nieder
Vom Paradies ein goldner Schein.
Das gibt's nur einmal,
Das kommt nicht wieder,
Das ist vielleicht nur Träumerei.
Das kann das Leben nur einmal geben,
Vielleicht ist's morgen schon vorbei?
Das kann das Leben nur einmal geben,
Denn jeder Frühling hat nur einen Mai.«

»Werner Richard Heymanns Musik und Robert Gilberts Texte gehörten zu jenen Glücksfällen, die selbst für die begabtesten und routiniertesten Künstler sehr selten sind; und wer etwa eine Doktor-Dissertation über die Wirksamkeit von Schlagertexten und ihre sozialpsychologischen Ursachen schreiben wollte, täte gut daran, sich den Hauptschlager jenes Films als Objekt seiner Untersuchung zu wählen. Daß drei kontinuierliche Verszeilen, deren jede ein höchst einprägsames Schlagwort darstellt, daß diese Zeilen ›Das gibt's nur einmal, das kommt nicht wieder, das ist zu schön, um wahr zu sein‹ ins Ohr fließen und zu Herzen gehen mußten, konnte man geradezu berechnen.« (Heinrich Fraenkel: »Unsterblicher Film«, München 1957)

So anstrengend diese große Szene ist, so identifiziert sich Lilian mit ihr. Es macht ihr nichts aus, nacheinander auch die französische und englische Fassung zu singen. In allen Sprachen singt sie mit Begeisterung, »aus vollem Herzen«, ihr Glück und ihren jungen Ruhm genießend.

»Ce n'est qu'un rêve, un jolie rêve –
C'est bien trop beau pour être vrai.
Ce n'est qu'un songe, un jolie songe,
Qui s'évapore et disparait…«

Im Englischen klingt das liebliche Lied ein wenig hart, aber es wird in dieser Sprache nicht weniger populär:

»Just once for all time, just once for all time,
Such happiness is too good to be true…

In der ersten Vorführung dieser großen Szene ruft Hoffmann entsetzt: »Man sieht ja unser Kabel!«

»Welche Kabel?« fragt Pommer.

»Tonkabel, Lichtkabel – sie werden von der Kutsche mitgeschleppt!«

Tatsächlich, bei der zweiten Vorführung sehen es auch die anderen. Aber Pommer befiehlt, nichts mehr zu ändern. »Wenn irgendeiner im Publikum diese Panne entdeckt, ist der ganze Film schlecht. Aber ich hoffe, man hört und sieht nur die Harvey.«

Er behält recht.

Ein weiterer Höhepunkt des Films ist die Heurigen-Szene. Unvergessen bleibt Paul Hörbigers Auftritt als Sänger und sein Walzerlied:

*»Wenn du verliebt bist und weißt nicht wohin,*
*Dann gibt's nur eine Stadt, die hat, was keine hat,*
*Die liegt im Herzen der Welt mittendrin.*
*Hast du den Rausch mal dort, weißt du sofort:*
*Das muß ein Stück vom Himmel sein,*
*Wien und der Wein, Wien und der Wein.*
*Das wird auf Erden nicht erdacht,*
*Denn das ist so himmlisch gemacht.*
*Sitzt man verträumt in Wien beim Wein,*
*Und nicht allein, dann sieht man's ein:*
*Das muß ein Stück vom Himmel sein,*
*Wien und der Wein, Wien und der Wein.«*

Am Tage, als diese Szene gedreht wird, hat der Hörbiger selbst einen heftigen Liebeskummer. Man flüstert den Namen einer bekannten Filmschauspielerin – Xenia Desni. Und weil er halt so unglücklich ist, hat er einen über den Durst getrunken. Und als er mit seiner Szene dran ist, will ihm seine Stimme nicht mehr so ganz gehorchen. Daß Charell ihn dennoch auftreten läßt, stellt dem Regisseur in Psychologie ein gutes Zeugnis aus. Wer weiß, fragt er sich, ob der Hörbiger im nüchternen Zustand auch so herrliche Schluchzer in seiner rauchigen, plärrenden Stimme hat? Er läßt ihn also singen, den Paul – und es gibt Leute, die behaupten, er habe nie schöner gesungen als in dieser herzigen Szene.

Lilian erinnert sich: »Mein letzter Satz am letzten Drehtag hieß: ›Auf nach meiner Villa!‹ Er hatte hohen Realitätswert, denn am nächsten Tag setzte ich mich in den Nordexpress und fuhr nach Frankreich. Ich hatte nichts Eiligeres zu tun, als meine ›Asmodée‹ anzuziehen. Ich wußte genau, was ich wollte: Lichtgrün wie die zarten Farben des Pfefferbaums im Frühling sollte Mommys Schlafzimmer werden, meins hellrosa hautfarben, das obere Speisezimmer in lustigem Blau wie der Himmel über dem Mittelmeer, die beiden Salons in Sonnenfarben. Ich mußte alles von Paris herunterschicken lassen, Betten, Möbel, Lampen, Tapeten, Gardinen – an der Côte d'Azur gab es damals noch nicht so schöne Geschäfte wie heute...«

Die Uraufführung von »Der Kongreß tanzt« wurde zum Berliner Ereignis. Die Premiere im UFA-Palast am Zoo begann mit einem Sinfonie-Konzert. Bei offiziellen Anlässen borgt sich der Film in Deutschland immer gern von der kulturellen Konkurrenz seriöses Image. Und dazu gehören nun einmal Sinfoniekonzerte.

Der Platz vor dem Kino, die angrenzenden Straßen waren überfüllt. Die Schauspieler wurden von der Menge bedrängt, kaum konnten sie ihre Autos erreichen. Die Türen des Wagens, der Harvey und Fritsch zur Premierenfeier ins Eden-Hotel bringen sollte, wurden aus den Scharnieren gebrochen. Von den herrlichen Rosen, die ihr überreicht worden waren, hielt Lilian nur noch die Stiele in der Hand. Schlimm sah ihr Hermelinmantel aus: mehrere Handvoll Pelz waren aus dem Weißfuchskragen herausgerissen.

Premiere in Wien im »Scala-Theater« – auch hier mit festlichem Vorprogramm. Der Beifall klang gedämpfter als in Berlin. Das Publikum schien enttäuscht. Warum? Erstens, weil ein Film um den Wiener Kongreß natürlich in Wien hätte gedreht werden müssen, zweitens, weil diese Christel und ihr Pepi kein Wienerisch sprachen...

Aber wie einst für den originalen Kongreß, arbeitete auch für den gefilmten die Zeit. Und heute ist man in Österreich der Ansicht, daß Charells Meisterwerk zu den schönsten Wiener Filmen gehört, die je gedreht wurden.

Premiere in Paris: »Le Congres s'amuse«. Das Publikum war aus dem Häuschen. Lilian und Henri Garat wurden wie Könige gefeiert. Zwei Tage später nahmen sie am »Bal des petits lits blanc« in der Pariser Oper teil, einer prominenten Wohltätigkeitsveranstaltung mit dem Präsidenten der Republik, den Spitzen der Regierung und allem anderen, was Rang und Namen hat in Politik, Kultur und Wissenschaft. Lilian war die einzige Ausländerin unter den offiziell präsentierten Künstlern. Beim Gala-Diner saß sie zwischen Pommer und dem Politiker Pierre Laval, der später wegen Kollaboration mit den Deutschen hingerichtet worden ist. Tiefen Eindruck hinterließ auf sie die Begegnung mit Maurice Chevalier, der sich sofort in sie verliebte.

Premiere in London: »The Congress dances«. Der Beifall genau so enthusiastisch und frenetisch wie überall zuvor. Die »kalten« Engländer bejubelten »ihre« Lilian, die Kritiken überschlugen sich vor Begeisterung.

Und auch in London gab es verliebte Dialoge. Charles Boyer, der berühmte französische Schauspieler, hatte Lilian in Paris verpaßt, da er gerade drehte. Jetzt flog er extra nach London, um die halbe Stunde zwischen Lilians Vorstellungen für sich allein zu beanspruchen. Er schenkte ihr ein wunderschönes Armband von Cartier und ein goldenes Notizbuch, damit sie ihre Verabredungen eintragen konnte – natürlich vor allem die mit ihm, dem Boyer, dem Charles.

Er beeindruckte Lilian mit seiner schwärmerischen Verehrung. Aber zur Gegenliebe reichte es bei ihr nicht. Noch fühlte sie sich dem einen, dem ersten, verbunden. Dem Willy, dem Fritsch.

# Wenn Millionen träumen....

»Ihre riesigen Gagen verdienten Lilian Harvey und Willy Fritsch zu einer Zeit, als fast die Hälfte der erwerbsfähigen deutschen Bevölkerung entweder kurzarbeitete oder überhaupt keine Arbeit hatte und es geradezu zum guten Ton gehörte, kein Geld zu haben. Dennoch füllten sich die Kinokassen bei Fritsch-Harvey-Filmen. Wie war die von keinem anderen deutschen Paar je erreichte Beliebtheit dieser Darsteller zu erklären?

Der Filmhistoriker Siegfried Kracauer, während der zwanziger Jahre ein bekannter Publizist, leitet seine Filmgeschichte ›Von Caligari bis Hitler‹ mit den Worten ein: ›Die Filme eines Volkes spiegeln seine Denkart unmittelbarer wieder als andere Ausdrucksmittel.‹ Auf dem kurzgeschlossenen Weg über die Kinokasse nimmt das Volk mittelbar Einfluß nicht nur auf die Auswahl der Filmthemen, sondern sogar auf die Darsteller. So beherrscht beispielsweise – nach einer Feststellung Kracauers – der künstlerische Geschmack der kleinen Ladenmädchen, die in den Anfangstagen des Films zuerst am eifrigsten in die Kinos liefen, bis heute noch in Gestalt der ›Schnulze‹ einen Großteil der Filmproduktion.

Kracauers Theorie, auf die Filmstars der zwanziger Jahre angewandt, ergibt: In der Anfangszeit, als alles noch in Gärung war, erwählte sich das Volk feurige, leidenschaftliche, teilweise tiefgründige Darsteller, etwa eine Pola Negri, einen Conrad Veidt. Beide waren dunkelhaarig. In der Mitte der Zwanziger, als die Verhältnisse sich festigten, wurde die subtile Seelenkunst einer Elisabeth Bergner bevorzugt. Nahe ihrem Ende und vor Hitler kam der blonde Recke Hans Albers, kam die blonde, blauäugige Lilian Harvey, kam der lachende Naturbursche Willy Fritsch.

Der deutsche Film ab 1929/30 verbreitete Optimismus. Das Volk wollte diesen Optimismus. Es wollte an die Zukunft glauben können. Diese schöne, bessere, später als Gegenwart so enttäuschende Zukunft verkörperte sich für Millionen, wenn sie zur Wahlurne schritten, in der Gestalt Adolf Hitlers, wenn sie zu träumen anfingen, in der Gestalt Lilian Harveys, des ›blonden Traums‹, wie sie nach einem ihrer Filme genannt wurde.

Die Filmgeschichte vermerkt von ihr als kennzeichnend, sie habe eine ›saubere

Der UFA-Produktionschef und sein Star: Erich Pommer hat Lilian Harvey ihre große künstlerische Karriere zu verdanken. Auch bei Außenaufnahmen war er immer dabei.

Er war ihre große Liebe: Paul Martin, der Lilian Harvey alles verdankt.

Links:
Paul Martin hatte Lilian nach Amerika begleitet, doch sich als Regisseur nicht durchsetzen können. Seinetwegen verzichtete die Harvey auf ihre Hollywood-Karriere.

*Beifahrerin in Willy Fritschs erstem Auto zu sein – auch Lilian hat dieses Glück genossen. Sieben Jahre später hielt sie das Steuer selbst in der Hand und fuhr in Hollywood den größten Mercedes, den man dort je gesehen hatte.*

*Ausstrahlung‹ besessen. Selbst in heiklen Szenen habe sie ›merkwürdig unerotisch‹ gewirkt. Wo es ging, suchte sie solche Szenen zu vermeiden, wie in ›Der Kongreß tanzt‹, als sie sich die Röcke nicht aufheben und die Hosen nicht strammziehen lassen wollte, um im letzten Augenblick vom Zaren, der natürlich Willy Fritsch war, gerettet zu werden. Sie besaß schon etwas von der Prüderie, wie sie hernach im Film des Dritten Reiches üblich wurde.*

*Als Weltstar wurde ihr, deren federleichte Anmut nie wieder erreicht worden ist, jedoch erst durch das Zeitalter der Kurven, durch die Diktatur des Dekolletés und durch die sich rüde entblätternden Pin-up-Girls der Stuhl vor die Tür gesetzt.«*

(Aus Hermann Behr: »Die goldenen zwanziger Jahre...«)

## »Blonder Traum« wird Wirklichkeit

Auf dem Gebiet des musikalischen Lustspiels hatte Regisseur Wilhelm Thiele mit »Liebeswalzer«, »Die Drei von der Tankstelle«, und den beiden Renate-Müller-Filmen »Die Privatsekretärin« und »Mädchen zum Heiraten« einen Vorsprung gewonnen, den er mit »Zwei Herzen und ein Schlag« auszubauen gedachte. Nach der französischen Komödie »La Fille et le Garçon« von Birabeau und Dolley schrieben Walter Schulz das Drehbuch und Jean Gilbert die Musik (»Das macht Baby alles nur aus Liebe«). Als Partner Lilian Harveys wurde ein netter junger Wiener Schauspieler ausprobiert, Wolf Albach-Retty, der spätere Vater von Romy Schneider. Das bewährte Komödianten-Trio Otto Wallburg, Rosa Valetti und Kurt Lilien umgab die Hauptdarsteller, es konnte nichts schiefgehen.

In der französischen Fassung spielte wieder Henri Garat. Und wie in den bisherigen Filmen Willy Fritsch seinem Kollegen aus Paris geholfen hatte, sich einzuarbeiten, gab dieser jetzt dem Kollegen aus Wien von seinen Erfahrungen ab. Eifersucht kam nicht auf; Lilian genoß die gute Arbeitsharmonie. Otto Wallburgs französischer Gegenspieler, der berühmte Lucien Baroux, paßte sich dem Ensemble ebenfalls vorzüglich an.

Der Film wurde kein besonderer Erfolg; das Publikum hatte sich an die Partnerschaft Harvey-Fritsch so sehr gewöhnt, daß es der neuen »Paarung« wenig Geschmack abgewann. Dennoch hat Wolf Albach-Retty im deutschen Film Karriere gemacht.

Den Rest des Jahres 1931 hatte die Harvey in ihrer Villa »Asmodée« zu verbringen gehofft, doch die UFA, auf der Suche nach einer Hauptdarstellerin für ihren Film »Quick«, bat sie dringend, ihren Urlaub zu »verkaufen« und in diesem Jahr noch einen vierten Film zu drehen. Ungern willigte Lilian ein, nachdem das Drehbuch, das ihr nicht gefiel, geändert worden war. Das einzige, was sie an diesem Projekt reizte, war die Besetzung der Titelrolle mit Hans Albers. Dieser war darauf versessen, einmal einen Clown zu spielen, um aus seinem Rollenklischee, das ihn als »Sieger« und »Draufgänger« abnutzte, auszubrechen. Aber trotz der Regie von Robert Siodmak hinterließ der Film weder in seiner deutschen noch in seiner französischen Fassung nachhaltigen Eindruck.

Es war amüsant, mit dem großen Albers zusammenzuarbeiten. Er hatte die Gewohnheit, in Großaufnahmen seine Partnerinnen zart an der Hüfte zu fassen und sie im Dialog scheinbar unabsichtlich so zu drehen, daß sie mit dem Hinterkopf zur Kamera standen und er selbst sein strahlendes Blauauge treuherzig dem Publikum zuwenden konnte. Niemand wagte, ihm in solchen Dingen zu widersprechen. Lilian aber brach kurzerhand die Aufnahme ab und fragte Siodmak, ob ohne ihr Wissen die Kameraeinstellung geändert worden sei, bei der Probe hätten beide Darsteller im Profil gestanden. »Hänschen«, wie er genannt wurde, verstand den Wink und verhielt sich fortan kollegial.

Da er aber fast immer zu spät im Atelier erschien und dann erst umständlich zum Clown geschminkt wurde, mußte Lilian oft unnötig lange warten. Daraufhin bat sie, künftig später ins Atelier bestellt zu werden. Albers wurde wütend, weil er glaubte, sie habe sich über ihn beschwert, und schrie sie vor versammeltem Ensemble an. Lilian drehte sich um, verließ schweigend das Studio und fuhr nach Hause.

Erich Pommer, für den es nichts Schlimmeres gab, als wenn kostbare Atelierzeit sinnlos verschwendet wurde, hörte von dem Vorfall und hatte mit »Hänschen« ein Gespräch unter vier Augen. Danach entschuldigte sich Albers bei Lilian und war endlich der charmanteste und aufmerksamste Partner.

Einen Kummer anderer Art gab es mit Jules Berry, dem Star der französischen Version. Berry pflegte seinen Text zu vergessen und dann auf der Bühne alle Kollegen mit unerwarteten Extempores in helles Entsetzen zu stürzen.

Auch vor der Filmkamera wußte er selten, was gespielt wurde, verwechselte Tages- und Jahreszeiten und warf alle Titel durcheinander. Trug Lilian ein kurzes Röckchen, sagte er »Mademoiselle« zu ihr, im Abendkleid war sie für ihn »Madame«. Schließlich fand er die beste Lösung, indem er privat und im Spiel »Ma Belle!« sagte, und alles atmete auf.

Lilian fand ihre Rolle unbefriedigend, weil sie eine reiche, verwöhnte im Grunde unnütze Frau zu verkörpern hatte, die lediglich darauf aus ist, einen Clown, in den sie sich verliebt hat, zu erobern. Dieser Clown springt im Zirkus mit einer kleinen Ziehharmonika von Loge zu Loge und flirtet aus Leibeskräften: »Gnädige Frau, komm, spiel mit mir – warum bist du so kühl zu mir?« Als dann aber die gar nicht kühle gnädige Frau ihm auf einer Gesellschaft vorgestellt wird, erkennt sie ihn nicht: sie hat sich in die Maske verliebt, und der Mensch, der dahinter sitzt, muß lange zappeln, ehe er erkannt und erhört wird. Nun, Albers macht das schon. Aber in die Filmgeschichte ist »Quick« nicht eingegangen.

*

Filme mit Lilian Harvey und Willy Fritsch waren Ausdruck der Daseinsfreude. »Lebenshilfe« wollte die UFA mit ihnen geben und dem Publikum vorgaukeln, wie schön und wie lustig es sich in einer heilen Welt leben läßt – falls es sie geben sollte. Man kann es auch negativ ausdrücken: der Kinobesucher sollte in Illusionen und Träumen eingelullt werden, um das Elend seines Alltags nicht zu erkennen. In schlechten Zeiten verkauft sich Optimismus gut – wenn jemand auftaucht, der behauptet, das Rezept für eine bessere Zukunft in der Tasche zu haben, fällt man auf seine demagogischen Reden bereitwillig herein.

Der Erfolg der »Drei von der Tankstelle«, worin Durchschnittsmenschen dargestellt wurden, liebenswürdige »kleine Leute« mit ihren verharmlosten Problemen, die sie musikalisch reizend servierten, hatte Erich Pommer ermuntert, sich nach weiteren »zeitnahen Themen« umzusehen. Zeitnah im freundlichsten, unverbindlichsten Sinne selbstverständlich: Arbeitslosigkeit – ja! Wohnungsnot – ja! Meckerei über Bonzen – ja! Aber bitte alles recht freundlich, nur nicht mit der Faust auf den Tisch, beileibe keine »Gesellschaftskritik«, was für ein finsteres Wort! Schließlich mußte die Harvey ein Liedchen dazu singen und bildschöne Partner haben, mit denen sich jeder Ladenschwengel im Kino identifizieren durfte. Und ein großer Stoßseufzer in Form einer unerfüllbaren Sehnsucht mußte dabei sein – am besten der Traum von einer Hollywood-Karriere, die damals zu den erregendsten Wunschvorstellungen jedes jungen Mädchens gehörte.

Soeben hatte Hans Fallada seinen aufsehenerregenden Roman »Kleiner Mann – was nun?« herausgebracht und die richtige Mischung zwischen zu Herzen gehender Wirklichkeitsschilderung und sozialer Anklage gefunden. Robert Siodmak schwärmte noch immer von seinen »Menschen am Sonntag«, einem der letzten Stummfilme, der realistisch-poetischen Reportage aus dem Kleinbürger-Milieu, für die Billie Wilder, der clevere Wiener-Berliner Zeitungsreporter, das Drehbuch geschrieben hatte. Auch Slatan

Dudows »Kuhle Wampe« machte Furore, aber darin wirkten nach Auffassung der UFA-Herren zuviele Kommunisten mit, und ein gewisser Bertolt Brecht zeichnete für das Drehbuch verantwortlich.

Nein, Bertolt Brecht nicht, aber Billie Wilder schien für Erich Pommer der richtige Autor, eine Art »Kleiner Mann – was nun« mit Musik zu entwerfen. Dazu Walter Reisch, der später, nach seiner Emigration, die berühmte »Ninotschka« für Greta Garbo und Ernst Lubitsch schaffen sollte. Diese beiden also schrieben das Drehbuch »Ein blonder Traum«, dessen Titel für seine Entstehungszeit ebenso bezeichnend wie erfolgreich geworden ist.

»Von der lichtblonden Lilian Harvey sollen wir hier lernen, daß man auch mit wenig Geld und hinter Mullvorhängen in einer kleinen Siedlung auf einer blühenden Wiese mit Hühnerstall und einem Ententeich glücklich sein kann. Dieser Beweis wird mit zwei jungen Männern und einem süßen Mädel geführt: Die Männer sind zwei Fensterputzer, die draußen in alten Eisenbahnwaggons hausen, sie ist eine kleine Artistin, die zum Film will, schließlich aber bei einem der Fensterputzer bleibt, während der andere wirklich zum Film kommt. Das ist ein Volksstück mit Musik, ein Singspiel, vielleicht auch ein Märchen. Wirklich ein Traum – so zieht es vorüber ...« (Oskar Kalbus).

Schnell erkennt man das Erfolgsrezept wieder: »Die Drei von der Tankstelle«, die das blonde Mädchen umgarnten, sind jetzt »Zwei von der Fensterputzerfirma«, aber immer noch »ein Freund, ein guter Freund«. Allerdings hat die reiche Konsulstochter zum wohnungslosen braven Mädchen mit Hund abgewirtschaftet. Und Paul Hörbiger, einst Heurigensänger im »Kongreß« – »Das gibt's nur einmal, das kommt nicht wieder!« – taucht dennoch als kommentierender Bänkelsänger wieder auf, wenngleich zur Vogelscheuche degradiert: »Alles verstehen heißt alles verzeihen ...«

Robert Gilbert und Werner R. Heymann waren ebenfalls wieder dabei und hatten sich neue hübsche Melodien und einprägsame Texte einfallen lassen; das innige und sehnsüchtige »Irgendwo auf der Welt« war bald in aller Munde:

*»Irgendwo auf der Welt*
*Gibt's ein kleines bißchen Glück,*
*Und ich träum' davon in jedem Augenblick.*
*Irgendwo auf der Welt*
*Gibt's ein bißchen Seligkeit,*

Und ich träum' davon schon lange, lange Zeit.
Wenn ich wüßt', wo das ist
Ging ich in die Welt hinein,
Denn ich möcht' einmal
Recht so von Herzen glücklich sein.
Irgendwo auf der Welt
Fängt der Weg zum Himmel an –
Irgendwo, irgendwie, irgendwann.«

Auch ein Marschlied durfte nicht fehlen: »Einmal schafft's jeder, jeder kommt dran – wenn er wirklich was kann!« Ein echter Sorgenbrecher für das Millionenheer der Arbeitslosen, die sich vor den Kinokassen drängten. Und so war es kein Wunder, daß Gilberts und Heymanns kessester Song, weil er jedem Zuschauer und Zuhörer aus dem Herzen gesungen war, zu den erfolgreichsten Schlagern jener »Kleiner-Mann-was-nun«-Zeit geworden ist:

»Wir zahlen keine Miete mehr,
Wir sind im Grünen zuhaus,
Wenn unser Nest noch kleiner wär'
Das macht uns wirklich nichts aus.
Zwei Meter vierzig im Quadrat,
Wir haben ja wenig Gepäck,
Und wenn's hinten nur ein Gärtchen hat
Für Spinat und Kopfsalat,
Dann ziehen wir nie wieder weg!«

Ein echter Billie-Wilder-Gag war die Ausgangssituation des Filmchens: »Blitz und Blank« heißt die Firma der beiden Fensterputzer. »Ping und Pong« nannten sich die beiden Artisten, die ihre junge Partnerin Jou-Jou durch die Luft wirbelten, bis sie sich verkrachten, auseinandergingen und die Kleine sitzen ließen. Jou-Jou war nur das »und« zwischen »Ping« und »Pong« – und sie wird jetzt das neue Bindeglied, das »und« zwischen »Blitz« und »Blank«.

»Blitz«, der sich am Ende das »und« einverleibt, war natürlich Willy Fritsch. Als »Blank« wurde ein anderer Willi engagiert, der Wiener: Willi Forst. Der ging zwar leer aus, aber seine Rolle war so dankbar, daß Henri Garat in der französischen Fassung unbedingt »Blank« sein wollte, ausnahmsweise nicht Pendant des Willy Fritsch. Dessen französischer Gegenspieler wurde der berühmte Pierre Brasseur. In der dritten, der englischen Version wirkten Jack Hulbert, Sonnie Hale, Percy Parsons und Cicely Courtneidge mit.

Vor Beginn der Dreharbeiten fragte Erich Pommer die Harvey, ob sie damit einverstanden sei, daß Paul Martin, der sich beim »Kongreß« als Cutter bewährt hatte, im »Blonden Traum« erstmals als Regisseur eingesetzt werde. In einem Gespräch zwischen Lilian und dem sehr gut aussehenden Ungarn legte dieser ein brauchbares künstlerisches Konzept vor, worauf sie einwilligte. Damit begann Paul Martins Karriere als Regisseur – und als Konkurrent von Willy Fritsch.

Paul Martin, groß, dunkel, eine blendende, sehr männliche Erscheinung mit tiefer, klangvoller Stimme, war den typischen Weg jener Ungarn gegangen, die nach dem ersten Weltkrieg als ehemalige Offiziere zum Film gefunden hatten. Allerdings hatte Martin, der eigentlich Mardochy hieß, zusätzlich Pharmazie studiert und als Provisor in einer Apotheke gearbeitet, ehe er als Stummfilmdarsteller, Regieassistent und Cutter seine Liebe zur Filmkunst entdeckte. Erich Pommer schätzte ihn sehr und hatte ihm, gemeinsam mit einem anderen Anfänger, Hans Hinrich, die Regie des Hans-Albers-Films »Der Sieger« übertragen. »Ein blonder Traum« sollte nun Martins erste selbständige Inszenierung werden.

Er lebte von seiner Frau getrennt, hatte zwei Kinder und machte vom ersten Drehtag an kein Hehl daraus, daß Lilian Harvey ihm nicht nur als Schauspielerin gefiel. Seine unbeirrbare Sicherheit beeindruckte Lilian. Nach einer Tanzszene, die ihr besonders gut geraten war und das spontane Lob des Regisseurs eingebracht hatte, fragte sie herausfordernd: »Was bekomme ich dafür?«

»Einen Kuß!« rief Martin, nahm sie in die Arme und küßte sie so leidenschaftlich, wie sie noch nie geküßt worden war.

Von da an war es um beide geschehen. Martin besaß alle Eigenschaften, die Willy Fritsch fehlten: die entschlossene Männlichkeit, den rücksichtslosen Einsatz des Gefühls, das unbedenkliche Ausnutzen seiner Chancen. Er war nicht der gute Kamerad, der zuverlässige Freund, wie Willy, aber ein raffinierter Liebhaber. Lilian spürte die Gefahr, die ihr und ihrer Arbeit durch das Temperament dieses Mannes drohte. Deshalb bemühte sie sich, seinem unverblümten Werben wenigstens bis zum letzten Drehtag standzuhalten.

Was sie am meisten irritierte, war Willys Unentschlossenheit. Obwohl auch er erkannnte, was plötzlich für ihn auf dem Spiel stand, tat er nichts, um den Rivalen auszuschalten. Seine Liebe blieb pedantisch und verspielt, er ließ sich keine Eifersucht anmerken und zu keinem Wutausbruch hinreißen, obgleich er Dritten gegenüber mehrfach äußerte, er habe Angst, Lilian könne ihm genommen werden. Aber zu einem Kampf um sie raffte er sich nicht auf. Kampf wäre mit Unbequemlichkeit verbunden gewesen. Gestörte Ruhe wäre ihm auf den Magen geschlagen. Mit verdorbenem Magen hätte er keinen Spaß mehr an seinem Auto gehabt. Nein, Willy litt lieber mit lächelnder Miene, als sich zu einem energischen Schritt aufzuraffen.

So blieb nach außen hin die Harmonie ungestört, in der sich die Dreharbeiten am »Blonden Traum« vollzogen. Hinterher war Lilian überzeugt, kein anderer Film sei ihr so gut gelungen wie dieser; nichts darin, meinte sie, hätte sie besser machen können.

Da gab es zum Beispiel eine Traumszene, von Wilder und Reisch mit unbekümmerter Fantasie erfunden. Jou-Jou schläft im Schaukelstuhl und träumt, die ausrangierten Eisenbahnwaggons würden von einer Lokomotive über Berg und Tal, über Land und Meer nach Amerika gefahren, zuerst nach New York, dann nach Hollywood, Jou-Jous ersehntem Ziel. Und plötzlich landet sie in einem riesigen Filmatelier, in dessen Mitte ein schrecklicher Mensch thront – sie erkennt in ihm den unerbittlichen Portier des amerikanischen Konsulats wieder, der sie mehrfach daran gehindert hat, wegen eines Reisepapiers zum Konsul vorzudringen – und dieser schreckliche Mensch verlangt von ihr, sie solle zeigen, was sie könne. Jou-Jou fängt an zu singen, aber mittendrin verwandelt sich ihre Stimme in tiefen Männerbaß, worauf sie ausgelacht wird. Dann fängt sie an zu tanzen, doch auf einmal werden ihre Füße immer größer, und der Tanz mißlingt, so daß sie sich abermals blamiert sieht. Und drittens plötzlich –

Ja, dieses »drittens« hatte schon bei der Drehbuchbesprechung Kopfschmerzen bereitet. Pommer, Martin und die Autoren meinten, daß Lilian in dieser Traumszene nach Singen und Tanzen »drittens« etwas anderes, Besonderes zeigen müßte – aber was?

»Wie wär's mit Seiltanzen?« fragte Lilian.

»Ausgezeichnet«, lächelte Pommer. »Aber Seiltanzen muß man können. Mit Tricks ist da nichts zu machen. Können Sie's?«

»Leider nein«, sagte Lilian.

»Na bitte!« sagte Pommer.

Damit ging man zur Tagesordnung über. Wilder und Reisch wurden beauftragt, sich »etwas einfallen zu lassen«, denn die Traumszene sollte erst am Schluß des Films, etwa sechs Wochen später, gedreht werden.

Wieder einmal hatte Pommer Lilians Ehrgeiz geweckt. Noch am selben Tag engagierte sie sich einen bekannten Drahtseilartisten nebst Assistentin, ließ auf dem sehr großen Dachboden ihres Hauses ein Seil spannen und begann in aller Heimlichkeit mit dem Training.

Es wurde ein bitteres Training. Jeden Morgen um 6 Uhr stellten die Lehrmeister sich ein und arbeiteten unerbittlich mit dem Neuling. Der hatte um sieben Uhr dreißig im Filmstudio zu sein und während des ganzen Tages zu drehen – wieder einmal drei Versionen hintereinander – nachts in deutsch, französisch und englisch die Dialoge für den nächsten Tag zu lernen – aber stand frühmorgens um sechs wieder auf dem Seil – bzw. bemühte sich, es zu lernen.

Die ersten fünf Tage waren die schlimmsten. Die Füße in den dünnen Wildlederschuhen brannten wie Feuer, das Drahtseil schien sich in die Sohlen einschneiden zu wollen. Am nächsten Tag aber gelangen Lilian die ersten Schritte ohne Hilfe, weitere acht Tage später hatte sie heraus, wie man auf dem Seil kniet und kehrt macht. Nach drei Wochen gelang der schwerste Trick: auf einem Bein zu stehen, das andere mit Hilfe einer Hand so hoch wie möglich nach oben zu strecken. Nach vier Wochen brauchte Lilian keine Balancierstange mehr, nicht mal mehr einen Schirm.

An einem Sonntag, bevor die Traumszene gedreht werden sollte, wurden Pommer, Martin, die Drehbuchautoren und Lilians Partner zum Frühstück in ihr Haus eingeladen.

»Mommy-Darling empfing die Herren« – erinnert sich Lilian –»und bat sie, sich auf den Dachboden zu begeben, wo ich ihnen etwas zeigen wollte. Erstaunt kletterte man nach oben – und dann hätte ich gar zu gern ihre verblüfften Gesichter fotografiert, wenn es mir möglich gewesen wäre. Aber es ging natürlich nicht, weil ich, als sei so etwas selbstverständlich, auf dem Drahtseil hin und her lief und alle meine Künste vorführte. Sie klappten fehlerfrei, und als ich vom Seil sprang und ganz erstaunt tat, Zuschauer vorzufinden, gab es begeisterten Beifall. Pommer drückte mir schmunzelnd eine Mark in die Hand und klopfte mir auf die Schulter. Ich merkte ihm an, daß er begriff, was für eine Leistung ich vollbracht hatte. Paul Martin – na, der schien mich am liebsten sofort wieder umarmen und küssen zu wollen, aber Pommers Gegenwart hielt ihn davon ab. Willy grinste nur und behauptete, sich so etwas gedacht zu haben; und er schwor, daß er selbst niemals, auch wenn er vertraglich dazu verpflichtet sei, solche Strapazen auf sich nehmen würde, was ich ihm aufs Wort glaubte. Und Henri Garat verlangte, ich sollte sofort noch einmal aufs Seil und alles wiederholen – diesmal auf französisch, damit er es auch verstehe, der Spaßvogel ...«

Am nächsten Tag goß Pommer Wasser auf die Flammen der Begeisterung mit der Nachricht, daß für die Realisierung der Traumszene nur 60 Stunden zur Verfügung ständen, da eine kurzsichtige Disposition das Atelier bereits an eine andere Filmfirma vermietet hätte. Wahrscheinlich müsse man die Traumszene streichen, meinte Pommer, es sei unmöglich, die vielen Trickeinstellungen so schnell abzudrehen.

Er sagte es und wußte genau, daß seine ehrgeizige Truppe sich lieber das Genick brechen würde, als auf diese Szene zu verzichten. Sogar die Bühnenarbeiter und Beleuchter spielten begeistert mit, arbeiteten in Tag- und Nachtschicht und machten Überstunden. Paul Martin und seine Schauspieler taten sechzig Stunden lang keinen Schritt vor die Ateliertür. Lilian ernährte sich in dieser Zeit mit Obst, Kaviar-Toast und warmer Milch.

Die Drahtseilszene war in der dritten Nacht um 4 Uhr früh an der Reihe. Mit etwas wackeligen Beinen, aber fehlerfrei absolvierte Lilian ihr Programm.

Wie groß war ihre Enttäuschung später im Kino! Auf der Leinwand sah die Szene, für die sie sich so lange und ehrgeizig strapaziert hatte, wie eine Trickaufnahme aus. Es schien, als laufe Lilian auf einer Tischplatte spazieren, die mit einem Seil bespannt war. Und das Publikum hat nie so richtig glauben wollen, daß die Harvey für diese eine und relativ kurze Szene extra den Tanz auf dem Seil erlernt hatte.

In jener Zeit pflegte das *Zwölf-Uhr-Blatt* in Berlin allwöchentlich Horoskope prominenter Personen zu veröffentlichen, die von dem berühmten Hellseher Hanussen verfaßt waren. Gerade als die Außenaufnahmen zum »Blonden Traum« begannen, erschien Lilian Harveys Horoskop. Darin warnte Hanussen die Künstlerin davor, in den nächsten Tagen unvorsichtig zu sein, es bestehe für sie erhöhte Unfallgefahr.

Zwei Tage später wurde die Schlußszene des Films gedreht, französische Version. »Blank« – sprich Henri Garat – setzt Jou-Jou rittlings auf eine Leiter und läßt sie nach unten gleiten, wo »Blitz« – sprich Pierre Brasseur – das geliebte »Und« mit offenen Armen erwartet. Es war keine leichte Szene, während der Proben trug Lilian Handschuhe, um sich nicht die Hände aufzureißen, und Schuhe mit flachen Absätzen. Für die Aufnahme aber wurden hochhackige Schuhe benötigt. Während Lilian die Leiter hinabrutschte, verhakte sich ein Absatz in einer Leitersprosse. Um nicht vornüber aufs Gesicht zu fallen, bremste sie den Sturz mit dem Rücken ab und fiel zusammengekrümmt wie ein Stein in Pierres Arme. Dann verlor sie die Besinnung.

Die Röntgenaufnahme ergab, daß zwei Wirbelsäulenknorpel angebrochen waren. Und der Arzt, der Lilian seit langem kannte, meinte, ihr Rücken fange allmählich an, wie ein Schlachtfeld auszusehen ... Dennoch war sie schon nach kurzer Zeit wieder einsatzbereit.

\*

Im »Blonden Traum« gibt es eine Szene, in der Jou-Jou durch die »Vogelscheuche« Paul Hörbiger erfährt, daß ein mächtiger Filmboß aus Hollywood in Berlin eingetroffen sei, worauf sie beschließt, zu ihm vorzudringen und sich für den Film entdecken zu lassen.

Der Zufall wollte es, daß am gleichen Tag, als diese Szene gedreht wurde, die Mittagszeitungen mit der groß aufgemachten Meldung herauskamen, Lilian Harvey habe einen Sieben-Jahresvertrag mit der amerikanischen Filmgesellschaft FOX abgeschlossen, sie gehe demnächst nach Hollywood.

Ja, sie hatte unterschrieben. Es gab kein Zurück mehr.

Willy Fritsch gratulierte als erster, obgleich er wußte, daß ihre Abreise die Trennung bedeutete.

»Du hättest dabei sein können!« sagte sie traurig.

Auch ihm hatten mehrere sehr verlockende Angebote vorgelegen. In Hollywood wäre man sogar bereit gewesen, Lilian und Willy als Paar »einzukaufen«. Aber Fritsch hatte stur abgelehnt. Weil er englisch hätte lernen müssen. Daß er es nicht der Mühe wert hielt, sich die Muttersprache der Frau, die er liebte, anzueignen, kränkte Lilian sehr.

Aber sie wollte ihm – und vielleicht auch sich selbst – noch eine letzte Chance geben. Deshalb unternahm sie in der freien Zeit zwischen den Filmen »Ein blonder Traum« und »Ich und die Kaiserin« – dies war der letzte UFA-Film, den sie vor Beginn des Amerika-Vertrages zu drehen hatte – mit Willy Fritsch eine zehntägige Reise in den Süden. Natürlich nach Cap d'Antibes. Dort war aber schlechtes Wetter. Deshalb schifften sie sich in Marseille mitsamt ihrem Wagen nach Algier ein – und im letzten Augenblick stieß Henri Garat hinzu, der es satt hatte, auf seiner Yacht in Cannes zu liegen und nach Sonnenschein Aussicht zu halten. Es wurden zehn harmonische und heitere Tage, in denen niemand das Wort »Hollywood« und den Namen »Paul Martin« aussprechen durfte.

Aber außer, daß er fröhlich und witzig wie immer und der charmante Freund war, ließ sich Willy Fritsch keinerlei Gefühlsregungen anmerken. Er schien sich damit abgefunden zu haben, daß Lilian nach Hollywood ging.

Kaum war sie wieder in Berlin, da stand schon Paul Martin vor ihrer Tür. Als sie ihn nach seiner Arbeit fragte, lächelte er nur: »Ich lerne.«

»Was lernen Sie?«

»Englisch.«

Überrascht blickte Lilian ihn an. »Wie kommen Sie denn darauf?«

»Es könnte ja sein«, sagte er, »daß ich eines Tages in Hollywood gebraucht werde ...«

\*

»Ein blonder Traum« wurde am 23. November 1932 uraufgeführt und ein großer Publikumserfolg. Er blieb mehrere Jahre auf den deutschen Kinoprogrammen. Manchem Rezensenten fiel es nach der Machtübernahme durch den Nationalsozialismus schwer, gegenüber diesem Film die richtige, nämlich unverfängliche, politisch einwandfreie Einstellung zu finden. Bezeichnend für den Eiertanz, den mancher Kritiker damals anstellen mußte, um überhaupt etwas sagen zu können, ist eine Besprechung der *Hessischen Landeszeitung,* Darmstadt vom 25. März 1936:

»Ein blonder Traum – wie hübsch das klingt! Und wie verheißungsvoll, wenn man bedenkt, daß der brünette Traum, der schwarze, vielleicht sogar der grüne und veilchenblaue Traum noch ausstehen. Der rote Traum ist allerdings bei uns ausgeträumt, und wir unterscheiden eigentlich nur noch zwei Arten von Träumen. Zur ersten Art gehören die Träume der schöpferischen Menschen, die großen Taten und Werken vorausgehen und in ihnen ihre Verwirklichung finden. Zur zweiten Art rechnen wir die Träume der Müden und Mutlosen, die mit ihren nicht eben anspruchsvollen Gedanken in die Vergangenheit flüchten, da sie sich in einer neuen, heroisch gerichteten Welt nicht mehr zurechtfinden können. Für sie besonders läuft dieser ›blonde Traum‹ über die Leinwand, und alles, was einmal war, erscheint ihnen wunderhold und lieblich im Abendrot verschleierter Erinnerung.

Aber auch andere mögen sich diesen Film ansehen, der flott gespielt wird und reich ist an lebhaften und ansprechenden Bildern. Deutlich werden sie erkennen, von welcher Beschaffenheit jene sentimental-bürgerliche Welt einst war, die überm Spintisieren vom warmen Herdenglück übersah, was in Wirklichkeit um sie vorging. Die das ferne Grollen des Schicksals überhörte und ihren nahen Untergang nicht ahnte. Die schöne Lilian Harvey läßt solche Nutzanwendung des Stückes nicht fühlbar werden, und Paul Hörbiger beglückt immer wieder durch die Reife seiner Darstellungskraft ...«

Diesem Phrasenwust ist immerhin zu entnehmen, daß der »Kunstbetrachter« – wie sich die Rezensenten damals nennen mußten – erstens von dem Film zwar sehr angetan schien, zweitens aber nicht den Mut hatte, die Wahrheit zu sagen. Typisches Wortgeklingel einer Epoche, in der Kritik verboten war.

*

Nun begann eine aufregende Zeit. In den letzten Wochen des Jahres 1932 liefen die Vorbereitungen für Lilians Amerikareise parallel mit den Dreharbeiten an »Ich und die Kaiserin«, die um so anstrengender waren, als auch hier wieder drei verschiedene Fassungen hergestellt werden mußten.

Dem deutschen Kinopublikum fiel es offenbar schwer, sich an den Gedanken zu gewöhnen, von seiner geliebten Lilian Abschied nehmen zu müssen. Kein Tag verging, an dem nicht Zeitungen und Zeitschriften das Thema »Harvey« behandelten. Auch Edith Hamann mußte nach einem Atelierbesuch wieder zur Feder greifen (*Die Filmwoche*, 1932, Nr. 52):

»Die malerische Tracht des zweiten Kaiserreiches steht ihr entzückend. Zu dem blaßgrünen Seidenkleid mit den vielen Rüschen trägt sie braune hohe Wildleder-Stiefeletten, einen braunen Samtmantel mit Husarenverschnürung und ein kokettes winziges Blumenhütchen, das ohne den hinten herabfallenden Schleier genau wie eines der heute modernen, schiefen, deckelähnlichen Gebilde ausschaut.

›Sag mal, Lilian – wann fährst du denn nun wirklich ab?‹

›Am 29. Dezember oder 3. Januar – wahrscheinlich mit der ‚Europa'.‹

›Und es fährt niemand mit außer Boehm und Mary?‹ (Mary ist ihre französische Zofe, Boehm ihr deutscher Chauffeur).

›Nein, niemand. Ich habe sogar strengstens verboten, daß jemand von der Familie oder Willy mich ans Schiff bringt – ich könnte das nicht aushalten, diesen Abschiedsrummel mit ‚Muß i denn, muß i denn' – und Winken und so ... Ich werde mich in meine Kabine einschließen und heulen wie ein Schloßhund, ich weiß schon. Ich habe mich extra bei Mady Christians erkundigt, die doch schon x mal nach Amerika gefahren ist, und sie hat gesagt, es sei immer dasselbe – ein schrecklicher Abschied!‹

›Und deine Hunde nimmst du auch nicht mit?‹

›Nein – einen Hund hätte ich ganz gerne mitgehabt, aber ich kann sie nicht trennen, sie bleiben bei Mama.‹

Sehr froh ist sie darüber, daß sie ihre Schwester und deren Mann als wohlbestallte Kinobesitzer zurückläßt. Sie hat ihnen in dem mecklenburgischen Städtchen Waren zwei Kinos gekauft ...

›Weißt du, ich habe gleich beide gekauft, dann haben sie keine Konkurrenz‹, sagt die weise kleine Geschäftsfrau. ›Die Eröffnung war großartig, sie haben ‚Zwei Herzen und ein Schlag' gespielt – ich konnte leider nicht hin.‹

›Steht denn nun schon irgend etwas über deinen ersten Film drüben bei der FOX fest?‹

›Bis jetzt nur das eine, daß Hans Kräly das Manuskript schreibt, was mir eine große Beruhigung ist . . .‹«

Zunächst aber galt es, sich auf den vorerst letzten UFA-Film zu konzentrieren, den Walter Reisch und Robert Liebmann nach einer Idee von Felix Salten geschrieben hatten. Er führte in die Zeit der französischen Kaiserin Eugenie zurück, an deren Hof es einen illustren Kavalier gab, den Marquis de Pontignac. Dieser glaubt, nach einem Unfall sterben zu müssen, und wünscht sich seine Jugendgeliebte herbei, die ihm ein Lied singen soll. Die Jugendgeliebte ist nicht aufzutreiben, aber Juliette, die Friseuse seiner Majestät, läuft den Suchern über den Weg, wird zum Marquis geschleppt und spielt angesichts des »Sterbenden« das Spiel mit, indem sie ein sehnsüchtiges kleines Lied singt (es wird bald von Millionen Rundfunkhörern begeistert mitgesungen):

»*Wie hab' ich nur leben können ohne dich?*
*Wie könnt' ich mich glücklich nennen ohne dich?*
*Daß ich lachen konnt' und weinen,*
*Das ist heut fast ein Rätsel für mich*
*Wie ist mir die Zeit vergangen ohne dich?*
*Was hab' ich nur angefangen ohne dich?*
*Was die Sonne für die Welt ist,*
*Das bist du für mich!*
*Wie hab' ich nur leben können ohne dich?*«

Natürlich wird der Kranke wieder gesund. Er hat sich in die Mädchenstimme verliebt und sucht nun die Sängerin, von der er sogar annehmen muß, es handele sich um die Kaiserin persönlich. Am Ende geht alles gut aus, und der Marquis findet die kleine Friseuse.

Eigentlich hatten die Autoren ein anderes Happy-End vorgesehen. Juliette sollte den Musiker Didier bekommen, einen kleinen Assistenten des großen Jacques Offenbach. Lilian wäre es recht gewesen, denn Heinz Rühmann spielte den Didier. Aber – wer spielte den Marquis? Lilians Jugendschwarm: Conrad Veidt. Bereits in »Der Kongreß tanzt« waren sie Partner gewesen, hatten aber keine gemeinsame Szene gehabt. Jetzt endlich wollte Lilian ihren ehemaligen Schulkameradinnen von der Königin-Luise-Schule in Berlin-Friedenau zeigen, daß sie das »Klassenziel« erreicht hatte: in Connys Armen zu liegen, von Conny geküßt zu werden ...

Und wieder einmal ging Erich Pommer das Wagnis ein, einen neuen Regisseur zu erproben. Diesmal einen Meister des Kabaretts, einen der vielseitigsten Künstler, den es in Berlin gab: Friedrich Holländer. Der Sohn des Komponisten Viktor Holländer war selbst ein fruchtbarer Musiker und Dichter geworden, unüberschaubar ist die Zahl seiner Evergreens, an der Spitze der Marlene-Dietrich-Song: »Ich bin von Kopf bis Fuß auf Liebe eingestellt«. Pommer also engagierte den Leiter des Kabaretts »Tingel-Tangel« als Regisseur für die drei Versionen des Films »Ich und die Kaiserin«. Es sollte sein erster und letzter Film in Deutschland bleiben. Aber dafür konnte Holländer nichts. Schuld daran war das Naziregime, vor dem er bald darauf ins Ausland flüchten mußte.

»Ich und die Kaiserin« wurde kein Meisterwerk. Es entstand unter Zeitdruck. Unter dem Druck der politischen Situation.

»Operette, Parodie und Oper gehen hier durcheinander. Diese Unklarheit im Stil hat dem Film aus der Zeit des dritten Napoleon geschadet. Schließlich hielt man ihn für eine elegische, parodistische, kammerspielhafte Offenbachiade; das ist natürlich eine Vielseitigkeit, die alle höhnt, den Regisseur und den Filmbeschauer: Ein Stil-Babel. Lilian Harvey zieht als die kleine Friseuse der Kaiserin noch einmal alle Register ihrer Kunst. Ein ›süßes Mädel‹ lacht, singt und schmollt Abschied von uns. Mady Christians ist eine ernsthafte, sentimentale, immer würdige Kaiserin Eugenie.« (Kalbus)

Eines der Lieder Lilians war bestes Kabarett, gedichtet von Robert Gilbert, vertont von Franz Wachsmann (nach Lecocq):

»*Mir ist innerlich, mir ist äußerlich*
*Heut' so millionär zu Mut,*

*Mir geht's innerlich, mir geht's äußerlich*
*Heut' so ganz besonders gut.*
*O wie himmelblau, o wie himmelblau*
*Ist mir heut ums Herz herum,*
*Wer's nicht mitgemacht, wer nicht mitgelacht,*
*Der ist einfach dumm.*
*Immer sing ich nur das eine:*
*Tra la la la la la la,*
*Und du weißt schon was ich meine,*
*Tra la la la la la la.*
*Mir geht's innerlich, mir geht's äußerlich*
*Heut' besonders gut.«*

Als der Film Premiere hatte – am 22. Februar 1933 – war Lilian nicht mehr in Deutschland. Auch Erich Pommer verschwand: er hatte ebenfalls einen neuen Hollywood-Vertrag in der Tasche.

»Ich und die Kaiserin« lief nicht lange. Für die Nazis war es ein »Machwerk«, weil »haufenweise« Juden daran mitgewirkt hatten: Pommer, Holländer, Gilbert, Wachsmann, Jacques Offenbach, Felix Salten, Walter Reisch, Robert Liebmann, Conrad Veidt, Mady Christians, Eugen Rex, Paul Morgan und andere.

Immerhin hatte dieser Film Lilian ein Wiedersehen mit ihrem alten Verehrer Charles Boyer gebracht. Er spielte Conrad Veidts Rolle in der französischen und englischen Version, und also wurde Lilian endlich auch von Charles geküßt. Es fiel ihr nicht ganz leicht, den temperamentvollen Franzosen zu zähmen. Zum Glück stand während der Liebesszenen Paul Martin, der sich extra als Produktionsassistent hatte anheuern lassen, hinter der Kamera »griffbereit«.

Vergessen wir nicht, was Friedrich Holländer über »Ich und die Kaiserin«, insbesondere über Lilian Harvey, in seinen amüsanten Erinnerungen geschrieben hat (»Von Kopf bis Fuß« – Mein Leben mit Text und Musik, München 1965):

»Das Drehbuch, das unsere gute Lilian nie bis zu Ende gelesen hatte, besiegelte gerade dort mit aller Entschiedenheit das, sozial gesehen, einzig richtige Happy-End: die kleine Friseuse kriegt den reizenden Rühmann, der selbst nur ein kleiner Kapellmeister ist. Dieser Schluß war richtig frisiert und gut dirigiert. Abblenden! –

*Aufbruch nach Hollywood, Januar 1933. Beim Abschied am Lehrter Bahnhof in Berlin sieht man lachende Männer und eine weinende Frau: Lilian hat schon jetzt Heimweh.*

*Hoch über den Bergen von Los Angeles – Lilian Harveys Traumhaus in Hollywood.*

*Oben links:*
Täglich empfing Gary Cooper sie mit Blumen. Das Autorennen zwischen den beiden verboten die Filmfirmen. Seinen Heiratsantrag lehnte Lilian wegen Paul Martin ab.

*Oben rechts:*
Noch ein Verehrer, diesmal aus Paris: Maurice Chevalier war in Hollywood und in Cap d'Antibes Lilian Harveys Nachbar.

*Unten links:*
Besuch aus Deutschland in Hollywood: Ernst Udet wurde Lilians Fluglehrer. Ihre Filmfirma aber verbot den waghalsigen Sport.

Denken *Sie!*

Denn was tut meine Lilian, als wir eines Tages unvermeidlich zu der Schlußszene kommen! Sie traut ihren Ohren nicht, und als wir ihr das Drehbuch als Corpus delicti hinhalten, traut sie ihren Augen nicht.

›Was?? Ich krieg' den Rühmann? – Der ist ja noch ein ganz junger Schauspieler! Mit dem kann eine Harvey plänkeln, aber den heiratet sie doch nicht! *Ich* bin der Star – ich muß doch selbstverständlich den Star kriegen! Na so was!‹

›Das ist doch völlig unmöglich!‹ sage ich, ›so wie die Handlung jetzt geführt ist! Die Friseuse und der Marquis – das glaubt einem doch kein Mensch!‹

›*Ich* glaube es! Und zwar glaub' ich es hundertprozentig! Wie ich die Friseuse kenne –‹

›Aber hör doch mal, Großmutti – !‹ (So nennen wir sie, weil sie so jung ist).

›Großmutti hat auch mal die Nase voll‹, rief sie. ›Wer ist der Star? Der Zuschauer oder ich? – Abbrechen! Sofort die Aufnahmen abbrechen!‹

Ich fühlte den Boden des Ateliers unter mir wanken. Wo ist Pommer? Wo ist unser Produzent?

›Pommer wird dir auch nicht helfen! Ich mach' den ganzen Film nicht, wenn ich den Veidt nicht kriege!‹

(Veidt feixte in der Ecke. Die Frauen sollen sich um ihn raufen.)

›Du hast doch den Film schon gemacht‹, versuche ich ihr zu erklären.

Aber versuchen Sie das mal einem Star zu erklären. Der hat einen Film erst gemacht, wenn die Großaufnahme mit dem letzten Kuß im Kasten ist.

›Ich will Conrad Veidt – and that's that!‹ beharrt sie, bereits in der englischen Fassung.

›Respektive Charles Boyer!‹ fügt sie, mit einem tiefen Blick auf Charles hinzu. ›Et voilà!‹ kommt noch nach, französische Fassung.

Wo ist Pommer? Pommer ist die ganze Zeit da, hat alles gehört. Läßt aber erst mal einen anderen sich die Zähne ausbeißen. Weiß schon, daß hier Granit ist.

›Aber, Lilian‹, sagt er vorsichtig. ›Das hast du doch vorher gewußt.‹

›Was hab' ich vorher gewußt? Nichts hab' ich vorher gewußt! Vorher gewußt hab' ich nur, daß auf der letzten Seite der Kuß kommt. *Die* hab' ich nicht mehr gelesen. Wozu?‹

›Na eben: der Kuß!‹ Pommer klammert sich an eine Insel.

›Aber doch selbstverständlich mit Conny! Da war doch kein Zweifel! Soll ich mich vielleicht zerferzeln mit ‚Wie hab' ich nur leben können ohne *dich*...', und dann soll ich mit Rühmann leben?‹

›So was ist schon mal vorgekommen‹, versucht Pommer.

›Aber nicht mit *mir*!‹ Schlußpunkt von Lilian Harvey.

Solche Sorgen hatte man, zwei Monate vor dem Fackelzug...

Das Nachspiel findet im Büro des Generaldirektors Correll statt. Der oberste Richter wird das oberste Urteil fällen. Das salomonische. Beide Parteien werden an den Beinen des Kindes ziehen, und dann wird man sehen.

Gar nichts wird man sehen.

Correll Salomoniensis verneigt sich, direktorenhaft, aber mit Charme Nummer sieben, vor seinem Star, bittet Platz zu nehmen, und das Stimmenkonzert beginnt. Keiner versteht einen Satz vom andern, und Correll versteht überhaupt nichts. Er hat auch gar nicht die Absicht, etwas zu verstehen. Seine Augen wandern zwischen den getippten Kassenberichten des letzten Harvey-Films und den seidenbestrumpften Berichten, die durch das zarte Kostümchen der Diva schimmern, hin und her, entscheiden sich schließlich für die bestrumpften Berichte und bleiben da sitzen.

In eine Pause hinein sagt Lilian, ganz ruhig: ›Sie sehen doch selbst, Herr Direktor!‹

Er nickt. Er sieht selbst. Die Sache ist schon entschieden. Lilian kriegt ihren Conny. Haben Sie daran gezweifelt?

Noch einmal erhebt sich das erregte ›Alle durcheinander‹. Aber der Herr Direktor lächelt schon fern und ungeheuer abwesend und drückt auf einen Knopf unterhalb der Schreibtischplatte. Das ist das Signal für die Sekretärin im Nebenzimmer, das Telefon jetzt läuten zu lassen.

Der Herr Direktor nimmt, mit dem Gesichtsausdruck eines Gefolterten, den Hörer ab.

›Sydney, Australien?‹ sagt er in die tote Muschel und verschenkt ein vielgeplagtes, bedauerndes Achselzucken irgendwohin in die Gegend. Die Konferenz ist geschlossen.«

# Amerikas Filmimport: 52 % deutsch

»Nach dem FILM DAILY YEARBOOK kamen im vergangenen Jahr 1932 im ganzen 196 ausländische Filme auf den amerikanischen Markt. Von diesen waren:

    101, also 52 % deutsche,
     31, also 16 % englische,
     18, also 9 % französische,
     17, also 9 % russische,
     10, also 5 % italienische,
      9, also 5 %' polnische,
      4, also 2 % schwedische,
      2, also 1 % mexikanische,
      1, also 1/2 % ungarische,
      1, also 1/2 % schweizerische.

Man wird mit Befriedigung feststellen, daß Deutschland allein mehr Filme hat importieren können als die gesamten übrigen filmproduzierenden Länder Europas. Der Satz von 16 Prozent für englische Filme bedeutet an sich nicht viel. Daß Frankreich 18 Filme importieren konnte, ist in der Hauptsache damit zu erklären, daß 8 von ihnen allein durch Paramount produziert und vertrieben wurden, so daß auf die nicht amerikaverbundene französische Produktion nur 10 Filme kommen.«

(Aus *Der Film*, Nr. 27 – 1. Juli 1933)

## In Hollywood ist alles anders

Amerikareise heute – kein Problem. Man setzt sich ins Flugzeug, landet wenige Stunden später in New York, in Washington, in Los Angeles. Von dort nach Hollywood – nur ein Abstecher.

Vor vier Jahrzehnten aber bedeutete »Amerika« noch das Abenteuer. Wer nach New York fuhr – per Schiff natürlich – wurde bewundert. Ein Schauspieler, der nach Hollywood ging, galt als Auserwählter.

Es hat eine ganze Reihe »Auserwählte« im deutschen Film gegeben. Der Regisseur Ernst Lubitsch, der Autor Hans Kräly, die Schauspielerin Pola Negri gehörten zu den ersten, die anfangs der zwanziger Jahre nach »drüben« gingen und seßhaft wurden.

Die zweite Welle setzte ein, als Mitte der zwanziger Jahre der Name »Hollywood« ein Weltbegriff für Reichtum und Ruhm zu werden begann. Regisseure wie Murnau, Paul Leni, E. A. Dupont, Ludwig Berger ließen sich locken, die Schauspieler Emil Jannings, Conrad Veidt, Lya de Putti, Camilla Horn, Dita Parlo gingen mit ihnen. Sie sind fast alle zurückgekommen; sprachliche Schwierigkeiten vertrieben sie mit Beginn der Tonfilm-Ära aus den amerikanischen Studios.

Dennoch hatte der US-Film sein Interesse an europäischen Schauspielern nicht verloren. Die beiden Gründe dafür wurden bereits genannt: fremdsprachige Versionen amerikanischer Filme und Ausschaltung publikumswirksamer Stars der überseeischen Konkurrenz durch Ankauf und »Einfrierung«. So wurden allein aus Deutschland anfangs der dreißiger Jahre Künstler und Künstlerinnen wie Lissi Arna, Olga Tschechowa, Marlene Dietrich, Charlotte Susa, Nora Gregor, Lil Dagover, Dorothea Wieck, Johanna Riemann, Wilhelm Dieterle, Theo Shall und Paul Morgan nach Hollywood geholt. Von diesen haben sich nur zwei halten und behaupten können: Marlene Dietrich und William Dieterle.

*

Auch Lilian Harvey hat nun einen gut dotierten Vertrag mit der FOX unterschrieben. Anfangsgage: 4000 Dollar je Woche. Alle sechs Monate wöchentliche Erhöhung um 500 Dollar, ob gedreht wird oder nicht. Über zehn Millionen Reichsmark stehen ins Haus...

Um aber der Gefahr zu entgehen, wie andere Kolleginnen in einem goldenen Käfig »auf Eis« gelegt zu werden, hat Lilian durch ihre Anwälte Sonderbedingungen ausgehandelt. Sie besitzt die Zusage, daß jährlich wenigstens zwei große Spielfilme mit ihr gemacht werden müssen. Und da sie weiß, wie wichtig in Hollywood die richtige Präsentation, die gute »Verpackung« ist, hat sie außerdem durchgesetzt, daß Joe Straßner, ihr Leib- und Magen-Couturier, ebenfalls einen FOX-Vertrag erhält und als Kostümbildner ausschließlich ihr zur Verfügung steht.

Und wen entdeckt man noch auf der Liste ihrer Bedingungen, von denen sie keinen Schritt abzuweichen gedenkt? Einen gewissen Paul Martin...

Wer denn Paul Martin sei, wollen die FOX-Manager wissen.

Ein hochbegabter Regisseur, der Hollywood in Erstaunen versetzen werde, sagt Lilian.

Ob das sein müsse?

Es müsse sein...

O.k., knurren die Herren. Lieber hätten sie ja den actor William Fritsch mit eingekauft, der in Amerika als Partner der Harvey einen guten Namen hat. Der will aber nicht. Martin hat überhaupt keinen Namen. Aber wenn Lilians Seligkeit davon abhängt...O.k., soll auch Paul Martin einen Vertrag bekommen.

Von diesem Vertrag aber erfährt die deutsche Öffentlickeit so gut wie nichts. Und Martin wird nicht etwa Lilian begleiten, sondern erst Wochen später in Hollywood eintreffen. In aller Heimlichkeit.

*

Aufregungen über Aufregungen. Währen der letzten Drehtage für »Ich und die Kaiserin« entdeckt Kameramann Friedl Behn-Grund beim Einleuchten plötzlich ein gefährliches Gelb in Lilians Augen.

Sofort abschminken! Aufnahmen unterbrechen!

Gelbsucht durch Überarbeitung, stellt der Arzt fest und verpaßt ihr eine Spritze mit dem Ergebnis, daß Lilian auf der Stelle rot wie eine Tomate wird. Die Injektion des Leberpräparats ist zu stark gewesen. Sofort bekommt sie ein Gegenmittel, das die alten Farbverhältnisse wieder herstellt. Dazu drei

Tage Bettruhe, richtige Diät – und Lilian steht schon wieder im Studio, um Holländers Filmdebut und ihre eigene Reise nicht zu gefährden.

Und jeden Abend zu Joe Straßner ins Atelier. Anproben über Anproben. Bisher hat sie sich für ihre Privatgarderobe allzu wenig interessiert, läuft zu Hause am liebsten schlicht in Hosen und Pullis. Im FOX-Vertrag aber steht geschrieben, daß sie von nun ab auch privat jederzeit bereit sein müsse, zu repräsentieren – und das bedeutet: sechzig neue Kleider und Kostüme. Und was verlangt FOX außerdem: Eine genaue Beschreibung der Garderobe Lilians, vorweg nach Hollywood geschickt, weil die Presse dringend darauf wartet...

Die Liste geht per Kabel nach Übersee: Ein langer Hermelinmantel mit Silberfuchs besetzt, ein dreiviertel Hermelinmantel, ein Nerzmantel, Cape mit Abendkleid, nerzbesetzt.... und so weiter. In Hollywood wird man sie mit jedem Kleid, mit jedem Kostüm, in jedem Mantel und mit allen Hüten fotografieren...

Und nicht einmal ihr Testament zu machen, vergißt Lilian. Mommy-Darling ist entsetzt. Aber Lilian weiß, was sie will. Und immer denkt sie an alles. Sollte sie sterben, dann will sie kein Chaos hinterlassen.

Als der FOX-Vertrag unterschrieben ist, läßt sich Lilian das größte und schönste Auto bauen, das es bis dahin in Europa gegeben hat: einen Mercedes-Rennwagen, 7,7 Liter, der 220 Kilometer in der Stunde fährt, vorausgesetzt, er findet eine dafür geeignete Straße. Er enthält einen Motor, mit dem Caracciola soeben erst einen neuen Weltrekord aufgestellt hat. Und zahllose Extras: fest eingebaute Schweinslederkoffer, Schweinsledersitze, aufklappbares schwarzes Lackverdeck – aber sonst ist alles schneeweiß. Selbstverständlich gehört die Signalhupe aus »Die Drei von der Tankstelle« dazu: »Autofahren, Autofahren...« Sogar die Nummer ist eine Attraktion: IA-IIIII. Übrigens hat Willy Fritsch eine ähnliche Nummer: IA-IIII. Wie es sich für »das« Liebespaar des deutschen Films gehört...

Später wird man in den Gazetten lesen, Lilians Traumwagen, mit dem sie in Hollywood Einzug hielt, sei ein Geschenk der Daimler-Benz-Werke gewesen, die sich davon eine gute Werbung versprochen hätten...

Gute Werbung? Ja! Sogar eine ausgezeichnete! Aber ein Geschenk? – O nein. 64 000 Deutsche Reichsmark blättert Lilian für das Monstrum auf den Tisch. Und weil es überall so ungeheures Aufsehen erregt, muß sie extra einen Chauffeur engagieren – nicht, um von ihm gefahren zu werden, sondern vor allem als Aufpasser, wenn der Wagen auf der Straße steht.

Natürlich einen livrierten Chauffeur. Man ist seinem Publikum etwas schuldig.

Der Chauffeur, die französische Zofe und das Traummobil sind Lilians einzige Begleiter auf der Reise ins Land der unbegrenzten Möglichkeiten.

\*

Vor dem Abschiednehmen hat Lilian mehr Angst als vor ihrem ersten Film auf amerikanischem Boden.

Willy Fritsch fährt sie zum Lehrter Bahnhof. Lilian heult wie ein Schloßhund. Sie bestürmt ihn, sie nicht allein zu lassen. Sie schwört, Paul Martins FOX-Vertrag sofort zu annullieren, wenn er, Wilhelm – in ernsten Augenblicken nennt sie ihn nicht »Willy« – sich entschließe, mit ihr nach Amerika zu kommen. Und sie weiß im gleichen Augenblick, daß alles zwecklos ist. Wilhelm wird sie nicht begleiten. Aber auch er weint. Er hat kein Taschentuch. Lilian wischt ihm die Tränen aus dem Gesicht. Dann drückt er ihr sein Abschiedsgeschenk in die Hand: einen silbernen Briefbeschwerer, darauf eingraviert: »Munkeli – damit du nie vergißt deinen armen Wilhelm«.

Er nennt sie »Munkeli« in zärtlichen Stunden.

Auf der Unterseite des Briefbeschwerers steht unzählige Male »toi - toi - toi«.

Endlich löst sie sich von ihm und steigt aus dem Wagen. Er kehrt sofort um.

Später wird Willy Fritsch behaupten: »Ich habe sie nicht einmal zum Zug gebracht.« Das ist keine Lüge. Zum Zug hat er sie nicht gebracht. Nur zum Bahnhof.

Der Bahnsteig wimmelt von Menschen. Neugierige, Verehrer, Freunde, Reporter, Fotografen. Als Mommy-Darling zum letztenmal ihre Tochter umarmt, bricht Lilian erneut in Tränen aus. In das Mikrophon, vor das ein Radiosprecher sie schleppt, schluchzt und stammelt sie ein paar Worte, die die Hörer später wie folgt identifizieren: Ich will nicht weg, ich will hierbleiben . . .

Im D-Zug aber läßt man sie nicht allein. Erich Pommer, Dr. Berger, ihr Rechtsanwalt, und Adi Holländer, Willys bester Freund, geben ihr bis Bremerhaven das Geleit.

Der erste, der sie an Bord der »Europa« begrüßt, ist Ernst Lubitsch. Er hat in der alten Heimat Urlaub gemacht und fährt jetzt »nach Hause« – nach Hollywood.

»Na, Sie haben Glück!« sagt er.

»Wieso Glück?« fragt sie ahnungslos.

»Na, hören Sie mal! Im richtigen Augenblick aus Deutschland weg! Mit so einem Vertrag! Wenn das kein Dusel ist!«

Es ist der 6. Januar 1933. Aber Lilian begreift noch nicht, was Lubitsch meint. Sie winkt ihren Freunden am Kai zu. Und als die Bordkapelle nach dem traditionellen »Muß i denn, muß i denn« ihr zu Ehren spielt: »Das gibt's nur einmal, das kommt nicht wieder . . .«, da ist es abermals mit ihrer Fassung vorbei.

*

Lilian benutzt die Überfahrt, sich auszuruhen und zu erholen. Das gelingt ihr auch. Das Wetter ist gut, nur in einer Nacht scheint Sturm aufzukommen. Aber in den Kabinen des Riesenschiffs merkt man davon so gut wie nichts.

Am anderen Morgen zeigt ihr der freundliche Commodore, was sich über Nacht abgespielt hat. Ein Teil der Reling ist abgerissen und über Bord gespült worden. Ein Orkan hat getobt.

Aber es kommt noch schlimmer: angesichts der Freiheitsstatue überfällt eine Schar Zeitungsreporter, die in einem Fährboot übersetzt, die »Europa« und stürzt sich auf die Harvey. Sie bekommt einen Vorgeschmack dessen, was sie in der »Neuen Welt« erwartet. Und sie lernt, bevor sie noch den anderen Erdteil betreten hat, worauf es in ihrem Fall vor allem ankommt: ruhig bleiben, freundlich sein, höflich sein, lächeln, nicht die Nerven verlieren. Jeder Pressemann muß das Gefühl haben, er sei der einzige, dem die große Diva ein Interview gewährt. Presseleute sind eitel; wird ihre Eitelkeit befriedigt, fließen ganz andere Vokabeln durch ihre Federn aufs Zeitungspapier, als wenn sie sich durch die Arroganz des Stars vor den Kopf gestoßen fühlen.

Als Lilian im Hotel Waldorf Astoria die bezaubernde Suite durchwandert, die man für sie bestellt hat – Salon, Schlafzimmer, Kofferzimmer, Bad, Zimmer für die Zofe – beginnt sie zu ahnen, was es in den USA bedeutet, prominent zu sein. Die Ahnung wird zum Alpdruck, als sie an dem ersten Presse-Empfang teilnimmt, den die FOX ihr zu Ehren in einem der größten Säle des Hotels veranstaltet.

Zwei Herren holen sie ab. Sie stellen sich ihr als »Harry« und »Joe« vor. Es sind die Presse-Adjutanten der FOX. Sie werden alle Publicity-Fragen erledigen, Besuche arrangieren, Fotografentermine festsetzen und Lilian nicht mehr von der Seite weichen.

250 Personen sind zu dem Empfang erschienen. Er dauert fünf Stunden. Lilian wird von einem Journalisten zum anderen geführt; jeder sei wichtig, versichern Harry und Joe. Und als Lilian keine Worte mehr findet, erzählen ihre Adjutanten »all about Lil«. Nach dem Motto: Ganz egal, was in der Zeitung steht, Hauptsache: Groß aufgemacht und ein reizendes Foto daneben.

Lilian möchte sich New York ansehen, aber das Tagesprogramm, das Harry und Joe arrangiert haben, hindert sie daran. Denn nach dem Presse-Empfang setzen die Großinterviews mit Sonderkorrespondenten ein. Es ist unvorstellbar, wieviele Sonderkorrespondenten in New York leben. Und mit jedem muß man frühstücken, lunchen oder den Cocktail nehmen. Sonst sind sie beleidigt.

Lilian schreibt in ihr Tagebuch: »Um überleben zu können, habe ich es mir so eingeteilt. Mit dem ersten Frühstücksgast, der seinerseits tüchtig drauflos futtert, trinke ich ein Glas Orangensaft. Mit dem zweiten nehme ich Tee und Toast. Mit dem dritten esse ich Joghurt. Dann wird es Zeit für den ersten Lunch-Interviewer; mit dem nehme ich die Suppe. Mit dem zweiten den Fisch. Mit dem dritten das Hauptgericht, denn allmählich werde ich hungrig. Mit dem vierten unter munterem Plaudern natürlich Icecream, das den Amerikanern so wichtig ist wie den Franzosen der Rotwein. Da ich zur Cocktail-Stunde, wenn die meisten Reporter auf mich warten, keinen Alkohol trinke, labe ich mich vier- bis fünfmal an Orangensaft. Und zwischen jedem Gespräch ist ein Kleiderwechsel erforderlich, denn jeder Gesprächspartner bringt seinen Fotografen mit, und nichts wäre schlimmer, als wenn ich auf den Abbildungen in den Zeitungen immer das gleiche Kleid an hätte . . .«

Bald hat sie den Verdacht, daß das Interesse der Zeitungsleute weniger ihrer Person gilt als den harten Getränken, die Harry und Joe vor, während und nach den Interviews großzügig ausschenken. In Amerika herrscht noch die Prohibition, das Alkoholverbot. In keinem Restaurant, in keinem Hotel wird Hochprozentiges verkauft. Aber in Lilians Suite werden die Flaschen gleich kartonweise abgeladen, hauptsächlich Whisky, Wermuth und Gin. Hotelzimmer sind »privates« Terrain. Dort gilt zwar auch das Alkoholverbot, aber schließlich kann man nicht in jedes New Yorker Zimmer einen Polizisten setzen, und bei prominenten Besuchern aus Europa wird ohnehin ein Auge zugedrückt.

Die Reporter kommen also, essen, trinken, lallen, schreiben – und veröffentlichen nur das Beste über das reizende blonde Greenhorn aus Germany.

Immerhin – so clever ist Lilian gewesen: sie hat sich vertraglich ausbedungen, daß die Abende in New York – wo ihr Aufenthalt auf drei Wochen vorgesehen ist – ihr gehören. Sie will ins Theater gehen, Filme sehen und die »Met« besuchen, das berühmteste Opernhaus der Welt. Das tut sie nun auch – stets in Begleitung von Harry und Joe, die sich als nette Burschen entpuppen. Als dritter Mann gesellt sich Joe Straßner, ihr Kostümzeichner, hinzu. Und Ernst Lubitsch, der ebenfalls im Waldorf Astoria wohnt, geht ein paarmal mit ihr nach Harlem in die Nacht-Clubs, in denen faszinierende schwarze Gestalten ihrer Tanzbegeisterung frönen.

Ernst Lubitsch ist es auch, der Lilian Harvey klarmacht, welchen Maßstab sie an ihre eigene Person legen muß. Der fürstliche Empfang, den die FOX-Filmgesellschaft ihr in New York bereitet habe, sei nur ein Anfang gewesen.

»Warten Sie ab, was erst in Hollywood mit Ihnen getrieben wird! Die FOX muß jetzt aller Welt demonstrieren, daß sie es sich leisten kann, eine Frau wie Sie zu engagieren. Denn nach hiesigen Größenordnungen ist Lilian Harvey der bedeutendste Star des europäischen Unterhaltungsfilms. Lesen Sie die hiesigen Fachblätter – und Sie wissen, was Sie wert sind!«

Lilian kommt aus dem Staunen nicht heraus. Daß ihre UFA-Filme im Ausland einen guten Absatz haben, hat man ihr gesagt. Daß deutsche Filme aber, und allen voran Harvey-Filme, in den USA an der Spitze aller Import-Filme stehen, das hat sie nicht gewußt.

»Jetzt wissen Sie, was Sie wert sind, Lil. Seien Sie nicht allzu stolz auf Ihre Gage. Die FOX hat Sie günstig eingekauft – trotz allem. Man braucht Sie hier, das müssen Sie wissen!«

*

Die Bahnfahrt nach Los Angeles stellt sie sich entsetzlich vor. Drei Tage und drei Nächte im Zug! Aber der »South Pacific« hat so gemütliche Salons, so bequeme Schlafabteile, und er saust so ruhig durch die weiten Steppen, daß die Zeit wirklich wie im Fluge vergeht. Lilian bewundert die Landschaft vom Bett aus und erledigt zwischendurch ihre umfangreiche Autogrammpost.

Und wirklich ist der Empfang in Hollywood weitaus phantastischer, als ihn sich die kleine Jou-Jou im »Blonden Traum« einst ausgemalt hat. Am Bahnhof warten Mr. Winny Shean, Vizepräsident der FOX, Sol Wurzel, Lilians künftiger Produzent, und John Boles, ein bekannter Sänger und Schauspieler – Partner ihres ersten Hollywood-Films. Es warten Heather Angel, June

Vlasek, Herbert Mundin – berühmte Namen, bekannte Gesichter. Und es warten Reporter über Reporter.

Im Berverly-Wilshire-Hotel liegen Berge von Briefen, Telegrammen und Blumen. Unter den Briefen ein eiliger von Maurice Chevalier: Er, der in Cap d'Antibes unweit der Villa »Asmodée« sein Haus hat, teilt mit, daß an Lilians Besitz angrenzend einige tausend Quadratmeter Land zum Verkauf ständen. Er habe vorsorglich den Daumen draufgelegt – für Lilian. Begeistert kabelt sie ihren Dank nach Cap d'Antibes. Jetzt gehört ihr an der Côte d'Azur also ein Grundstück von 5000 Quadratmetern.

Am nächsten Tag großer Empfang in der Musikhalle des FOX-Ateliers. Der Vize-Präsident überreicht seinem neuen Star feierlich den Schlüssel für ihre Garderobe, die, wie er betont, extra für Lilian gebaut und eingerichtet wurde.

Garderobe? denkt Lilian, als sie den komfortablen Bungalow betritt. Garderobe ist gut. Und blitzschnell passieren vor ihrem geistigen Auge die Lokalitäten Revue, die sie bisher als »Garderobe« hat benutzen müssen: das Wanzenloch in Budapest, die ärmliche Dachkammer im Ronacher zu Wien, die primitiven Räume in den deutschen Uraufführungskinos – und, na ja, die Garderoben in Babelsberg mögen ja nicht schlecht sein, aber sie sind Notquartiere gegen das, was sich hier Garderobe nennt ...

Dieser Bungalow ist ein mit Liebe und Geschmack eingerichtetes kleines Einfamilienhaus auf dem Filmgelände, sogar ihre Zofe hat darin ein eigenes Appartement mit Duschraum.

Am liebsten möchte sie gleich einziehen. Aber die FOX-Herren lächeln. Dies sei doch nur die Bleibe für die Zeit der Dreharbeiten ... Das Wohnhaus, das man für sie gemietet hat, steht am Stadtrand von Hollywood, hoch über den Häusern, in »Out Post«. Es ist eine Traumvilla mit Swimming-Pool unter Palmen. Lilian sagt jetzt kein Wort mehr; zu viele »Ahs« und »Ohs« machen hier nur mißtrauisch. Woher kommt denn die Kleine? Ist sie nicht Europas gefeierter Show-Star? Was für Begriffe bringt sie denn mit?

Begriffe vielleicht wenige – aber Schmuck um so mehr!

Zeitlebens hatte Lilian eine Vorliebe für Diamanten. Sie ist eine fanatische Preziosen-Sammlerin, ein großer Teil der Gage geht für Geschmeide drauf.

Da ist der Ring mit zwei Brillanten – 21 und 26 Karat. Da ist die große Brillantbrosche, da sind die kostbaren Armbänder, die Halsketten.

Am nächsten Tag hat sie in der Presse ihren Spitznamen weg: Diamond-Lil.

Mr. Shean ist entsetzt. Er rät dringend ab, in Hollywood Schmuck zu tragen, es sei zu gefährlich. Die Unterwelt hat auch das sonnige Kalifornien schätzen gelernt.

Eigenhändig übergibt Mr. Shean Lilians Chauffeur einen Revolver. Dann bestellt er eine Polizei-Eskorte und fährt unter Sirenengeheul mit Lilian zu einer Bank, wo sie ihren gesamten Schmuck einem Safe anvertraut.

Am nächsten Tag steht in den Zeitungen, »Diamond-Lil« habe ihre Preziosen ins Safe gelegt und trage nur noch Imitationen. Ein Bild daneben beweist diese historische Handlung.

So, nun weiß die Unterwelt Bescheid. Nichts mehr zu erben bei »Diamond-Lil« . . .

Als Sol Wurzel am nächsten Morgen das FOX-Gelände betritt, sieht er Lilian Harvey auf den Stufen ihres Luxusbungalows sitzen. Sie schaut mißmutig aus. Als Sol sie erstaunt anspricht, beschwert sie sich: sie habe noch kein Drehbuch erhalten, sie wisse nichts über ihren ersten Film, wann endlich die Arbeit beginne?

So etwas hat der Wurzel noch nicht erlebt. Er bedeutet Lilian, daß sie sich zunächst einmal einleben solle. Erst in ein paar Wochen werde die Arbeit beginnen. Inzwischen möge Lil mit ihrem Super-Auto ein bißchen Reklame fahren. Für FOX natürlich.

Lilian fährt nach »Out Post« zurück. Ein paar Wochen lang einleben . . . Für jeweils 4000 Dollar. Das glaubt ihr zu Hause kein Mensch . . .

Als wenige Tage später ein Erdbeben Hollywood heimsucht, weiß sie, nun hat sie sich eingelebt. Denn Erdbeben gehört dazu, wenn man in Kalifornien wohnt.

Passiert ist ihr nichts. Sie saß in einer Bar und ist ganz einfach mit den anderen auf die Straße gelaufen, als die Flaschen und Gläser zu tanzen begannen. Draußen schimpft Boehm, ihr Chauffeur. Er hat in seinem Traumwagen ein Nickerchen gemacht und ist aufgewacht, als der Wagen wie wild zu schaukeln beginnt. Nun behauptet er, böse Buben hätten ihm einen Streich gespielt.

Ein paar Monate später – Lilian hat gerade lieben Besuch: Maurice Chevalier – erschüttert ein neuer Erdstoß die Stadt. Das Haus in »Out Post« bekommt Risse, bricht aber nicht zusammen wie andere Gebäude in der Innenstadt. Nur die Treppe zum Swimming-Pool wird aus ihrer Verankerung gerissen und pendelt traurig in der Luft. Und das Wasser ist ausgelaufen.

Nicht mal schwimmen kann man, wenn in Hollywood die Erde bebt!

## Man blickt auf sie mit Neid und Angst

»Wie der Neuling Lilian Harvey Hollywood in Erstaunen versetzte«, von Virginia Sinclaire

Lilian Harvey, die Überraschung aus Europa, kam hier an, schön in Cellophan verpackt und mit dem Hollywoodsiegel versehen. Eine Fremde in einem fremden Land, war Lilian mehr »Hollywood« als die Einheimischen. Hollywood, an Unerwartetes gewöhnt, stand der Mund offen. Es schien, als ob Lilian Harvey, der berühmteste Filmstar in Europa, wahrhaftig schon zu Hollywood gehörte. Sie versprühte besseres Glamour als die lokalen Stars. Einen 25-Karat-Brillantring trug sie am Verlobungsfinger, Brillant-Armbänder schmückten ihre Arme. Ihre nackten Zehen zeigten manikürte Fußnägel, blutrot lackiert. Ihr Wagen, ein schneeweißes Mercedes-Coupé, war länger und dekorativer als irgendein Hollywood-Wagen. Ihre Kleider waren exotischer und kühner als die der eingeborenen Schauspielerinnen.

Andere ausländische Stars, die nach hier kamen, konnten sich oft nicht in ihren Kleidern bewegen, waren scheu oder ängstlich, erschreckt oder eingeschüchtert gegenüber dem, was Hollywood zu bieten hatte. Aber Lilian Harvey ließ sich durch nichts überraschen. Die anderen Stars paßten sich Hollywood an, sie *war* Hollywood, bevor sie ankam.

Obgleich Lilian Harvey viele Filme in Deutsch und Französisch gedreht hat, ist ihr Englisch fließend. Hollywood-Slang gibt ihr keine Rätsel auf, sie gebraucht ihn ebenso gut wie jeder andere. Sie wiegt gerade 40 Kilo, mißt weniger als fünf Fuß und ißt alles, was sie sieht. Kalorien erschrecken sie nicht. Im Gegensatz zum übrigen Hollywood braucht sie keine Diät. Wir hatten Lunch vor ein paar Tagen im Studio-Café, und Lilian kam gerade von einer Tanzstunde hereingeschneit. Sie aß Koteletts, Kartoffeln, Salat und heiße Brötchen. Sie studierte die Karte, um ein Dessert auszusuchen. »Was ist ein typisch amerikanisches Dessert?« fragte sie. Ein »Chocolate Sunday«, sagte ich. Sie aß es: Eiskrem mit Schokolade und halbierten Nüssen. »Das gibt es auch in Europa«, sagte sie, »und nicht nur sonntags.«

»Wenn Sie meinen Bungalow sehen wollen, so können wir dorthin gehen«, schlug sie vor. Als wir aus dem Studio-Restaurant traten, war ihr livrierter

Chauffeur schon zur Stelle. Obwohl der Bungalow nur um die Ecke war, fuhren wir hin in dem glitzernden Wagen. Selbst die Autonummer an diesem Wagen war weiß. Jeder aus dem Studio schaute, als wir vorüberfuhren. Pakkards, Cadillacs und Rolls Royce sind übliche Dinge im Studio, aber ein glitzernder weißer Mercedes, Spezialanfertigung, ist ein Anblick, der jeden in Erstaunen versetzt. Die Straße, die zu ihrem Bungalow führt, war mit Orangenbäumen bestanden, die reife Früchte trugen. Ich fragte, ob sie das nicht als neuartig empfinde. »O nein«, antwortete sie, »ich habe Orangenbäume und Palmen und jede andere tropische Baumart auf meinem Besitz in Südfrankreich«. Ich begann schon daran zu zweifeln, ob Miss Harvey irgend etwas in Erstaunen versetzen kann.

Der Bungalow, den das Studio für sie erstellte und einrichtete, ist ein Traum in Pastell. Pfirsichfarben, setblau, zartgrün und sanftes Gelb verbinden sich zu einer Harmonie, die den Atem beraubt. Es ist eine perfekte Umgebung für Lilian Harvey, den größten Star in Hollywood. Die Wohnzimmermöbel sind mit weißgestreiftem Samt bezogen und mit Hermelin geschmückt. Selbst die Lampenschirme sind mit Hermelin verziert. Es gibt auch einen großen Flügel, falls sie ihre Lieder einzuüben wünscht.

»Es ist sehr hübsch hier, nicht wahr?« fragt sie. Sie sieht dabei aus wie ein Kind, das sich bemüht, erwachsen auszusehen.

Ihre exquisite, zerbrechliche Gestalt war an diesem Tag in einen gelben Crep-Satin-Hausanzug gehüllt, der mit grünen und orangefarbenen Bändern verziert war. Ein bizarres Kostüm für jemanden, der so hübsch aussieht, aber ebenso bizarr wirkten ihre Füße in weißen, hochhackigen, vorn offenen Lacksandalen, die ihre rotlackierten Zehennägel sehen ließen.

Vom Wohnzimmer gingen wir zur Küche und zum kleinen Speisezimmer – ein kräftiges Grün heiterte den Raum auf. Dann gingen wir zum Boudoir und Ankleidezimmer. Es war, als sei hier der tollste Traum eines extravaganten Mädchens wahr geworden. Ein großer, gerahmter Spiegel bedeckte eine Wand des Boudoirs, indirektes Licht erleuchtete ihn. Es gab einen Toilettentisch mit jeder nur erdenklichen Raffinesse. Eine pfirsichfarbene Couch, feine Tüllgardinen, ein mit pastellfarbenen Platten ausgestattetes Bad – alles war fast zu exotisch, um wahr zu sein. Die Tapete im Ankleidezimmer war auf Bestellung angefertigt worden. Ich entdeckte auf ihr große Medaillons mit Figuren in Kostümen, wie sie Lilian Harvey in »Der Kongreß tanzt« getragen hatte. Welchem anderen Star wurden je so extravagante Details zugestanden?

Man hatte fast den Eindruck, daß dieser Bungalow einfach zu perfekt ist, um benutzt zu werden. Aber Miss Harvey fühlte sich darin »sehr zu Hause«.

Ihr Modeberater, Joe Straßner, unterbrach uns, um ein paar Entwürfe ihrer neuen Kleider zu zeigen. Einen Augenblick später präsentierte sie mir einen Teil ihrer Garderobe. Ihre Kleider sind bezaubernd und kühner als irgend etwas, was je von Joan Crawford, Greta Garbo, Constance Bennett oder Marlene Dietrich getragen wurde.

Die Abendkleider, alle mit tiefem Rückenausschnitt, haben sogar dreieckige Ausschnitte unter dem Arm. Zwei von ihnen hatten Ausschnitte in der Gürtellinie. Schwarzer Nerz, weißes Crepe, gestärkter rosa Chiffon, Gold und Himmelblau waren in der Kollektion vertreten.

Ihre Abendmäntel waren entweder lang oder reichten bis zur Hüfte. Das Faszinierendste für mich war ein Nerzgebilde, halb Cape für den rechten Arm und halb Ärmel für den linken.

Erstaunlich: Lilian Harvey sprach einen Augenblick schnell deutsch mit ihrem Kostümberater, gab ihrem Mädchen Anweisungen in französisch und unterhielt sich mit mir im vollkommenen Englisch. Sie hat jetzt angefangen, spanisch zu studieren, damit sie ihre Filme hier in deutschen, französischen und spanischen Versionen drehen kann. Sie hat so viele ausländische Vorzüge und ist doch so typisch Hollywood. Es gibt nichts, was Hollywood an ihr ändern müßte.

Wie anders war es doch, als Marlene Dietrich hier ankam. Können Sie sich Marlene vorstellen als ein pausbäckiges deutsches Mädchen, das in rosa Organdy gekleidet war – mit einem Roßhaarhut, von dem ein blaues Band hing? Nein? Aber so kam Marlene zum erstenmal zu einer Hollywood-Premiere. Hollywood erkannte allerdings die Möglichkeiten in ihr, Masseure gaben ihr eine schlanke und gute Gestalt, Friseure studierten, wie sie ihr Haar am besten zu kämmen hatte, Modeberater arbeiteten hart, um ihr Eleganz und Chic beizubringen, Modezeichner entwarfen herrliche Kleider für sie – alle gestalteten sie um. Heute ist Marlene die gelangweilte und faszinierende Dietrich, die gerade dabei ist, ihre Ausstrahlung zu steigern, indem sie Hosen trägt. Sie würden sie niemals als das plumpe deutsche Mädchen von vor zwei Jahren wiedererkennen.

Aber Lilian Harvey kam hier mit mehr Glamour an als Hollywood ihr je hätte geben können. In der Tat, Hollywood muß sich heute befleißigen, den Standard, den Lilian Harvey setzte, zu erreichen.

Selbst ihr Privatleben ist geheimnisvoller und sagenumwobener als das der hiesigen Stars. Diejenigen, die sie von Deutschland her kennen, behaupten, sie sei mit Willy Fritsch verheiratet, dem deutschen Schauspieler, mit dem sie in vielen Filmen zusammen auftrat. Aber Miss Harvey leugnet strikt, verheiratet zu sein.

»Ich habe viele Männer gekannt, aber mich nie verheiratet«, murmelt sie lächelnd. »Natürlich bin ich mit Willy Fritsch gut befreundet, aber wir sind nur Freunde, was auch immer die Leute sagen.«

Die Stars der Filmkolonie sind ein bißchen beunruhigt, seit Lilian angekommen ist. Sie blicken auf sie mit Neid und mit Angst . . .

Wird sie die Filmkönigin von Hollywood werden?

Niemand kann dies bereits voraussagen, aber jedermann gibt zu, daß sie zum Endkampf angetreten ist.

(Aus *Screen Play*, USA, Nr. 98 – Mai 1933)

*Ein Filmstar – vier Objektive. Lilian Harvey, wie man sie besonders gern sah: romantisch in Deutschland (oben links), sensibel in England (oben rechts), energisch in den USA (unten links), erotisch in Frankreich (unten rechts).*

*Lilians imponierende Bilanz in jedem Film: ein Mädchen und drei Mann – der englische Partner (Esmond Knight), der deutsche (Willy Fritsch) und der französische (Jean Galland). Wie hier »Schwarze Rosen« wurden viele ihrer Filme in drei verschiedenen Versionen gedreht.*

# Gary Cooper oder Paul Martin?

Paul Martin ist da, und der Ärger beginnt. Denn man hat keinen Film für ihn.

Gleich nach ihrem Eintreffen in Hollywood hatte Lilian Harvey ihren Produzenten Sol Wurzel auf Martins Vertrag aufmerksam gemacht. Sie bat darum, ihm die Regie eines ihrer Filme zu übertragen.

Erstaunt hatte Mr. Wurzel sie angeblickt. Und sofort die gleichen Fragen gestellt wie schon der FOX-Vertreter in Deutschland: Wer ist Paul Martin? Was hat er gemacht?

»Ein blonder Traum«? Oder vielmehr: »Happy ever after«? Dieser Film war allerdings in Amerika gar kein Erfolg. Was für ein Thema aber auch! Eine kleine Fensterputzer-Ballade im Arme-Leute-Milieu! Wie das nach Provinz roch! Ein Musikfilm ohne Glanz und Glamour, ohne Girl-Show und Starparade! Und was fiel denn darin der blonden Heldin ein: schlug sie doch tatsächlich eine Hollywood-Karriere aus, weil sie einen dieser simplen Fensterputzer liebte . . . Nein, so etwas Unglaubwürdiges wollte das amerikanische Publikum nicht sehen!

Was hat er denn sonst noch gemacht, dieser Mr. Martin?

Nichts weiter, mußte Lilian gestehen. Es war sein erster Film.

Sol Wurzel schüttelte den Kopf. Und das hatte ausgereicht, ihm einen Regievertrag nach Hollywood zu geben? Er telefonierte mit der Direktion und kam grinsend zurück.

Also die Sache ist die. Man will Mr. Martin eine Chance geben. Er wird ein Büro bekommen und eine Sekretärin. Und dann soll er sich erst einmal einleben. Die Regie eines Harvey-Films aber kommt nicht in Frage! Die Harvey ist zu kostbar, als daß man mit ihr experimentieren könnte. John G. Blystone wird ihren ersten Hollywood-Film inszenieren.

Murrend fügt sich Martin in das Unabänderliche. Sein Stolz hat einen harten Schlag bekommen.

Lilians Hollywood-Debut: »My Lips Betray«. Deutscher Titel: »Meine Lippen lügen nicht«. Ein Blick ins Programm läßt erkennen, mit welchem Auftrag Hans Kräly und Jane Storm an die Drehbucharbeiten gegangen sind: um jeden Preis einen Film wie »Der Kongreß tanzt« zu machen.

Hans Kräly ist ein großer, ein berühmter Autor. Er hat, schon in Berlin, fast alle Stummfilme für Ernst Lubitsch geschrieben und diesen nach Hollywood begleitet. Sein Name ist eine Erfolgsgarantie. Aber auch für Garantien gibt's keine Garantie: »Meine Lippen lügen nicht« ist wahrlich nicht Krälys Meisterwerk. Ein europäischer König kommt darin vor, der sich in Lilli Weiler verliebt, eine kleine Biergarten-Stimmungssängerin im spürbar imitierten Wiener Milieu. Natürlich gibt es ein Happy-End, mit dem einzigen Unterschied, daß das Liebespaar nicht aus Lilian Harvey und Willy Fritsch bzw. Henri Garat besteht, sondern aus Lilian Harvey und John Boles.

Angenehm überrascht ist Lilian von den Dreharbeiten. Man hetzt sich nicht ab wie in deutschen Ateliers, man ist nett zueinander. Am letzten Drehtag überreichen die Beleuchter, Bühnenarbeiter und technischen Assistenten Lilian als Geschenk einen riesigen Korb. Darin liegt eine Ananas und eine silberne Dose mit den eingravierten Namen aller Mitarbeiter. Mit diesem Geschenk wollten sie ihren Dank ausdrücken: sie haben noch nie einen so fleißigen und hilfsbereiten Star erlebt – und vor allem keinen ohne Eitelkeit und Allüren. Lilian ist tief gerührt. Die Ananas bedeutet eine Anspielung auf ihre Atelier-Verpflegung. Während der Arbeit hat sie nichts anderes zu sich genommen als jeden Mittag eine frische Ananas.

Mit ihrem zweiten Hollywood-Film – »My Weakness« – kehrt Lilian ins »Pygmalion«-Milieu zurück. Wieder einmal ist sie die unbekannte Kleine aus der Gosse, die »entdeckt« wird und ihr Glück macht. Der sympathische, junge Lew Ayres wird ihr an die Seite gestellt, und der ist schuld daran, daß dieser Film nicht nach Deutschland kommen wird. Denn Lew Ayres gehörte zu den Hauptdarstellern in Lewis Milestones berühmtem Film »Im Westen nichts Neues«. Als dieser im Berliner Mozart-Saal seine deutsche Uraufführung erlebte, hatte Goebbels mit Stinkbomben und weißen Mäusen dagegen protestiert. Daß Lilian Harvey sich jetzt nicht scheut, den Protagonisten eines antifaschistischen, antimilitaristischen und pazifistischen »Machwerks« als Partner zu akzeptieren, wird sie in Deutschland einen guten Teil ihres Prestiges kosten. Nicht etwa beim Publikum, nein – aber im »Reichsministerium für Volksaufklärung und Propaganda«, das sich gleich nach der »Machtübernahme« das gesamte Filmgebiet unter den Nagel gerissen hat. Wer künftig im deutschen Film etwas werden will, kommt nicht mehr an Joseph Goebbels vorbei.

»My Weakness«, inszeniert nicht von Paul Martin, sondern von B.G. De Sylva, wird ebenfalls ein freundlicher Erfolg. Lilian kommt darin am besten weg, vor allem auch, weil sie drei Lieder sehr ansprechend interpretiert: »Be Careful«, »Gather Lip Rouge While You May« und »How do I Look?«.

*Hollywood Reporter* schreibt: »Lilian Harvey hat hier ihr einzigartiges Talent für die romantische Komödie brillant unter Beweis gestellt. Sie ist eine bezaubernde Schauspielerin und tanzt entzückend. Sie setzt ihre ganze Klugheit in diesem Film ein.«

*Daily News:* »Lilian Harvey hat Charme, Intelligenz und schauspielerische Begabung. Sie trägt den Film.«

*Inquirer:* »Sie bedeutet eine glückliche Bereicherung für Hollywoods Sternenhimmel.«

*Ledger:* »Es ist eine angenehme Pflicht, zu berichten, daß die kleine Lilian Harvey auf dem Wege ist, als faszinierender Star die Sensation des Jahres zu werden.«

Also doch bald die Königin von Hollywood? Die Erfolgsziffern ihrer Filme lassen es erhoffen. Übrigens wird, seit sie in den USA weilt, »The Congress dances« immer wieder auf das Kinoprogramm gesetzt; dieser Film ist und bleibt auch im Ausland ihre Gipfelleistung, und ihr Partner der amerikanischen Fassung, der Franzose Henri Garat, bekommt ebenfalls einen schönen Hollywood-Vertrag.

*

Indessen gedeihen in Deutschland Gerüchte.

Eines davon besagt, Lilian Harvey habe, nachdem sie ihrer zweiten, ihrer künstlerischen Heimat undankbar den Rücken gekehrt, sich abfällig über die Deutschen geäußert.

Ein anderes, Lilian Harvey habe die amerikanische Staatsbürgerschaft beantragt und werde niemals mehr in Germany filmen.

Es gibt viele Menschen in Deutschland, die sind fest davon überzeugt, zumindest das zweite Gerücht entspreche der Wahrheit. Kann man es denn der Harvey verdenken, daß sie, die britische Staatsbürgerin, die jetzt in Hollywood Karriere macht, keine Lust hat, ins Nazireich heimzukehren? Mancher beneidet sie um den glücklichen Zeitpunkt ihrer Abreise. Und im Reichspropagandaministerium, wo man sie offenbar abgeschrieben hat, scheint ihr niemand eine Träne nachzuweinen. Wer einen Albert Einstein, einen Thomas Mann, einen Carl Zuckmayer, einen Paul Hindemith, einen Otto Klemperer, einen Max Pechstein, eine Elisabeth Bergner und einen Fritz

Kortner ungerührt außer Landes gehen läßt, kann auch auf eine Lilian Harvey verzichten.

Da beweist Willy Fritsch ein unerwartetes Maß an Zivilcourage, als er im Juli 1933 in mehreren deutschen Zeitungen einen Artikel erscheinen läßt, aus dem wie folgt zitiert sei:

»Ich bin nie in Amerika gewesen, aber alle Leute, die dort waren, haben mir erzählt, was einem dort bei der sogenannten ›Publicity‹ alles in den Mund gelegt wird, wovon man niemals auch nur eine Silbe gesagt hat. Das sind Dinge, gegen die man sich nicht wehren kann. Und wenn man solche nie ganz kontrollierbaren Nachrichten hier in Deutschland zu einem regelrechten Feldzug gegen Lilian aufgebauscht hat, so finde ich das sehr beschämend – obwohl sich jeder, der Erfolg hat, sagen muß, daß er Feinde hat, die ihn auf irgendeine Weise an den Kragen wollen und denen leider jedes Mittel dazu recht ist.

Lilian sitzt weit vom Schuß in Hollywood und kann sich nicht wehren. Sie, die in erster Linie stets ihrer Arbeit lebt und sich wenig um andere Dinge kümmert, übersieht die Tragweite dieser Gerüchte kaum. Auf meine brieflichen Fragen hat sie mir geantwortet, daß sie nie daran gedacht hat, Amerikanerin zu werden. Das ist schon aus dem höchst einfachen Grunde erklärlich, da sie ja Engländerin ist, und es schon deshalb nicht nötig hätte, Angehörige eines anderen englischsprechenden Volkes zu werden. Ganz abgesehen aber davon, daß sie Deutschland immer als ihre zweite Heimat betrachtet hat. Hier ist sie zur Schule gegangen, hier hat sie ihren Erfolg und ihre fast beispiellose Beliebtheit erringen können. Hier lebt ihre Mutter und ihre Schwester und endlich auch der Schreiber dieses Artikels – denn eine achtjährige Freundschaft ist schließlich auch keine Kleinigkeit und dürfte die Probe auf ihre Haltbarkeit bestanden haben ...

Ich gebe zu, daß es falsch von ihr war, nicht gleich ein offizielles Dementi all dieser Gerüchte loszulassen, aber es dauerte Wochen, bis sie in Amerika die erste Nachricht davon erreichte.

Da steckte sie schon mitten in der Arbeit, und man schien sich hier wieder beruhigt zu haben. Leider aber flackert das Gerücht jetzt von neuem auf. Ich weiß, daß ich in Lilians Namen handele, wenn ich diesen kleinen Artikel schreibe, und es wäre die schönste Freude für mich, wenn er dazu beiträgt, sie von einem häßlich Verdacht zu reinigen.«

Paul Martin hat sein Büro und seine Sekretärin. Nur zu tun hat er nichts.

Er ist in miserabler Laune. Die läßt er an Lilian aus. In den wenigen freien Stunden, die ihr vergönnt sind, wird Paul zur Nervenbelastung. Er behauptet, sie habe sich nicht genügend für ihn eingesetzt. Sie hätte die Existenzfrage damit verbinden müssen: Entweder-Oder, meine Herren!

Aber Hollywood ist nicht Babelsberg. Was man bei der UFA erreichen kann, geht nicht bei der FOX.

Während des Rollenstudiums hofft Lilian auf Pauls Hilfe. Sie hat Probleme mit den Drehbüchern. Sie überlegt, wie sie ihre Figuren anlegen soll. Was tut man, um dem drohenden Kitsch in »My Lips Betray« zu entgehen? Wo läßt sich noch Komik aus »My Weakness« herausholen?

Nötiger als in Deutschland braucht sie jemanden, der sie berät, dem sie sich anvertrauen kann. Ist da nicht der Mann, den sie liebt, der selber zur »Branche« gehört, der beste Partner?

Martin ist es leider nicht. Arrogant wehrt er ab: »Verzeihen Sie, Lilian, aber dies ist *Ihr* Film. *Ich* habe damit nichts zu tun!« Oder: »Als Regisseur könnte ich Ihnen helfen. Aber die FOX will ja meine Hilfe nicht!«

»Und ich?« fragt sie enttäuscht. »Brauche *ich* nicht Ihre Hilfe?«

Stolz wendet Paul sich ab. »Und wenn ich Sie falsch berate? Dann habe *ich* schuld, falls es ein Mißerfolg wird.«

Zu den Merkwürdigkeiten dieser Lieb- und Partnerschaft gehört, daß sich die beiden niemals duzen. Nicht einmal in intimen Situationen – da sprechen sie englisch.

Endlich hat man bei der Direktion ein Einsehen. Lilian zuliebe – wirklich nur ihretwegen – bekommt Paul Martin den Regieauftrag für den Abenteuerfilm »Orientexpress«. Es wird eine sogenannte B-Produktion, die gleichsam am Fließband entsteht. Mit mittlerem Etat und kleiner Besetzung.

Und natürlich nicht mit Lilian Harvey. In diesem Punkt lassen die Herren nicht mit sich reden. Der nächste Regisseur für die Harvey steht seit langem fest. Er heißt Rowland V. Lee.

Nun bessert sich Martins Stimmung. Er hat eine Aufgabe! Und er kniet sich hinein, als gelte es, die Spitzenproduktion des Jahres zu inszenieren.

Auch Lilian ist glücklich. In Pauls Armen vergißt sie allen Kummer. Er ist ein raffinierter Liebhaber, ein Mann, dem man verfallen kann. Dem sogar eine selbstbewußte, selbständige, auf ihre Arbeit versessene Frau wie die Harvey hörig wird.

\*

»Ich bin Susanne«, Lilians dritter Film in Hollywood, wird auch ihr bester. Sie spielt darin eine kleine Tänzerin – auch auf dem Drahtseil darf sie sich wieder produzieren! – die von einem habgierigen Manager ausgenützt und von einer bösen Pflegemutter gequält wird. Eines Tages verliebt sie sich in den Puppenspieler Tony, der mit einem Marionettentheater – es sind die berühmten Podreccas Piccoli-Marionetten – durch die Lande zieht. Auch Tony liebt sie, und am Ende treten sie gemeinsam auf: Susanne und die Puppen.

Der Film ist von Rowland V. Lee sorgfältig inszeniert worden. Lilian darf sich ganz verhalten äußern und alle Umsicht auf ihre tänzerische Leistung legen. Ihr Partner heißt Gene Raymond. Und übrigens: die Musik für »Ich bin Susanne« schreibt einer der frisch in Hollywood eingetroffenen Emigranten, Lilians letzter Regisseur in Deutschland: Friedrich Holländer.

Ein Gespräch mit Holländer, Gespräche mit anderen Freunden und Kollegen, die sie aus Berlin und Wien kennt und die plötzlich, verstört und entwurzelt, von der kalifornischen Sonne geblendet, in Hollywood auftauchen, machen sie nachdenklich. Die große Tragödie, die sich in ihrer zweiten Heimat abspielt, überblickt sie noch nicht. Sie hat nur eine schwache Vorstellung von dem Unrecht, das unter Hitler geschieht. Und wie die meisten, die nicht direkt davon betroffen sind, distanziert sie sich im Unterbewußtsein von den Vorfällen mit Ausreden: Erstens bin ich Engländerin, zweitens keine Jüdin – ich habe mit alledem nichts zu tun. Schließlich hat sie sich noch nie für Politik interessiert; davon versteht sie nichts. Die Arbeit gestattet ihr kaum, sich mit anderen Dingen zu beschäftigen.

Sie wird sich sehr bald zum Umdenken gezwungen sehen.

\*

Eines Tages lernt sie Gary Cooper kennen. Das ist gar nicht so leicht, wie es sich liest.

Ein gut aussehender Herr besucht sie im Atelier, stellt sich als Harry Brundidge, Journalist aus Los Angeles, vor und sagt, er sei ein Freund von Gary Cooper, der sie gern kennenlernen möchte, weil er sie sehr verehre.

»Warum kommt er nicht selbst?« fragt Lilian erstaunt. Sie freut sich auf die Begegnung.

»Das ist nicht so einfach«, sagt der Herr. »Gary ist sehr schüchtern. Er würde es niemals wagen, Sie so ohne weiteres anzusprechen. Deshalb möchte ich Sie beide zusammenbringen. Warten Sie bitte, ich hole ihn.«

Der Journalist geht, aber es dauert eine Weile, bis er mit Gary Cooper zurückkommt. Er hat ihn erst suchen müssen, der schüchterne Verehrer wollte gerade verschwinden.

Jetzt steht das Zwei-Meter-Mannsbild linkisch vor Lilian, macht eine böse Miene und sagt kein Wort.

»Nehmen Sie ihm seinen Gesichtsausdruck bitte nicht übel«, sagt der Freund. »Er hat nichts gegen Sie – ganz im Gegenteil!«

Lilian lädt beide zum Lunch in ihr Haus ein. »Fine«, sagt Gary und lächelt endlich.

Es wird eine gemütliche Stunde. Langsam geht er aus sich heraus, und als Lilian – im Umgang mit Männern allmählich gewitzt – das Gespräch auf Automobile bringt, ist endlich das Eis gebrochen. Denn wie Willy Fritsch ist auch Gary Cooper ein Motorsportler.

Er fährt einen schweren Duisenberg und wettet, daß er Lilians weißen 7,7 jederzeit »abhängen« wird.

»Gemacht«, sagt Lilian. »Die Wette gilt.«

In den nächsten Tagen treffen sie ihre Renn-Vorbereitungen. Das heißt, Gary präpariert sein Auto. Weil es »nur« 200 Kilometer in der Stunde schafft. Er montiert alles Überflüssige ab, um die Geschwindigkeit zu steigern: Kotflügel, Lampen, Stoßdämpfer. Der Wettkampf soll auf der Rennstrecke von Lake Taho stattfinden. Garys Freund, der Reporter, sorgt für die nötige Reklame.

»Lilian Harvey und Gary Cooper are attempting a love-race« – »L. H. und G. C. machen ein Liebes-Wettrennen«, schreibt eine Zeitung.

Aber die Firmen, die Lilian und Gary unter Vertrag haben, versalzen den beiden die süße Idee. Ein kräftiges Donnerwetter bringt sie zur Raison. Das fehlte noch, daß zwei der größten Hollywood-Stars wegen ihres Auto-Fimmels sich zu Krüppeln rasen ...

Aber die Freundschaft ist nun gefestigt. Gary hat sich auf rührende Weise in Lilian verliebt, und sie muß sich eingestehen, daß dieser prachtvolle, bescheidene und ehrliche Kollege auch ihr Herz zum Klopfen bringt. Wenn er drehfrei hat, wartet er mit einem Veilchensträußchen vor ihrem Bungalow. Das Sträußchen ist Tarnung: vorher hat er das Innere des Bungalows in eine Blumenhalle verwandelt.

Welche Frau bleibt da gleichgültig?

Oder er nimmt sie mit auf seine berühmte Hufeisen-Ranch, wo wilde Rodeos stattfinden. Sie reiten gemeinsam aus, Lilian fühlt sich »auf dem Rücken der Pferde« genau so wohl wie ihr Gastgeber.

Eines Tages, als sie einen Ritt in die Berge unternehmen, kommen ihnen zwei Spaziergänger entgegen, ein Mann und eine Frau. Menschen, die sich mit Hilfe ihrer eigenen Füße bewegen, sind ein seltener Anblick in Kalifornien. Die Frau trägt zerbeulte, verwaschene Hosen, einen sackartigen, alten Pullover und klobige Bergstiefel. Ihre Haare sind flüchtig zu einem Dutt zusammengedreht, ein grüner Tennisschirm schützt ihre Augen vor der Sonne. Auf einen derben Spazierstock gestützt, schreitet sie kräftig aus.

»Haben Sie sie erkannt?« fragt Gary.

»Wen?« fragt Lilian.

»Greta Garbo! Auf keiner Party werden Sie sie antreffen. Aber hier draußen habe ich sie schon oft gesehen. Ich würde nicht wagen, sie anzusprechen. Ihr Begleiter ist Rouben Mamoulian, der Regisseur.«

Greta hat es als einzige in Hollywood geschafft, sich der journalistischen Neugier zu entziehen. Den Begriff »Publicity« kennt sie nicht. Längst hat man sich daran gewöhnt, ihre Scheuheit zu respektieren.

»Ist sie sehr einsam?«

»Das ist der Preis für ihren Ruhm«.

Gary Cooper entpuppt sich privat als das gleiche liebenswürdige Rauhbein, das er im Film verkörpert: als der Mann, in dessen Armen man sich geborgen fühlt, der starke, zuverlässige, treue Cowboy.

Er hat nur Freunde in Hollywood.

Einen ausgenommen: Paul Martin.

Gary hat keine Ahnung, daß Paul der Geliebte der Harvey ist. Niemand in Hollywood weiß etwas davon. Das hat Lilian also mit der Garbo gemeinsam: sie kann schweigen und ein Geheimnis hüten.

Paul Martin hat seinen Film fertiggestellt. Aber dieser »Orientexpress« braust leider nicht auf vollen Touren über das Land, sondern schleicht nur mühsam von Kino zu Kino. Er ist kein Kassenerfolg. Die Direktion erklärt ihn für mißlungen.

Und damit ist über Paul Martin das Urteil gesprochen. Sein Vertrag wird nicht verlängert. Er hat in Hollywood ausgespielt.

Wieder beginnt für Lilian eine schwere Zeit. Was soll sie tun?

Martin wird in absehbarer Zeit nach Deutschland zurück müssen. Aber er denke nicht daran, ohne Lilian zu reisen, versichert er. Er gehöre zu ihr, sie gehöre zu ihm.

Ist die Liebe echt, die aus ihm spricht?

Das Schlimme ist, daß Paul an ihr Verantwortungsgefühl appelliert. Sie hat ihn nach Hollywood gebracht – jetzt darf sie ihn nicht im Stich lassen. Darf sie wirklich nicht?

Oder hat er in seiner maßlosen Eitelkeit nur Angst vor der Blamage, der er ausgesetzt sein wird, wenn er allein und erfolglos nach Hause kommt?

Er wirft ihr Untreue vor. Sie habe ihn mit Gary Cooper betrogen. Und wie steht sie zu Maurice Chevalier, der wieder in Hollywood filmt und Lilian auf unübersehbare Weise den Hof macht? Das ist doch nicht nur Freundschaft von Nachbarn in Cap d'Antibes?

Zum erstenmal in ihrem Leben ist Lilian Harvey unsicher. Zum erstenmal spürt sie, daß in dem genau errechneten, präzis organisierten Plan ihrer Karriere ein Fehler steckt. Sie hat vergessen, die Liebe mit einzukalkulieren . . .

Aber welche Liebe? Zu Paul? Zu Gary?

Auch Willy gibt keine Ruhe. Sie schreiben sich nur selten, aber seinen Briefen ist stets zu entnehmen, wie sehr er noch immer unter der Trennung leidet. Bezeichnend dafür ein Brief vom September 1933, in dem sich Willys große »Hobbies«, Lilian und Auto, die Waage halten . . .

»Einziges Munkeli! Was ist eigentlich los, ich höre nichts mehr von Dir. Du schreibst nicht, telegraphierst nicht, bekomme auf meine Briefe und Telegramme keine Antwort. Bist Du böse? Oder hast Du Berlin und mich schon vergessen. Ich würde sehr traurig sein, denn ich denke immer an Dich und werde Dich niemals vergessen. Bitte, bitte, vergiß nicht, daß Du viele Jahre der einzige Mensch warst, für den ich gelebt und den ich geliebt habe, und noch *immer* liebe, Munkeli!! Bin augenblicklich auf einen Tag wegen meines neuen Wagens in Stuttgart. Er ist nachgesehen worden und heute hier mit 160 km abgestoppt und wieder an mich abgeliefert worden. Habe nochmals bei der Direktion wegen Deiner Wasserpumpe Krach gemacht. Es tat ihnen furchtbar leid und muß durch irgendeinen kleinen Beamten verbockt sein. Sie haben auch sofort einen Brief an Dich gesandt. Sonst gibt es nichts neues, bin in cirka 8 Tagen mit meinem letzten Film »Dessauers junge Liebe« fertig und werde dann sehen, was es neues gibt. Also ich mache jetzt Schluß, und werde Dir auf *Deinen nächsten* Brief ausführlich antworten. Also vergiß mich nicht, schreibe oder telegraphiere. Ich liebe Dich und küsse tausendmal meine einstige Munki. Dein alter trauriger Racki.«

Später aber wird Willy behaupten, Lilian habe ihm nicht viel bedeutet. »Wenn man immer nur mit einem Mädchen zusammen ist und nicht richtig ›landen‹ kann, läßt auch die größte Liebe langsam nach . . . Auch wenn ich noch ein paar Briefe an Lilian geschickt habe, die ich heute dumm finde . . . «

Während mehrerer Krankenhausaufenthalte – zuerst erleidet Lilian einen Knöchelbruch; alsdann muß sie sich einer komplizierten Zahnoperation unterziehen, die Weisheitszähne werden entfernt; schließlich stellt sich noch eine lebensgefährliche, weil verschleppte Blinddarmentzündung ein – im Krankenhaus zermartert sie sich den Kopf: Was soll sie tun?

Auf keinen Fall möchte sie, daß sich der »Fall Willy« wiederholt. »Fall Willy« – das bedeutet Verzicht auf einen geliebten Mann um der Karriere willen. Wäre Willy eine andere Persönlichkeit, hätte er um Lilian gekämpft, den Versuch unternommen, mit ihr Schritt zu halten, und vor allem sich gegen den Nebenbuhler aufgelehnt – es wäre nie zur Trennung gekommen.

Der »Fall Paul« liegt anders. Paul ist ein Mann mit hartem Willen, der seine Wirkung kennt und diese rücksichtslos einsetzt. Sie weiß: er ist egoistisch, eitel und schnell gekränkt. Man muß ihn vorsichtig behandeln, um ihn nicht zu verletzen. Aber er hat ihr gesagt, daß er sie liebe und sie nicht im Stich lassen werde, und Lilian liebt ihn auch.

Sie ist jetzt achtundzwanzig. Das ist ein Alter, in dem man als Frau nicht nur an die berufliche Zukunft denken sollte. Schnell vergeht die Karriere-Zeit – was kommt dann?

Kann sie es sich erlauben, noch einmal in den Verdacht zu geraten, kalt und gefühllos zu sein? Eine »Frigidaire« – wie Richard Eichberg sie genannt hat? Was gibt es Schöneres als eine »liebende Frau« zu sein?

Aber persönliches Glück und beruflichen Erfolg gleichzeitig und nebeneinander gibt es in dieser Branche nicht. Das tänzerische Training tagtäglich, das Lernen der Drehbücher, die Arbeit mit den Kostümschöpfern, Ballettmeistern, Komponisten, Kameramännern und Regisseuren schließen ein Privatleben aus, solange man ein Star ist und bleiben muß.

Nein, sie will Paul Martin nicht verlieren. Sie braucht ihn als Mann und als Freund. Um ihn auch als Partner zurückzugewinnen, bedarf es neuer Aufgaben für ihn. Und die findet er nicht in Hollywood.

Was wäre, wenn sie heirateten?

Da gibt es, wie die Dinge in Hollywood liegen, zwei Möglichkeiten.

Man wird sich hinter dem Rücken des Brautpaares lustig machen: über die Diva aus Berlin, die einen untalentierten, glücklosen, in Hollywood gescheiterten Regisseur zum Mann nimmt, und über eben diesen, der seinen »blonden Traum« natürlich nur geehelicht hat, weil er auf andere Weise nicht weiter kommt.

Paul Martin als »Prinzgemahl« – wird er sich in dieser Rolle wohlfühlen?

Und die andere Möglichkeit: Man wird sich nicht lustig machen, sondern für das junge Paar Verständnis aufbringen. Aber die Produzenten werden befürchten, daß sich die »Mesalliance« der »Königin von Hollywood« in spe sehr unvorteilhaft auf den Ruf Ihrer Majestät auswirkt. Ein Star wie die Harvey hat, wenn überhaupt, einen strahlenden Gefährten wie Charles Boyer zu erwählen oder vom Rang eines Maurice Chevalier, wenn nicht gar einen Spitzenreiter wie Gary Cooper. Auch mit Henri Garat könnte die Publicity etwas anfangen, da der andere Partner von »drüben«, Mr. Willy Fritsch, sich ja nicht von den deutschen Fettöpfen weglocken ließ. Aber ein gewisser Paul Martin?

Also besser nicht heiraten, jedenfalls nicht in Hollywood.

Und weiterleben wie bisher – in aller Heimlichkeit?

Was aber ist, wenn das Verhältnis bekannt wird?

Da gibt es wiederum zwei Möglichkeiten.

Die eine ist, daß sich im sittenstrengen Amerika die einflußreichen Frauenverbände empören. Und nicht nur diese, es gibt unzählige Clubs und Gesellschaften, die die Pflege der öffentlichen Moral auf ihr Banner geschrieben haben: die Nationale Gesellschaft der Töchter der amerikanischen Revolution und die Nationale Gesellschaft der Söhne der amerikanischen Revolution, die Boy-Scouts, die Campfire-Girls, der Nationalrat der katholischen Männer sowie der der katholischen Frauen, die Christliche Vereinigung junger Männer und eben dieselbe junger Mädchen, die Zentralkonferenz der amerikanischen Rabbiner und viele, viele andere mehr.

Ein Entrüstungsschrei aus diesen Kreisen – und kein Filmproduzent wird wagen, die »gefallene« Diva auch noch einen einzigen Tag zu beschäftigen. Denn ein Film mit ihr würde dem Publikums-Boykott erliegen.

Und damit hat sich zugleich die zweite Möglichkeit erledigt.

Nein, in aller Heimlichkeit weiterzuleben wie bisher wird Lilian und Paul ebenfalls nicht möglich sein, jedenfalls nicht in Hollywood.

Es gibt keinen anderen Ausweg mehr: Lilian muß ihren Vertrag lösen und nach Deutschland zurückkehren. Nur dort wird Paul Martin wieder arbeiten können.

Wie aber sag' ich's meiner Firma? Und welche Gründe führe ich an? Auch in diesem Fall kann sie mit dem Namen Martin nicht argumentieren. Der Spott wäre der gleiche: wegen eines verkrachten Regisseurs gibt die ihre Traum-Karriere auf!

Viel schlimmer noch: Alle Welt ist froh, in der heutigen Zeit *nicht* in

Deutschland leben zu müssen – *die* aber geht zu Hitler zurück! Gewiß ist sie eine verkappte Nazisse! Oder etwa gar eine Spionin?

Spionenfurcht war immer etwas Schreckliches in Amerika. Nichts ist gefährlicher, als einen derartigen Verdacht zu erregen!

Lilian zerbricht sich den Kopf. Sie hat sich in eine scheußliche Lage hineinmanövriert. Und Paul Martin, der ihr Problem wie kein anderer kennt, tut nichts, ihr die Entscheidung zu erleichtern. Er sagt: Wir gehören zusammen. Wir bleiben zusammen. Wir müssen zurück!

Endlich hat Lilian eine Idee. Sogar eine sehr gute Idee.

*

In dieser Zeit läßt Goebbels, der mit einer Rückkehr Lilians nicht mehr rechnet, in Deutschland das Gerücht ausstreuen, die Harvey sei in Hollywood wie alle anderen europäischen Schauspieler, die mit großen Versprechungen und kleinen Gagen ins »Mekka des Films« gelockt wurden, enttäuscht und gestrandet. Sie, die dem deutschen Film, der ihre große Karriere ermöglichte, undankbar den Rücken gekehrt habe, müsse jetzt nach jeder winzigen Rolle »schnappen«, die sich ihr böte.

Da sich niemand ein Bild von der wirklichen Lage machen kann – die Isolierung der Deutschen durch eine immer strenger werdende Nachrichtensperre hat begonnen – müssen sich auch die Harvey-Fans mit der traurigen Botschaft abfinden: Unsere Lilian ist passé.

Daß Lilian keineswegs passé ist, sondern zu diesem Zeitpunkt von den Titelseiten zahlreicher amerikanischer Illustrierten und Filmmagazine lächelt und in vielen Tageszeitungen Gegenstand spaltenlanger Berichte ist, erfährt man in Deutschland nicht.

Man erfährt nicht, daß Eleanor Barnes am 30. Dezember 1933 in *Daily News,* Los Angeles, in einer filmischen Jahresbilanz schreibt: »Lilian Harvey in ›My Weakness‹, ›My Lips Betray‹ und ›I am Suzanne‹ ist hier die meistdiskutierte Neuerwerbung aus Europa.«

Man erfährt nicht, daß der emigrierte Max Reinhardt, der in Hollywood Shakespeares »Sommernachtstraum« verfilmt – die einzige Filmregie, die der weltberühmte Theatermann je übernommen hat – Lilian Harvey die Rolle der Titania anbietet. Schweren Herzens muß sie ablehnen, da sie keinen Termin mehr frei hat. Die junge Olivia de Havilland springt erfolgreich ein.

Man erfährt auch nicht, daß Deutschlands Flieger-Idol, Major Ernst Udet, der später »Des Teufels General« sein wird, anläßlich seiner Teilnahme an einem internationalen Flug-Tag in Los Angeles, im Juli 1933, sich in Lilian verliebt hat. Er bleibt länger als geplant in Amerika, gibt ihr Flugunterricht – der nur deshalb nicht bis zur Pilotenprüfung führt, weil die entsetzte FOX ihrem Star das gefährliche Hobby sofort verbietet – und wirft zum Trost Wasserlilien über ihrem Haus ab, die genau im Ziel landen: im Swimming Pool.

Alles dies und weiteres mehr erfährt man in Deutschland nicht. Die Lüge aber, Lilian sei in Hollywood gescheitert, hält sich über den Krieg hinaus und überdauert das Nazi-Regime. Ihr wird auch heute noch Glauben geschenkt.

*

Im Oktober 1933 erscheint in der Filmzeitschrift *Movie Classic*, Nr. 2, unter der Überschrift »Die Heiratspläne Lilian Harveys« ein umfangreiches Interview der Reporterin Ruth Biery: »Gute Nachrichten, Girls! Schlechte Nachrichten, Boys! Die reizende Lilian hat allen Gerüchten ein Ende gesetzt: Sie heiratet Willy Fritsch, den Mann ihres Herzens!«

Und der erstaunte Leser erfährt, daß Willy Fritsch, der bisher noch nie in Amerika war, demnächst nach Hollywood kommen werde, um seine Braut zu besuchen. Und wenn alles nach Plan verlaufe, habe Hollywood die Chance, noch im Dezember eine original deutsche Hochzeit zu erleben, denn die beiden wollten durchaus hier heiraten!

Forsch antwortet Lilian auf die Frage, weshalb sie sich erst jetzt zur Heirat entschlossen habe: »Ich wollte sichergehen. Ich fuhr nach Amerika mit der Absicht, den bewährten Trennungs-Test zu erproben. Der Test ist vorbei, wir haben bestanden.«

»Sind Sie sicher? Ganz sicher, daß sie ihn heiraten wollen?«

Die Reporterin vermerkt, als Antwort habe Lilian ein begeistertes »Ja« ausgestoßen. Alsdann hätten ihre Augen zu leuchten begonnen, und sie habe mit der Interviewerin wie »von Frau zu Frau« gesprochen: »Wissen Sie, weshalb ich sobald als möglich heiraten will?«

Das möchte die Reporterin natürlich wissen, und Lilian hält nicht hinter dem Berg: »Weil ich beschlossen habe, innerhalb der nächsten zwei Jahre mein erstes Baby zu haben.« Und sogar der Name dieses Babys steht für Lilian schon fest.

»Lassen Sie mich raten!« ruft die Reporterin. »Es wird Willy heißen!«

»Falsch!« korrigiert Lilian. »Mein erstes Baby wird ein Mädchen sein und Wilhelmina heißen!«

Sie habe wirklich alles eingeplant, notiert die Reporterin und erinnert sich an ein Gespräch mit Marlene Dietrich. Die hatte sie taktvoll gefragt, ob sie nach ihrer Affäre mit Maurice Chevalier, der Marlene alsbald wegen Lilian hatte sitzenlassen, sich von ihrem Gatten, Rudolf Sieber, scheiden lassen wolle. Fassungslos habe Marlene die Reporterin angeblickt: »Aber warum denn? Er ist doch der Vater meines Kindes!«

Hieraus folgt die Reporterin nun messerscharf, Marlenes Antwort sei typisch für die Mentalität einer deutschen Familie *nach* der Hochzeit, Lilians Meinung typisch für eine deutsche Familie *vor* der Hochzeit.

Wie dem auch sei – mit diesem Interview beginnt die clevere Harvey ihre Mitwelt schonend darauf vorzubereiten, daß ihres Bleibens in Hollywood nicht mehr lange sein werde. Die Zeitungen stürzen sich auf das neue Thema und treten es breit. Und ein paar Monate später, im Februar 1934, kann Sonderkorrespondent Dan Thomas seiner Nachrichtenagentur präzis melden, daß Lilian Harvey ihre Abreise aus den USA vorbereite, um nunmehr in Cap d'Antibes ihren Verlobten, Willy Fritsch, zu heiraten, der aus beruflichen Gründen nicht nach Hollywood habe kommen können. In der Villa »Asmodée« werde bereits ein Kinderzimmer eingerichtet und eine verläßliche Nurse gesucht . . .

Mit anderen Worten: Lilian hat ihren Vertrag gekündigt. Das ist kein leichtes Unternehmen gewesen, denn die FOX hatte Großes mit ihr vor. Drei fertige Stoffe lagen für sie bereit, einer besser als der andere, anspruchsvoller und fundierter als die ersten Filme.

Normalerweise wäre kein Schauspieler von Rang aus einem derartigen Kontrakt ohne eine hohe Konventionalstrafe entlassen worden. Lilians raffinierter Trick aber machte es ihrer Firma unmöglich, grob zu werden. Man hätte sofort die amerikanische Öffentlichkeit gegen sich gehabt.

Denn Hollywood erlebt endlich einmal wieder eine entzückende Romanze: die süße, kleine Lilian Harvey, der Prototyp des unschuldigen, verspielten, quirligen Mädchens, hat sich verliebt! Aber der Mann ihres Herzens schmachtet fern von ihr, jenseits des großen Teiches! Ist es da nicht verständlich, daß sich die beiden nach so langer Trennung endlich in die Arme sinken wollen?

Ja, wäre Lilian ein Vamp! Dann würde man um ihre Liebschaften nicht so großes Aufheben machen, denn diese gehörten ja zu ihrem Typ! Daß das blonde Sweetheart aber um ihrer Liebe willen einen so kostbaren Vertrag zu opfern bereit ist, daß sie aus dem Kampf um den Titel einer »Königin von

Hollywood« freiwillig ausscheidet, weil sie den Mann ihrer Wahl nicht länger warten lassen will – das ist eine Story so recht nach dem Herzen des amerikanischen Kinopublikums.

Und so geschickt hat Lilian ihre Geschichte verschachtelt und getarnt, daß noch niemand merkt, worauf sie es in Wirklichkeit abgesehen hat: auf Deutschland und den deutschen Film. Und darauf, mit Paul Martin Hand in Hand ohne Skandal aus Amerika zu verschwinden.

Im Grunde ist es ein perfider Trick, den sie da anwendet. Ein frivoles Spiel mit menschlichen Gefühlen. Aber im Augenblick für Lilian die einzige Chance, mit einem blauen Auge aus dem Schlamassel herauszukommen. Indem sie Fritsch sagt und Martin meint.

Dies ist jetzt ihre größte Sorge: Wie wird Willy auf ihre Lügen reagieren? Wird der Arme etwa, falls er überhaupt davon erfährt, die Nachrichten für ernst nehmen? Und am Ende glauben, Lilian habe sich die Sache überlegt und nun doch für ihn entschieden?

Plötzlich hört sie, deutsche Zeitungen hätten berichtet, Willy Fritsch habe sich mit dem Wiener Revuestar Dinah Grace verlobt. Besorgt kabelt sie an einen Freund in Berlin, um wenige Stunden später ein beruhigendes Telegramm in der Hand zu halten: »Zeitungsberichte über Willys Verlobung unzutreffend stop anscheinend schlechter Scherz stop«.

Zum Glück wird diese Nachricht von keinem amerikanischen Blatt aufgegriffen.

Dem Chronisten ist Willys Reaktion auf Lilians phantasievolles Unternehmen nicht bekannt. Es existieren keine Aufzeichnungen darüber, es gibt kein gedrucktes oder geschriebenes Dementi. Entweder hat er in seiner bekannten Gutmütigkeit oder auch aus Liebe zu Lilian ihr gern den Gefallen getan, seinen Kopf hinzuhalten und als Alibi zu dienen. Oder aber – und diese Vermutung ist begründeter – er hat wirklich nicht erfahren, welches dreiste Spiel sie in ihrer Not mit ihm getrieben hat. Zweifellos hätte er es sich nicht entgehen lassen, in seinen bereits erwähnten Memoiren Lilian darob eins auszuwischen. Seine Vorwürfe wären berechtigt gewesen. Aber er verliert kein Wort über die Affäre.

Als Erich Pommer von Lilians Entschluß erfährt, sucht er sie sofort in ihrem Bungalow auf und bestürmt sie, Vernunft anzunehmen. Er ist der einzige in Hollywood, der um ihr Verhältnis mit Martin weiß. Hat er es doch selbst in die Wege leiten helfen – damals, beim »Blonden Traum«. Aber er glaubt nicht an das Glück der beiden. »Lilian, damit setzen Sie alles aufs

Spiel! Niemand wird es Ihnen danken!« Seine eindringliche Warnung verhallt ergebnislos.

Auch Ernst Lubitsch schüttelt den Kopf. Eine Zeit lang stand die Harvey auf der Anwärterliste für »The Merry Widow«, seine »Lustige Witwe«, zumal sich auch Chevalier, der die männliche Hauptrolle spielte, für sie eingesetzt hatte. Wenn nicht die »Witwe«, dann etwas anderes: Lubitsch will unbedingt mit ihr arbeiten. Aber wer nicht mehr da ist, der scheidet aus.

Bevor das Mädchen, das einst »auf den Schwingen der Superlative nach Amerika geflogen« kam (Sonja Lee in *Movie Classics*, Nr. 3 – Mai 1934), die USA nun im Geleitzug von Lügen und Ausreden wieder verläßt, muß es noch einen Film machen, für den es von der FOX an die COLUMBIA ausgeliehen wird: »Let's Live Tonight«. Deutscher Titel: »Leise kommt das Glück zu dir«. Ihr Partner ist Tullio Carminati, ein italo-amerikanischer Schauspieler mit der Aufgabe, die Wandlung eines arroganten Lebemannes zum geläuterten Menschen glaubhaft zu machen, wobei ihm die Liebe zu einer jungen Tänzerin hilft. Regie führt Victor Scherzinger.

Man hätte sich eine gehaltvollere Abschiedsvorstellung für Lilian Harvey gewünscht.

*Weil ihr Partner Lew Ayres Hauptdarsteller in »Im Westen nichts Neues« war, wurde Lilians erster Hollywood-Film »My Weakness« in Deutschland verboten.*

*Unten:
Der erfolgreichste Harvey-Film aus den USA hieß »Ich bin Susanne«. Lilian spielte eine Tänzerin, die sich mit einem Puppenspieler anfreundet. Gegen Marionetten anzuspielen und anzutanzen, fiel auch einer Lilian Harvey nicht leicht.*

*Ein beeindruckendes Paar: Lilian Harvey und Willy Birgel hoch zu Roß in »Schwarze Rosen« (oben). Lilian Harvey war eine begeisterte Reiterin und hatte einen ausgesprochenen »Pferdeverstand« (unten).*

# Rubinstein und der Handstand

In Hollywood wurde Lilian Harvey zu einem Empfang bei Elsa Maxwell, der bekannten Klatschkolumnistin, eingeladen.

Du wirst sehen, wie nett es ist, hatten Freunde zu ihr gesagt. Bei der Maxwell ist immer etwas los!

Unter den Gästen befanden sich Orson Welles mit seiner Frau Rita Hayworth, die nicht mehr ganz junge Schauspielerin Tallulah Bankhead, Loretta Young, Danny Kaye, der Tänzer Anton Dolin und der berühmte Pianist Artur Rubinstein.

Wegen der Hitze hatte sich Lilian mit Dolin in einen kühlen, halb verdunkelten Raum zurückgezogen.

Nach einer Weile betraten, aus dem Garten kommend, Tallulah Bankhead und Artur Rubinstein den Raum. Es schien, als seien sie in ein fundiertes Gespräch vertieft.

»Nein, wirklich!« rief Tallulah leidenschaftlich. »Ich kann es noch immer! Glauben Sie mir doch!«

»Ausgeschlossen!« widersprach Rubinstein. Sie hatten sich noch nicht an die Dunkelheit gewöhnt und glaubten, allein zu sein.

»Dann werde ich es Ihnen beweisen! Passen Sie auf!«

Sie setzte die Hände auf den Fußboden, warf die Beine in die Luft und machte einen vollendeten Handstand. Dabei fiel ihr das Kleid über den Kopf. Unter dem Kleid trug sie so gut wie nichts.

Fasziniert sah Rubinstein ihr zu. Lilian und Dolin hielten den Atem an.

Nach einer Weile sprang Tallulah wieder auf die Füße, ordnete ihr Kleid und fragte gespannt: »Na? Haben Sie's gesehen?«

»Und wie!« staunte Rubinstein. »Es ist wirklich sehr beachtlich für Ihr Alter . . .«

Dann gingen sie weiter, und es schien, als führten sie ein fundiertes Gespräch.

## *Es wird schon nicht so schlimm werden*

Es wird Januar 1935, ehe Lilian nach zwei Jahren Hollywood die USA per Schiff wieder verläßt. Und sie hat das Glück, daß die Presse nicht melden muß: »Lilian Harvey kehrt nach Deutschland zurück!« sondern: »Lilian Harvey dreht drei Filme in England.« Das klingt weitaus unverfänglicher.

Der Zufall ist ihr zu Hilfe gekommen. Als Walter Mycroft, Produktionschef der britischen B.I.P.-Filmgesellschaft, von Lilians FOX-Kündigung erfährt, bietet er ihr Arbeit in London an. Die Stoffe sagen ihr zu, sie unterschreibt den Vertrag. Allerdings hat sie auch hier nicht durchsetzen können, daß Paul Martin als Regisseur für sie verpflichtet wird. Dennoch begleitet er sie nach London in der Hoffnung, er werde an Ort und Stelle mehr erreichen.

Die B.I.P.-Herren aber fragen wie die Verantwortlichen der FOX: Wer ist Paul Martin? Für Lilian haben sie Paul Merzbach, einen Deutsch-Engländer, als Regisseur vorgesehen, erster Film – »Invitation to the Waltz« – ist ein Kostümfilm um Carl Maria von Weber, der von Carl Esmond dargestellt wird. Dieser hieß vor kurzem noch Willy Eichberger.

Die erneute Absage ist ein schwerer Schlag für Martins Eitelkeit. Verärgert reist er nach Deutschland ab, er setzt jetzt seine ganze Hoffnung wieder auf die UFA, bei der er ja angefangen hat.

Erstaunlicherweise aber vermag er auch in Berlin nichts zu erreichen. Dort hat man ihm den Abstecher nach Amerika sehr übelgenommen; außerdem ist man über seinen Mißerfolg in Hollywood längst informiert. Nein, die UFA ist nicht sehr scharf auf einen Paul Martin und erteilt ihm eine Abfuhr. Nun schreibt er enttäuschte Briefe an Lilian nach London und hadert mit sich und der Welt.

Inzwischen hat Lilian Anton Dolin kennengelernt, den berühmten Tänzer und Ballettmeister, und versteht sich mit ihm von Anfang an gut. Ihre Partnerschaft läßt den reichlich sentimental geratenen Weber-Film wenigstens tänzerisch zu einem Erlebnis werden.

Dolins langjährige Bühnenpartnerin, Alica Markova, aber ist so eifersüchtig auf Lilian, daß sie später einen Selbstmordversuch unternehmen wird.

»Völlig unbegründet«, behauptet Lilian in ihren Erinnerungen. »Anton und ich waren immer nur gute Kameraden.«

In Berlin hat man ihre Übersiedlung von Hollywood nach London interessiert beobachtet. Und eines Tages stehen zwei UFA-Beauftragte im Hotel der Harvey und bieten ihr an, nach Babelsberg zurückzukehren.

Lilian sträubt sich pro forma, obgleich sie sich innerlich längst entschieden hat. Denn Paul Martin wartet in Berlin . . .

»Ich kann nicht aus meinem Vertrag heraus«, sagt sie bedauernd. »Ich muß noch zwei Filme machen.«

»Das wird sich arrangieren lassen«, sagen die Herren. »Im übrigen ist unsere Auffassung die: Sie sind nach wie vor bei der UFA engagiert und zur Zeit lediglich beurlaubt . . .«

Das ist eine Brücke, die sich betreten läßt. Doch bevor Lilian den ersten Schritt tut, nennt sie ihre Forderung: »Mein Regisseur in Babelsberg heißt Paul Martin!«

Mit der gleichen Hartnäckigkeit, die sie seit Anbeginn ihrer Karriere eingesetzt hat, um ihre künstlerischen Auffassungen durchzudrücken, kämpft sie jetzt um den Mann ihres Herzens. Trotz aller Zweifel, die sie manchmal befallen, wenn sie sieht, wie egoistisch, wie rücksichtslos er sich verhält, geht sie fast blindwütig den Weg weiter, für den sie sich nun einmal entschieden hat. Sie redet sich ein, richtig zu handeln. Ihre Opfer dürfen nicht umsonst gewesen sein. Sie malt sich eine nahezu kleinbürgerliche Zukunft aus, mit zweisamem Liebesglück im friedlichen Heim.

Die UFA-Herren akzeptieren. Sie bewilligen sogar eine Spitzengage für Martin. Lilian selbst kehrt unter phantastischen Bedingungen nach Berlin zurück: 300 000 Reichsmark je Film, ausgezahlt in englischer Pfund-Währung, und eine Aufwandsentschädigung in Höhe von 58 000 Mark. Diese Summen sind gerechtfertigt. Bringt doch die Harvey, wie eine Zeitung erstaunt zu melden weiß, mit ihren Filmen beinahe so viel Export-Einnahmen wie die deutsche Schwerindustrie . . .

Mit den Engländern ist man sich schnell einig, sie werden an der britischen Auswertung der neuen Harvey-Filme beteiligt sein.

Leichten Herzens kehrt Lilian nicht nach Deutschland zurück. Die Nazis sind ihr unheimlich. Sie hat so viel Böses gehört. Doch schließlich sagt sie sich dasselbe, das unzählige andere sich damals eingeredet haben, um die Stimme des Gewissens zu beruhigen: Es wird schon nicht so schlimm werden . . .

Und außerdem ist Mommy-Darling wieder bei ihr.

Mommy-Darling allerdings kann den Paul Martin nicht ausstehen. Der Willy sei ihr hundertmal lieber, sagt sie. Um allen Schwierigkeiten aus dem Wege zu gehen, mietet Lilian zwei Wohnungen, ein Haus für ihre Mutter in der Kurländer Allee, in dem sie selbst wohnt, wenn sie drehfrei hat, und eine repräsentative Villa am Griebnitzsee, in der Nähe von Babelsberg, in der sie sich mit Paul Martin trifft. Außerdem kann sie hier angeln.

Nachbar zur Linken am Griebnitzsee ist General Schleicher, den Hitler erschießen lassen wird. Nachbar zur Rechten ein gewisser Herr Quandt, dessen Frau später den Dr. Goebbels heiratet; Quandt junior wird nach dem Krieg Lilians Nachbar in Cap d'Antibes sein.

Am 19. Juni 1935 ist »Großer Bahnhof« am Tempelhofer Flughafen: Willy Fritsch und Paul Martin holen in schöner Eintrachtigkeit Lilian Harvey ab, die nach zweieinhalbjähriger Abwesenheit den zahlreichen Reportern eifrig versichert, wie glücklich sie sei, endlich wieder Heimatluft zu schnuppern.

Das Propagandaministerium hat für Begrüßungs-Superlative »grünes Licht« gegeben. Daß im dritten Jahr der Hitler-Herrschaft die weltberühmte Engländerin mit dem deutschen Paß zur UFA zurückkehrt, ist ein internationaler Prestigegewinn für das Regime, der nach Kräften »abgekocht« werden muß.

Das hindert die Behörden nicht, Lilian eine happige »Reichsfluchtsteuer« aufzuerlegen. Sie reagiert mit Empörung. Weder ist sie geflohen, sondern hat regulär Deutschland verlassen, bevor Hitler an die Macht kam, noch hat sie irgendwelche Steuerrückstände zu begleichen. Ihr Beschwerdeweg führt sie von Instanz zu Instanz, bis sie bei Dr. Goebbels persönlich landet. Der ist – Diplomat durch und durch – von ausgesuchter Höflichkeit, spielt den Verärgerten und erklärt alles für einen bedauerlichen Irrtum, den er mit einem einzigen Telefongespräch aus der Welt schafft.

»Was immer Sie auf dem Herzen haben, kommen Sie direkt zu mir!« sagt er, von Kopf bis Fuß auf Wirkung eingestellt.

Später wird sie zu einem großen Filmempfang auf die Insel Schwanenwerder eingeladen und bei dieser Gelegenheit dem Preußischen Ministerpräsidenten, Hermann Göring, vorgestellt.

»Ach, schau an!« ruft Hermann mit dröhnender Stimme, »da ist ja unser kleiner Tanzfloh!«

Lilian: »Ich war damals sehr empört darüber, nur als Tanzfloh angesehen zu werden. Es sollte sicher ein Kompliment sein. Einmal wurde ich auch in die Reichskanzlei eingeladen, wo ich Hitler vorgestellt wurde. Ich merkte sofort, sein Typ war ich nicht. Später sagte man mir, weshalb: Für den bist du viel zu mager! – Diese Empfänge hatten meine Neugierde vollauf befriedigt, und ich versuchte, weitere abzulehnen. Man hat mir deshalb aber nie Schwierigkeiten gemacht, wie später oft behauptet wurde.«

Der erste Film, den Lilian nach ihrer Heimkehr machen soll, gefällt ihr, weil er stärkere schauspielerische Fähigkeiten von ihr verlangt. Außerdem hat er kein Happy-End. Im Gegenteil: sie muß sterben – nach den vielen Schlüssen mit Küssen geradezu eine künstlerische Erholung. Daß das ganze hochdramatische Spiel um »Schwarze Rosen« eine anti-sowjetische Tendenz enthält, zurückverlegt in die Zarenzeit, in der die Russen das von ihnen unterjochte finnische Volk tyrannisieren, fällt ihr kaum auf. Allerdings überwiegt auch in diesem Film das private Herzeleid.

Lilian spielt die russische Tänzerin Marina Feodorowna, die in Helsingfors als Favoritin des russischen Gouverneurs lebt, sich aber in den finnischen Flüchtling Collin verliebt, der in ihrem Haus Unterschlupf findet.

»Zwischen Tag und Traum, von den ewigen Gesetzen des Lebens bezwungen, finden sich die beiden in der überwältigenden Offenbarung ihrer Liebe . . .« So weiß es das Programmheft.

Unnötig zu sagen, daß sich das Dreieck Marina – Gouverneur – Collin, schauspielerisch repräsentiert durch Lilian, Willy Birgel und Willy Fritsch, dramatisch ineinander verkettet, bis sich Lilian das Leben nimmt, um damit alle Probleme zu lösen.

»Rasch eilt der Gouverneur nach ihrem Zimmer. Ja – da ist Marina Feodorowna, das feine, blonde Köpfchen in die Stuhllehne geschmiegt, die schwarzen Rosen, *seine* schwarzen Rosen, dunkeln aus der hohen Vase. Schläft sie? Marina! . . . Da zuckt der stets Beherrschte zusammen. Er kam zu spät. Er hat verloren . . .« So weiß es das Programmheft.

Der Film, in der Herstellungsgruppe von Max Pfeiffer, der jetzt einen Teil der Aufgaben Erich Pommers wahrnimmt, wird nicht zuletzt wegen der hochgerühmten Tanzdarbietungen Lilians ein großer, auch ausländischer Erfolg. Abermals entstehen drei Versionen. An die englische will die UFA zuerst nicht heran. Erst als sich Lilian finanziell daran beteiligt, gibt die UFA ihre Einwilligung.

Pikante Beobachtung am Rande: in Polen, wo »Schwarze Rosen« ein sehr starkes Echo findet, erteilt die Filmzensurstelle diesem Film aus dem nationalsozialistischen Deutschland das Prädikat »künstlerisch wertvoll«.

Für Paul Martin öffnet sich mit dem dringend benötigten Erfolg der Weg in eine bessere Zukunft. Die UFA verpflichtet ihn für weitere Filme. Lilian atmet auf: endlich scheint sich alles zum Guten zu wenden.

Uraufführung ist am 23. Dezember 1935. In bester Stimmung verlassen sie die Premierenfeier. Sie freuen sich auf die bevorstehenden Festtage, an denen sie sich ausruhen wollen. Über die Avus steuert Martin seinen Wagen in Richtung Griebnitzsee. Lilian trägt ein langes Abendkleid und träumt von Weihnachten.

Es ist Glatteis, Martin fährt langsam. Dennoch kann er nicht schnell genug bremsen, als plötzlich vor ihm der Schatten eines Lastwagens auftaucht, der unbeleuchtet mitten auf der Fahrbahn steht. Der Mercedes schiebt sich krachend mit seiner Motorhaube unter den Lastwagen. Lilian spürt einen entsetzlichen Schmerz in den Beinen und wird mit dem Kopf an die Windschutzscheibe geschleudert. Ihr einziger Gedanke: Wenn jetzt der Wagen Feuer fängt ...

Sie können nicht aussteigen, die Türen sind verklemmt. Doch plötzlich löst sich der LKW von ihnen und fährt weg, ohne daß sich der Fahrer um seine Opfer kümmert.

Endlich gelingt es Martin, der unverletzt geblieben ist, den Wagen zu verlassen. Er reißt auch die andere Tür auf, zieht Lilian heraus, die bewußtlos in den Schnee fällt, das Gesicht voller Glassplitter.

Nach einiger Zeit kommt ein Dreirad, lädt die beiden auf und fährt sie nach Potsdam ins Krankenhaus. Es ist eine unendlich lange, unendlich schmerzhafte Fahrt.

Das erste Wort des Unfallarztes: »Heil Hitler!« Das zweite, an den Sanitäter gerichtet: »Nehmen Sie der Frau mal die Dinger da ab!« Damit sind Lilians Brillantarmbänder gemeint, die sich zum Teil ins Fleisch gedrückt haben. Rücksichtsvoll ist er nicht der Arzt; um ihre Schnittwunden kümmert er sich gar nicht erst, die hält er für zweitrangig. Wenigstens verspricht er, Stillschweigen zu wahren. Unfall- und Krankheitsmeldungen hält Lilian für eine schlechte Reklame.

Zwei Tage später berichten dennoch die Berliner Zeitungen: »Der neue Operationssaal im Potsdamer Krankenhaus wurde von einem prominenten Patienten eingeweiht – der Filmschauspielerin Lilian Harvey nach ihrem Autounfall.«

Der Befund ist schlimm: Das rechte Bein siebenmal gebrochen, zwei Rippen gebrochen. Überwiegende Meinung mehrerer Ärzte, die nach und nach hinzugezogen werden: an Tanzen wird nicht mehr zu denken sein.

Das Bein kommt in einen Feststellungsverband, monatelang humpelt Lilian auf einer Kniestütze, das vergipste Bein frei hängen lassend, wegen der gebrochenen Rippen kann sie keine Krücken benutzen.

Sie ist verzweifelt. Gerade jetzt, wo schöne, neue, gemeinsame Aufgaben winken, muß ihr das passieren. Zwar weist sie den Gedanken, der Unfall sei durch Paul Martin verschuldet, von sich, aber immerhin: er hat am Steuer gesessen.

Die Angst, nicht mehr arbeiten zu können, alarmiert neue Energien in dem malträtierten Körper. Mit verbissenem Eifer trainiert sie ihre Glieder, und als unter der Regie von Paul Martin die erste Klappe für den Film »Glückskinder« fällt, steht Lilian pünktlich neben Willy Fritsch im Atelier. Zwar noch mit einer Metallschiene am lädierten Bein, die man dank der langen Röcke nicht sieht, aber mit ungebrochener Spielfreude. Niemand vermag ihr anzusehen, daß der Stepptanz, den sie mit Paul Kemp auszuführen hat, noch unendliche Mühe und Schmerzen bereitet. Immerhin liegt der schwere Unfall erst ein halbes Jahr zurück.

Dieser Stepptanz, nach einer Melodie von Peter Kreuder, von Hans Fritz Beckmann getextet, ist eine verrückte Sache:

> *»Ich wollt, ich wär' ein Huhn!*
> *Ich hätt' nicht viel zu tun!*
> *Ich legte vormittags ein Ei,*
> *Und nachmittags wär' ich frei!*
> *Mich lockte auf der Welt*
> *Kein Ruhm mehr und kein Geld,*
> *Und fände ich das große Los,*
> *Dann fräße ich es bloß.*
> *Ich brauchte nie mehr ins Büro,*
> *Ich wäre dämlich, aber froh,*
> *Drum hab' ich mir gedacht:*
> *Ich wollt', ich wär ein Huhn,*
> *Ich hätt' nicht viel zu tun,*
> *Ich legte täglich nur ein Ei*
> *Und sonntags auch mal zwei – juchhei!«*

»Glückskinder« – das ist die Geschichte eines jungen Journalisten, der eines Tages den Gerichtsreporter vertritt und dabei erleben muß, wie ein junges, hübsches Mädchen wegen »Vagabundierens« vom Schnellrichter eingelocht werden soll. Da springt er vor, behauptet mit dem Mädchen verlobt zu sein und wird von dem Richter, der auch die Funktion eines Standesbeamten ausübt, auf der Stelle getraut. Nun braucht sie zwar nicht mehr ins Gefängnis, aber der Journalist hat plötzlich eine Frau am Hals, und – was noch schlimmer ist – er vergißt seine Reporterpflicht: alle anderen Zeitungen stellen die Geschichte von der Heirat vor dem Schnellrichter groß heraus, seine eigene Zeitung aber bringt keine Zeile. Er wird entlassen. Doch seine beiden Freunde, Redakteure wie er, halten zu ihm. Und schon ist sie wieder da, die Geschichte vom »Blonden Traum« und von der »Tankstelle«, diesmal nach Amerika verlegt und in fatale Nähe des amerikanischen Films »Es geschah in einer Nacht« gerückt, in dem Clark Gable den Reporter spielt. Drei gute Freunde und ein blondes Girl, das sich in einen der drei verliebt.

Aber warum nach Amerika verlegt? Ganz einfach: »Nationalsozialistische Schriftleiter« benehmen sich nicht so albern und so unseriös wie diese drei – neben Willy Fritsch sind es die Komiker Paul Kemp und Oskar Sima – und wenn man nebenbei ein bißchen Gesellschaftskritik üben möchte, läßt sich das leichter an ausländischen Zuständen exerzieren als an »neuen deutschen«, die natürlich völlig einwandfrei sind, seit Hitler an der Macht ist.

R. A. Stemmle, der schon in jungen Jahren als Autor und Regisseur für die UFA tätig war und das »Glückskinder«-Drehbuch geschrieben hat, erinnert sich*: »Die UFA hatte keinen geringeren als Curt Goetz für die Formulierung der Dialoge gewonnen, aber wir hörten nichts von ihm. Er wohnte in der Schweiz, am Thuner See, und hatte offenbar keine Lust mehr, seinen Fuß auf deutschen Boden zu setzen. Seine Motive hatte er einem Freund brieflich mitgeteilt: ›Wenn es hier frühmorgens an meiner Tür klingelt, weiß ich, es ist der Milchmann oder die Zeitungsfrau, in Berlin weiß man das nicht . . .‹ Eines Tages setzten sich Paul Martin und ich in Martins neuen Horch, für den er einen Chauffeur angeheuert hatte, und fuhren nach Cap d'Antibes, um Lilian Harvey abzuholen, die wir zu Curt Goetz mitnehmen wollten. Mein Eindruck von Lilian aus dieser Zeit: sehr verliebt in Martin, aber immer sehr ernst, fast traurig und irgendwie bedrückt. Martin ging nicht eben freundlich mit ihr um, schimpfte sehr viel. Dann verkroch sie sich in einen Winkel und maulte: Will mich denn kein Mensch heiraten? Am Thuner See überraschten wir die Goetzens nicht etwa bei angestrengter Dialogarbeit, sondern bei der

---

* In einem Gespräch mit dem Verfasser, wenige Tage vor Stemmles Tod am 24. 2. 1974.

eigenhändigen Anlage ihres Tennisplatzes. Unsere Hilfe nahmen sie bereitwillig an. Wir haben tagelang sehr viel gelacht und sehr wenig gearbeitet. Lediglich morgens schafften wir drei bis vier Seiten Dialoge. Allerdings war es faszinierend zu beobachten, wie Goetz dann mit Worten spielte und mit Sätzen jonglierte. Er nannte es ›beliebeln‹. Ich finde das liebenswürdiger ausgedrückt als das trockene ›bauen‹ oder ›konstruieren‹. Vierzehn Tage haben wir ›beliebelt‹, dann stand das Buch.«

Hier ein paar Kostproben aus den Dialogen von Goetz:

Er: »Kaffee?«

Sie: »Nein, danke. Ich kann nicht schlafen, wenn ich Kaffee trinke.«

Er: »Bei mir ist es umgekehrt. Ich kann nicht Kaffee trinken, wenn ich schlafe.«

Oder hier:

Er und sie liegen, durch eine Kakteenwand getrennt, im Doppelbett und lesen. Er klappt ein Buch zu: »Na so ein Kitsch! Hier führt eine Liebe zur Heirat! Halten Sie es für möglich, daß unsere Heirat zur Liebe führt?«

Sie: »Sehr unwahrscheinlich.«

Er: »Statistisch ist aber festgestellt, daß die meisten Vernunftsehen glücklich enden.«

Sie: »Ist unsere Ehe eine Vernunftsehe?«

Er: »Nein, aber auch keine Liebesheirat. Ein Sonderfall. Was meinen Sie, wie sie enden wird?«

Sie: »Durch Scheidung.«

Er: »Also doch glücklich.«

Dialoge dieser Art sind in jener Zeit ungewöhnlich. Sie »sprühen« und »prickeln«, wie in einem guten Boulevardstück. Das Kinopublikum ist solche Lustspiel-Qualität nicht gewöhnt und äußert begeisterte Zustimmung.

Der *Film-Kurier* schreibt nach der Uraufführung: »Bravo, bravo! Was die Amerikaner können, können wir auch! Vielleicht hat es niemand glauben wollen, daß es die deutsche Sprache mit dem amerikanischen Slang an trockenem Witz aufnehmen kann – ›Glückskinder‹ beweist das Gegenteil!«

*Deutsche Allgemeine Zeitung:* »Die Rolle der Ann ist wieder ein sehr schöner Erfolg für Lilian Harvey. Sie zeigt nach Anlage und Darstellung, daß das, was die enthusiastischen Freunde der Darstellerin immer begeistert hat, nicht nur, wie manche Skeptiker meinten, eine stereotype Erscheinung, sondern Ausdruck einer echten Begabung ist.«

Sehr gut kommt Paul Martin in der Presse weg. Er ist besonders stolz auf die Kritik im *Völkischen Beobachter,* worin es u. a. heißt: »Man merkt dem Regisseur Paul Martin seine amerikanischen Erfahrungen an, die er hier erfolgreich anwendet . . .«

Weil dieses Lustspiel so gut einschlägt, schickt die UFA den »Glückskindern« sofort »Sieben Ohrfeigen« hinterher. Das Drehbuch von B. E. Lüthge wird von Curt Goetz mit wiederum sehr munteren Dialogen aufgeputzt. Abermals unter Paul Martins Regie spielen Lilian Harvey und Willy Fritsch die Hauptrollen, und weil es sich auch hier um eine etwas unglaubwürdige Alltagsgeschichte handelt, wird sie hurtig ins Ausland verlegt, diesmal nach London.

Ein junger Mann verliert bei einem Börsenkrach sein ganzes Vermögen: sieben englische Pfund. Er stellt den Finanzgewaltigen, unter dessen Aufsicht sich die Aktien verflüchtigten, zur Rede, wird, da er aufrichtig spricht, etwas unsanft an die Luft gesetzt und kündigt eine originelle Rache an: für jedes Pfund, das der junge Mann verlor, wird er dem stolzen reichen Herrn in aller Öffentlichkeit eine Ohrfeige zurückzahlen. Selbstverständlich gewinnt er seine Wette – und die hübsche Tochter des Finanzmannes obendrein.

Wieder sind Presse und Publikum begeistert. Und der Hauptschlager des Films, ein englischer Walzer, wird von jedermann mitgesungen.

Dieser von Friedrich Schröder »in Windeseile« komponierte Walzer ist eigentlich nur als Stimmungsmusik gedacht, er soll kein Schlager sein. Dies aber wird er, als dem Textdichter Hans Fritz Beckmann nachträglich dazu passende Verse einfallen:

*»Ich tanze mit dir in den Himmel hinein,*
*In den siebenten Himmel der Liebe.*
*Die Erde versinkt, und wir zwei sind allein*
*In dem siebenten Himmel der Liebe.*
*Komm, laß uns träumen bei leiser Musik*
*Unser romantisches Märchen vom Glück,*
*Und tanze mit mir in den Himmel hinein,*
*In den siebenten Himmel der Liebe.«*

Paul Martin möchte eine Szene nachdrehen, in der Lilian und Willy den Walzer nicht nur tanzen, sondern auch singen, doch die Produktionsleitung winkt aus Kostengründen ab. Die Schallplatte, die die beiden statt dessen herstellen, wird jedenfalls ein Bestseller.

Während der Dreharbeiten zu den »Sieben Ohrfeigen« wird die deutsche Öffentlichkeit durch die Meldung beunruhigt, daß im Standesamt Berlin-Zehlendorf ein »Aufgebot« aushängt. Daraus geht hervor, daß »der Schauspieler Wilhelm Egon Fritz Fritsch, wohnhaft in Berlin-Dahlem, Griegstraße 27, und die Käthe Johanna Gerda Ilse Schmidt, ohne Beruf, wohnhaft in Berlin-Charlottenburg, Waitzstraße 17, die Ehe miteinander eingehen wollen«.

Damit bestätigt sich das alte Gerücht, daß Willy die Tänzerin Ilse Schmidt, die unter dem Künstlernamen Dinah Grace bekannt geworden ist, heiraten wird, und die Hoffnung aller Fans, Lilian und Willy eines Tages doch noch in Treue vereint vor dem Traualtar zu sehen, sinkt dahin.

Das Echo ist beträchtlich. Willy wird mit Glückwünschen überschüttet, aber er erhält auch Beschimpfungen, weil er seine »Traum-Partnerin« im Stich gelassen habe. Um allen Kombinationen ein Ende zu setzen, schlägt Lilian vor, an der Hochzeit als Trauzeugin teilzunehmen und damit dem Publikum zu beweisen, daß sich an der kollegialen Freundschaft der beiden nichts geändert habe.

Ludwig Klitzsch, Generaldirektor der UFA, ist der andere Trauzeuge.

Lilian bemüht sich, bei der Trauung Heiterkeit zur Schau zu tragen. Aber sie glaubt zu spüren, daß auch Willy nicht ganz bei der Sache ist. Diese Heirat hätte schon vor zwei Jahren stattfinden können. Er hat sie immer wieder hinausgeschoben, als hoffte er, Lilian werde sich doch noch von Paul Martin trennen. Sie aber ist auch in ihren Gefühlen konsequent geblieben.

Hat sich Willy Fritsch in der Ehe mit der sechzehn Jahre jüngeren Dinah Grace geändert? Ist es ihr gelungen, aus dem berühmten, verwöhnten, umschwärmten Mann einen brauchbaren Gatten zu machen? Ein »Eheverhör« (s. Seite 176) gibt später darüber Aufschluß.

Nach Willys Verheiratung rafft sich Lilian zu einem entscheidenden Entschluß auf: sie schafft sich einen Besitz, der Heimat und Alterssitz zugleich werden soll. Hat sie beides nicht bereits in Cap d'Antibes, wo die Villa »Asmodée« auf sie wartet? Ja – aber Frankreich ist nur noch die eine Hälfte ihres Lebens. Die andere Hälfte will sie Paul Martins wegen seiner Heimat Ungarn widmen.

Nach monatelangen Verhandlungen, die ihr Anwalt für sie führt, unterschreibt sie in aller Heimlichkeit den Kaufvertrag für einen 2000 Morgen großen Grundbesitz mit dem Schloß Tetétlen des Grafen Zichy, in der Nähe von Debreczin. Zu dem Besitz gehören ein ganzes Dorf mit 500 Menschen, ferner ein »Franz-Liszt-Haus«, in dem der berühmte Komponist gearbeitet hat, eine Schloßkapelle, ein Herrenhaus mit 28 Zimmern sowie 1500 Kühe, 1200 Schafe, 900 Schweine und 70 Zuchtpferde. Und es gehören weite, fruchtbare Felder und Gärtnereien dazu, ein Akazienwald mit einer Bienenzucht und ein riesiger Park mit einem unterirdischen Gang zur Kapelle, der noch aus der Zeit der Türkenkriege stammt.

Sie erwirbt dies alles für einen Preis von über anderthalb Millionen Mark, investiert den gleichen Betrag in Umbauten, Renovierungen und Neuausstattung mit Vieh und landwirtschaftlichem Gerät; sie macht in Berlin den Kauf des modernen Appartementhauses Hohenzollerndamm 35–36, Nähe Fehrbelliner Platz, rückgängig. Sie träumt davon, in Tetétlen Pferde zu züchten und durch die Puszta zu reiten, mit Paul Martin Seite an Seite die Huldigungen der Dörfler entgegenzunehmen und einen ruhigen, friedlichen Lebensabend hier zu erleben. Es sind sehr romantische, ein wenig kindliche Träume ...

»Mit dem Flugzeug ist die Reise gar nicht so weit«, berichtet sie, »und außerdem fliege ich leidenschaftlich gern. In wenigen Stunden bin ich in Budapest, dann geht es mit einem ›Fliegenden Ungarn‹ auf Schienen weiter, und je mehr ich mich Tetétlen nähere, desto langsamer und primitiver werden die Beförderungsmittel. Auf einer Schnellzugstation, deren Namen unaussprechlich und noch schwerer zu buchstabieren ist, steige ich um in eine Kleinbahn, und auf der Station des Gutes in Kaba wartet der Vierer-Zug mit den Lipizzaner-Schimmeln. Das ist neben dem Flugzeug die schönste Beförderungsart, die ich kenne ...

Ich werde nie vergessen, wie ich das erste Mal in Tetétlen einzog: neben dem mit Blumen geschmückten Vierer-Zug ritten die Pferdehirten, die Czikosen, in ihrer bunten, malerischen Tracht, Bänder am Hut und am Zaumzeug, die Zigeunerkapelle spielte, und ich fuhr durch das rufende, winkende Spalier der Dorfbewohner in ihrer schönen Festtagskleidung wie im Traum – es kam mir vor wie ein Pendant zu jener anderen Wagenfahrt im Film: Das gibt's nur einmal, das kommt nicht wieder ...

Man muß dabei in Betracht ziehen, daß das Gut lange Zeit herrenlos und verödet war, den Menschen ging es sehr schlecht. Erst dadurch, daß ich wieder eine geregelte Bewirtschaftung in Angriff nahm, daß ich soviel Vieh kaufte und Zuchtpferde, hatten die Bauern wieder Arbeit. Die Felder wurden wieder bestellt, sie warfen alljährlich 48 Waggons Getreide ab. Kein Wunder also, daß die Dorfbewohner ihrer Freude auf die rührendste Weise Ausdruck gaben ...«

Voller Vorfreude nimmt Lilian einen Film in Angriff, auf den sie sich besonders sorgfältig vorbereitet hat, einen Film über das Leben der berühmten Wiener Tänzerin Fanny Elßler.

Sie geht völlig in ihrer Arbeit auf, treibt in Wien Quellenstudium und trainiert mit einem Eifer, der sie täglich mehrere Ballettschuhe kostet – und dies alles in dem sehnsüchtigen Wunsch, Fanny Elßler nicht nur zu spielen, sondern zu sein: niemand soll später von ihr sagen können, sie sei eine schlechte Kopie der berühmten Tänzerin gewesen.

Sie gewinnt das Spiel. Anderthalb Jahre nach ihrem schweren Unfall, der die meisten Ärzte zu skeptischen Prognosen veranlaßt hat, tanzt Lilian Harvey in Hochform die Spitzentänze der Fanny Elßler auf dem nächtlichen Rasen einer Golfwiese mit einer Grazie und Lebhaftigkeit, die ihr Publikum entzückt und die Fachwelt erneut zu der Überzeugung bringt, daß sich diese fanatische Künstlerin nichts zu leicht macht.

Zu leicht gemacht haben es sich die Autoren, Eva Leidmann und Paul Martin, denn die Liebesgeschichte der Fanny, die den Herzog von Reichstadt nicht heiraten darf, gerät etwas dürftig – trotz guter schauspielerischer Leistungen von Paul Hoffmann als Metternich (Aha – der »Kongreß« tanzt wieder im Geiste mit!) und Willy Birgel als Hofrat Gentz.

Am überzeugendsten gelingen die Tanz- und Ballettszenen, vor allem eine große Bali-Hochzeit, in denen der amerikanische Tänzer Hubert I. Stovitts Lilians Partner ist. Ursprünglich hatte es der Franzose Serge Lifar sein sollen, er mußte im letzten Augenblick aus terminlichen Gründen absagen. Für die Choreographie ist Jens Keith engagiert, der schon für »Schwarze Rosen« als Ballettmeister verantwortlich zeichnete.

Eines Morgens spricht sich in Babelsberg herum, daß Jens Keith verhaftet worden ist. Ihm werden Verstöße gegen den Paragraphen 175 und frühere kommunistische »Wühlarbeit« vorgeworfen.

Lilian Harvey handelt sofort. Mutig begibt sie sich ins Polizeipräsidium am Alexanderplatz, wird sehr unhöflich behandelt und erfährt, Keith sei bereits ins Zuchthaus Plötzensee eingeliefert.

Zum erstenmal spürt sie die Macht der Gestapo.

Ohne wesentliche Unterstützung durch die Firmenleitung erreicht sie endlich Keiths Freilassung gegen Hinterlegung einer erheblichen Kaution, die sie selbst und viele Kollegen in einer spontanen Sammlung aufbringen.

Jens Keith nimmt seine Arbeit wieder auf. Kurz vor Beendigung des Films kommt er deprimiert zu Lilian, bedankt sich noch einmal, hat aber keine

Hoffnung mehr. »Wen die haben, den lassen sie nicht mehr los!« sagt er.

Da rät Lilian ihm, sofort an den Bodensee zu fahren und sich von dort aus mit einem Tagesbus im Kleinen Grenzverkehr in die Schweiz abzusetzen. Sie weiß von Freunden, daß dies noch möglich ist. Da Keith mittellos ist, schenkt sie ihm Geld und gibt ihm Adressen in der Schweiz.

Jens Keith verschwindet über Nacht. Tatsächlich gelingt es ihm, in die Schweiz zu entkommen, wo er wohlbehalten Krieg und Nazizeit übersteht.

Zwei Tage später suchen zwei Herren in Zivil, Gestapo-Männer, Lilian in ihrem Haus am Griebnitzsee auf, sagen ihr auf den Kopf zu, sie habe einem »Volksfeind« zur Flucht verholfen und verlangen ihr Geständnis. Mit der Drohung, sofort den britischen Konsul einzuschalten, weist Lilian alle Beschuldigungen zurück. Die Herren verschwinden.

Sofort begibt sie sich zur UFA-Direktion und erklärt, daß sie Deutschland verlassen werde. Die Herren sind entsetzt. Der Film ist noch nicht fertig, der Schaden wäre unermeßlich. Goebbels muß sich persönlich einschalten und erklärt den Vorfall für einen Übergriff kleiner Beamter, der sich nicht wiederholen werde. Aber Lilian sitzt der Schreck noch lange in den Gliedern.

Ihr einziger Trost ist der Triumph, den sie als »Fanny Elßler« erlebt. So schreibt der *Berliner Lokal-Anzeiger* nach der Premiere: »Immer wieder rufen sie im Parkett des UFA-Palastes nach ihr. Sie kommt in einem hellen Wunder von Spitzen, verneigt sich mit spielerischer Grazie, schüttelt lächelnd die blonden Locken: Es wird ein ganz persönlicher Erfolg der Lilian Harvey. Denn sie allein trägt diesen Film um die große Wiener Tänzerin Fanny Elßler. Sie trägt den Charme und die Leichtigkeit in diesem Film – sie ist die Grazie des Biedermeiers und sie hat die Leichtigkeit dieser einmaligen Erscheinung. Der Regisseur Paul Martin gestaltet mit bildhafter Phantasie nach. Ihm gelingen herrliche Montagen, die den Gang dieser bewegten Zeit illustrieren. Und er fühlt richtig, daß der Tanz in die Mitte dieses Spiels gehört; er gibt dem Können der Harvey weitesten Raum. Er läßt sie schweben und wirbeln, gleiten und sich wiegen – sie wird zum körperlichen Symbol des Titels: Fanny Elßler.«

*

Erstaunt und bewegt vernimmt Paul Martin, daß Lilian Schloßherrin geworden ist. In Ungarn, seinem Heimatland! Und Weihnachten 1937 ist es soweit: er begleitet sie nach Tetétlen, in ihr und sein künftiges Domizil.

Anerkennend äußert er sich über alles, was er sieht, und ist stark beeindruckt. Am stärksten von der Weihnachtsfeier, die Lilian für die vielen Kinder des Dorfes veranstaltet.

Jedes Kind erhält ein Geschenk, jeder Erwachsene Geld. Die Menschen umdrängen dankbar ihre neue Herrin. Der Lehrer läßt die Kinder antreten: »Nase abwischen, Hand küssen!«

Überglücklich genießt Lilian vierzehn kostbare Tage in der Gesellschaft des geliebten Mannes. Sie feiern ein glückliches Weihnachtsfest und tanzen ins Neue Jahr hinein.

Am letzten Abend fragt sie Paul, ob er glücklich sei.

»Doch, doch!« lacht Martin. »Aber für einen Pensionär fühle ich mich noch zu jung.«

»Wir werden noch viele schöne Filme zusammen machen«, schwärmt sie.

»Ich halte es aber nicht für gut, als Lilian-Harvey-Regisseur abgestempelt zu sein . . .«

Sie lächelt. »Es gab eine Zeit, da hätte ein Paul Martin alles dafür hergegeben, um Lilian-Harvey-Filme machen zu können.«

»Das ist vorbei«, sagt er kühl. »Man entwickelt sich weiter. Und meinen nächsten Film mache ich ohne Lilian Harvey.«

## Immer diese verflixten Blondinen!

Willy Fritsch und Frau Dinah im »Ehe-Verhör«

*Star-Revue:* Frau Fritsch, ich erinnere mich noch an Ihre Hochzeit vor etwa 25 Jahren. Sie waren damals unter dem Namen Dinah Grace eine sehr bekannte Tänzerin, Ihr Mann ein sehr umschwärmter Filmliebling. Hat das in Ihrer Ehe je eine Rolle gespielt?

*Willy Fritsch:* Das kann man wohl sagen.

*Dinah Fritsch:* Für mich war es wahnsinnig schwer. Ich werde nie vergessen: Ich ging das einzige Mal in meinem Leben auf einen Ball. Auf den Filmball. Wir waren jungverheiratet. Er wurde innerhalb von Sekunden von mir weggerissen von irgendwelchen wilden Frauen, und ich stand da, mutterseelenallein; ich stieg also in ein Taxi und fuhr nach Hause. Und bin seitdem nie wieder auf einem Ball gewesen.

*Willy Fritsch:* Meine Frau war nicht sehr glücklich am Anfang.

*Dinah Fritsch:* Sehen Sie, das erste war, ich mußte meinen Wagen verkaufen. Ich hatte mir mit 17 Jahren schon meinen Wagen verdient, denn ich war in meinem Beruf auch »jemand«. Aber nun heiratete ich und stand immer im Schatten. Ich fuhr also mit meinem Mann. Es stand dann irgendwo so ein blondes Glück, guckte natürlich herüber. Er guckte auch, es entstand ein Lächeln, ich fand es furchtbar. Dann kamen zwei bis drei superblonde Damen im Wagen hinterhergefahren. Bis dann meine Mutter sagte: Du mußt dich jetzt genau so benehmen, und wenn du jetzt auch nach Hause kommst mit sechs Kerlen!

*Willy Fritsch:* Was heißt genau so benehmen? Ich habe mich ja nicht so benommen!

*Dinah Fritsch:* Doch! Wenn ich dich gebeten habe: Laß das, es ist ja furchtbar, immer diese Flirterei, hast du gesagt, das ist mein Publikum, die gehen ins Kino . . .

*Willy Fritsch:* Wenn meine Frau beobachtete, daß ich zu einer Frau guckte, dann sagte sie sofort: »Du, mit der hast du etwas gehabt!« Die kannte ich aber gar nicht. Also, ich bin in Situationen gekommen!

*Dinah Fritsch:* Wissen Sie, Michael war geboren, ich war wieder schön

*Der von Paul Martin inszenierte Film »Fanny Elßler« bestach durch seine großartigen Ballett-Szenen – hier eine Episode aus der »Bali-Hochzeit« mit Lilian Harvey und dem amerikanischen Tänzer Stovitts.*

*Populär bis in den Fernen Osten – als »Fanny Elßler« entzückte Lilian auch die Japaner.*

*Karl Ritter, der sonst nur politische Filme drehte, schuf einen der schönsten Lilian-Harvey-Filme: »Capriccio«, eine turbulente musikalische Parodie auf die Operette.*

*Mit Begeisterung spielte Lilian ihre Hosenrolle in Ritters »Capriccio« neben Viktor Staal und Paul Kemp, die von ihr höchste Fecht-, Reit-, Sauf- und Raufkunst verlangte.*

schlank, wir gingen am Kurfürstendamm spazieren, wer kam da an? Die Tschechowa. Ich wußte, daß da mal etwas gewesen war. Sie stürzte sich auf ihn und sagte: »Mein Liebling, warum sehen wir uns denn gar nicht mehr? Du mußt unbedingt zu mir zum Tee kommen!« Ich drehte mich also wieder um – tapp, tapp, tapp – und ging allein weiter, weil ich wieder litt.

*Willy Fritsch:* Sie war noch sehr jung.

*Star-Revue:* Glauben Sie, daß eine Trennung für eine Ehe gut ist?

*Dinah Fritsch:* Trennungen sind schon sehr gut, nur dürfen sie nicht zu lange sein. Aber ich war ja monatelang allein. Ich mußte ja alles selber machen. Der zweite Junge wurde 1944 geboren. Wohin, wo entbinden? Daß ich dann in Dresden bleiben durfte, drei Monate, und daß ich dann ein Domizil bekam an der Ostsee, das habe alles ich gemacht. Mein Mann saß in Berlin, hatte wahnsinnige Angst vor den Bomben und . . .

*Willy Fritsch:* Mich hat das vollständig fertiggemacht.

*Dinah Fritsch:* . . . kam nicht einmal rüber zur Geburt. Ich war ganz auf mich allein gestellt. Genau so wie nachher bei der Flucht. Dadurch bin ich kolossal selbständig geworden.

*Star-Revue:* Frau Fritsch, Ihre Ehe hat ja trotzdem bis heute gehalten. Ist das Glück oder Zufriedenheit?

*Dinah Fritsch:* Ach Gott, das ist die Gewohnheit. Ich hätte aber lieber einen Mann, der sagt: Das muß so und so gemacht werden. Bei uns ist es genau umgekehrt. Ich muß alles machen, mein Mann macht nichts.

*Willy Fritsch:* Ich hatte früher einen Sekretär, der sich um alles gekümmert hat, den ich heute natürlich nicht mehr habe, weil sich das nicht mehr lohnt.

*Star-Revue:* Aber Sie wissen, daß es Ihre Frau gar nicht gern macht; warum helfen Sie ihr nicht?

*Dinah Fritsch:* Zu bequem.

*Willy Fritsch:* Ja, das ist vielleicht das richtige, ich bin zu bequem, sie nimmt mir das wunderbar ab.

*Star-Revue:* Wie ist es mit der Erziehung der Kinder?

*Willy Fritsch:* Das macht meine Frau auch vollkommen allein.

*Star-Revue:* Mischen Sie sich überhaupt nicht drein?

*Willy Fritsch:* Doch mal.

*Star-Revue:* Herr Fritsch, hatten Sie früher einen ganz bestimmten Frauentyp, für den Sie schwärmten?

*Willy Fritsch:* Es ist bei mir immer derselbe Typ gewesen: schlank, blond, blaue Augen. Sie brauchte nicht hübsch zu sein, aber apart.

*Star-Revue:* Damit kommen wir automatisch auf Lilian Harvey.
*Willy Fritsch:* Die war gar nicht mein Typ.
*Star-Revue:* Aber damals sprach man doch in ganz Deutschland davon.
*Willy Fritsch:* Das war wegen der Reklame.
*Dinah Fritsch:* Das erzählt er mir auch immer, das glaube ich nicht. Zu Anfang muß ja etwas gewesen sein.
*Willy Fritsch:* Nein, es war eben nichts. Sie war nicht mein Typ. Sie war am Anfang sehr pummelig. Dünn ist sie erst später geworden. Sie war so irrsinnig ehrgeizig, und das ist mir ein bißchen auf den Wecker gegangen. Daß ich diese Karriere gemacht habe, habe ich sehr viel der Harvey zu verdanken, die hat mich immer mitgerissen. Ich hätte ja gar nicht so viel gearbeitet. Die hat sich ja abends noch hingesetzt und hat ihre Rollen in Französisch gelernt. Ich wollte meine Ruhe haben abends.
*Star-Revue:* Das Wort Ruhe und Bequemlichkeit höre ich hier sehr oft.
*Willy Fritsch:* Das war bei mir immer sehr wichtig. Wenn ich gearbeitet habe, habe ich intensiv gearbeitet, habe alles getan. Aber wenn das fertig war, wollte ich von dieser Geschichte nichts mehr hören.
*Dinah Fritsch:* Ja, er ist sehr bequem. Wir liegen doch meistens schon um halb neun Uhr im Bett. Wenn wir verreisen, ist es genau dasselbe. Für mich ist das ein bißchen, nun ja . . .
*Star-Revue:* Frau Fritsch, wollen wir ganz ehrlich sprechen. Was stört Sie an Ihrem Mann am meisten?
*Dinah Fritsch:* Sein Phlegma. Daß er nichts von sich aus tut . . . Im Film ist nichts los, dafür kann er nicht, daß es keine Arbeit gibt. Aber er könnte ja sonst irgend etwas tun, gute Bücher lesen, oder sonst etwas.
*Star-Revue:* Was macht er denn?
*Dinah Fritsch:* Ja, was macht er?
*Willy Fritsch:* Er wartet, geht spazieren, schläft viel, liest die Illustrierten, aber keine Filmzeitschriften!
*Star-Revue:* Gibt es etwas an Ihrer Frau, was Sie irritiert?
*Willy Fritsch:* Sie möchte gern einen Direktor als Mann haben, der morgens immer um dieselbe Zeit ins Büro geht und abends wiederkommt.
*Dinah Fritsch:* Ebenso glaube ich, daß ich für meinen Mann auch eine Nervensäge bin. Denn ich zerstöre ihm immer seine Gemütlichkeit, ich kann keinen Moment stillsitzen. Es gibt ja immer etwas zu tun. Und man wird hart dadurch, daß man sozusagen immer Mann und Frau in einer Person sein muß.

*Willy Fritsch:* Meine Frau hat natürlich vollkommen recht. Aber das ist ja das, was ich an ihr so liebe, daß sie mir alles abnimmt.

*Star-Revue:* Frau Fritsch, war Ihr Mann in seiner romantischen Leinwandliebhaberzeit selber sehr romantisch?

*Dinah Fritsch:* Überhaupt nicht. Ich wollte einmal, kurz verheiratet, romantisch werden. Es war an der Ostsee, wir kamen über eine Brücke, es war Mondschein, und ich wollte zärtlich werden. Da sagte er: Nun werd' hier bloß nicht romantisch!

*Star-Revue:* Und haben Sie das in Ihrer Ehe vermißt?

*Dinah Fritsch:* Ja, sehr.

*Star-Revue:* Er hat Ihnen keine Liebesbriefe geschrieben?

*Dinah Fritsch:* Was heißt Liebesbriefe? Ein kleines Kärtchen: Große Sehnsucht, alles Liebe, viele Küsse und dann die Blumen. Aber das hat ja nichts mit dem Herzen zu tun. Ich verstehe unter Romantik ganz etwas anderes.

*Willy Fritsch:* Ich bin eben ein Mann. Da liegt wahrscheinlich der Unterschied.

*Star-Revue:* Glauben Sie nicht an die große Liebe?

*Dinah Fritsch:* Glaube ich schon. Aber die große Liebe muß immer verzichten und ist immer der dumme Teil.

*Willy Fritsch:* Seit ich meine Frau geheiratet habe, haben mich andere Frauen bis zum heutigen Tag nicht mehr interessiert.

*Dinah Fritsch:* Er hatte ja sein Leben schon genossen. Das ist der große Unterschied. Er war ja froh, daß er seine Ruhe hatte.

*Willy Fritsch:* Ich habe sehr viel gearbeitet. Und ich war froh, wenn ich abends nicht ausgehen mußte.

*Dinah Fritsch:* Aber welche Frau macht denn das mit?

*Star-Revue:* Gibt es noch eine Art von Romantik oder Spannung?

*Dinah Fritsch:* An Romantik und Spannung kann man nach 24 Jahren kaum mehr denken.

*Willy Fritsch:* Ich muß immer wieder sagen, ich könnte mir gar nicht vorstellen, einen anderen Menschen zu haben. Wenn ich die Dinah nicht hätte, müßte und würde ich ja alles selber machen.

*Dinah Fritsch:* Aber du könntest es nie. Du hast ja keine Ahnung von Tuten und Blasen!

(Gekürzt aus *Star-Revue* Nr. 9, April 1961, Interview von Hans Meyer)

## »Capriccio« und die Hosenrolle

Am 8. August 1937 teilt Produktionschef Ernst Hugo Correll dem Regisseur Karl Ritter mit, daß er den nächsten Lilian-Harvey-Film der UFA inszenieren soll. Erfreut und überrascht sagt Ritter zu. Ein alter Traum geht damit für ihn in Erfüllung.

Karl Ritter, 49, Berufsoffizier bis 1919, aktiver Flieger, Kunstmaler und Grafiker, war Dramaturg bei der Südfilm, Propagandachef bei der Emelka, wurde als Produktionsleiter zur UFA geholt und entdeckte plötzlich, künstlerisch vielseitig gebildet, seine Liebe zur Regie. Mit dem bayerischen Bauernschwank »Weiberregiment« fing er 1936 an, ließ sofort den Spionagefilm »Verräter« folgen, der das Prädikat »staatspolitisch und künstlerisch besonders wertvoll« erhielt, und war damit bereits als »politischer« Regisseur entdeckt, obgleich diese Richtung seinem komödiantischen Naturell durchaus nicht entsprach. Aber die UFA brauchte Männer, die »zeitnahe, kämpferische, heldische« Stoffe zu servieren verstanden, ohne in falsches Pathos oder ideologische Langeweile auszubrechen – und schon hatte Ritter »Patrioten« und »Unternehmen Michael« abgedreht, die sich mit militärischen und soldatischen Problemen des Kriegsjahres 1918 befaßten und den nationalsozialistischen Machthabern haargenau ins Konzept paßten. »Urlaub auf Ehrenwort«, ein Film, den Ritter jetzt in Arbeit hat, liegt auf der gleichen Linie – und da läuft ihm plötzlich Correll mit der Harvey über den Weg.

Correll, der seit kurzem bei Goebbels auf der »Abschußliste« steht, weil er nicht daran denkt, die UFA mit fliegenden Fahnen politisch »gleichzuschalten«, beweist wieder einmal die richtige Nase. Paul Martins überhebliche Forderung, nicht als »Lilian-Harvey-Regisseur« abgestempelt zu werden, zum erstenmal bei der Premiere der »Sieben Ohrfeigen« am 3. August 1937 lautstark ausgesprochen, kommt Correll sehr gelegen. Hat er doch schon befürchtet, Lilian Harvey werde sich als »Paul Martin-Star« festlegen und damit in ihrer weiteren künstlerischen Entfaltung hemmen lassen. Und da er obendrein den hochbegabten Karl Ritter für viel zu schade hält, als »Kriegsregisseur« verschlissen zu werden, nimmt er bereits fünf Tage nach Martins Vorstoß den Austausch vor: Karl Ritter wird Lilians nächsten Film machen, und Correll gibt ihm augenzwinkernd gleich einen Tip mit auf den Weg: »Wie wär's mit einer Hosenrolle?«

Ritter ist entzückt. Zu seinen Aufgaben bei der Südfilm hatte es gehört, die Filme des berühmten Franzosen René Clair in deutscher Fassung herauszubringen. Er hatte in Paris eng mit Clair zusammengearbeitet und seine Regiekunst studiert. Deutsche Filme im René-Clair-Stil zu schaffen, das schien ihm damals ein unerreichbarer Wunschtraum – den er jetzt plötzlich, sieben Jahre später, in greifbare Nähe gerückt sieht.

»Denn Lilian paßte genau in den René-Clair-Stil hinein, sie war so anders als die anderen Liebhaberinnen, elfenhaft, fast unwirklich, fleischgewordene Grazie und Anmut, einer spielerischen Schöpferlaune entsprungen, das geborene Colombinchen der Commedia dell'arte, ein Figürlein der Rokoko-Schäferspiele, ein Botticelli-Engel von zarter, seelenvoller Schönheit, sie war wie ein Kunstwerk, das man ohne erotisches Verlangen genießen konnte . . .«*

Begeistert greift er das Stichwort »Hosenrolle« auf. Und ebenso enthusiastisch stimmt Lilian ihm zu. Hosenrolle – das ist wieder etwas Neues für sie. Hosenrolle – das bedeutet einen jungen Mann spielen, der in Wirklichkeit ein Mädchen ist. Aber warum verkleidet sie sich? Um ihre Umgebung zu täuschen? Um in rauhen Zeiten – denn natürlich handelt der Film in der Vergangenheit, am besten im Biedermeier – als Frau allen Gefahren und Anfechtungen zu entgehen?

Apropos Anfechtungen – fechten muß sie natürlich auch können! Nach allem, was sie bereits vorgeführt hat, nach schwimmen, reiten, singen, seiltanzen, war längst etwas Neues fällig – ja, fechten ist gut! Und schon stürzt sie, die Linkshänderin, sich mit Feuereifer in den Fechtunterricht, obgleich es noch viel Zeit hat, bis die erste Klappe für »Capriccio« fällt.

»Capriccio« – das ist Ritters Titel-Idee. Dieser Begriff verkörpert für ihn alles, was ihm vorschwebt: Caprice, Laune, Grille, Phantasie, Übermut, Humor, Heiterkeit, Leichtigkeit, Lyrik, Romantik. Und Lilian Harvey. Und die Musik von Alois Melichar. Und die Kostüme von Manon Hahn. Und die Bauten von Walter Röhrig. Und die Cheoreographie von Werner Stammer.

Ritter sieht den Film bereits vor sich, obgleich es noch kein Drehbuch gibt.

---

* Der sechsundachtzigjährige Karl Ritter in einem Brief aus Buenos Aires an den Verfasser.

Er weiß, *wie* er ihn drehen wird, nicht, *was* es zu drehen gilt. Darüber mögen sich die Autoren den Kopf zerbrechen, sein Bruder Rudo Ritter und Felix Lützkendorf, der ebenfalls froh ist, nach so viel Heroismus endlich einmal komödiantisch sein zu dürfen.

Zunächst aber muß sich Ritter in seinen »Urlaub auf Ehrenwort« vertiefen, der ihm ein Jahr später den Regie-Preis des Film-Biennale in Venedig einbringen wird.

Nachstehend Auszüge aus seinen Tagebüchern:

»*Taormina, 10. Dezember 1937.* Die erzwungene Ruhe nach meiner septischen Angina läßt mich endlich zum Studium des Drehbuchs kommen. Plötzlich ruft Correll an, Lilian sei fraglich geworden, das ›Promi‹ will ihr nicht mehr die Gage in Devisen bewilligen. Ich soll mich statt dessen auf Marika Rökk einstellen. Richard Strauß, der im gleichen Hotel an seiner ›Daphne‹ arbeitet, muß mich trösten. Ich tröste ihn wegen seiner Absetzung als Präsident der Reichsmusikkammer.

*Berlin, 27. Dezember.* Große Freude: Entscheidung zu Lilians Gunsten gefallen.

*7. Januar 1938.* Regie-Besprechung mit gesamtem Stab. Reichsfilmdramaturg v. Demandowski ruft an und teilt negative Stellungnahme von Goebbels zum Drehbuch mit. Er wird mich bald zu sich rufen. Schmerz laß nach.

*13. Januar.* Ich muß zu Goebbels. Am Dreizehnten! Mitten in den Vorbereitungen will er stoppen. Ist gegen den Stoff. Ich falle beinahe auf die Knie vor ihm, beschwöre ihn, mit Lilian Harvey sei kein staatspolitischer Film zu machen, ich wüßte wenigstens keinen, sage ihm, wie weit wir sind, was für Unkosten entständen usw. Ich muß mit Engelszungen geredet haben, denn nach einer Stunde hob er die Einstellungsverfügung auf. Aber er warnte mich! Eindringlich! Ich verließ mit zitternden Knien sein Arbeitszimmer.

*14. Januar.* Lilian hat ellenlange Änderungswünsche zum Drehbuch, viele Seiten Schreibmaschine! Auch das noch! Aber – intelligent! Die Autoren werden zitiert. Einiges kann ich mit Mühe am Telefon mit Lilian aufheben. Aber es bleibt genug, was Schwierigkeiten macht. Mir gefällt ihr Begleitbrief zu den Änderungswünschen: ›Lieber Herr Ritter, Sie sehen, ich habe mich ernstlich mit unserer gemeinsamen Arbeit beschäftigt. Machen Sie mir doch die Freude, sich ebenso ernsthaft mit meinen Wünschen zu beschäftigen – und Sie werden Ihre helle Freude an Ihrer Mitarbeiterin haben. Ich werde mich für den Fall, daß Sie meine mir gerecht erscheinenden Einwände akzeptieren würden, mit einer Begeisterung auf die Arbeit stürzen wie schon lange nicht. Herzlichst Ihre Lilian Harvey.‹

*19. Januar.* Dritter Drehtag – und Lilians Geburtstag. Feiern im Atelier. Ein kleiner Film für sich. Reden und Gesänge. Schampus. Alle haben sie gern, vom Maskenbildner bis zu den Bühnenarbeitern. Dann zur Premiere ›Urlaub auf Ehrenwort‹ im UFA-Palast. Goebbels-Adjutant bringt mir Bild von Goebbels im Silberrahmen mit Widmung – Nanu? Nanu?

*26. Januar.* Regiesitzung. Im Hintergrund klirren die Degen. Lilian lernt verblüffend rasch. Der Fechtlehrer ist sprachlos. Sie muß auch boxen und sogar bajonettfechten lernen. Täglich viel Besuch im Atelier: Willy Fritsch, Sepp Dietrich, Canaris, Birgel, Jack Hylton, brasilianischer Gesandter, Lucienne Boyer – und, und, und . . .

*3. Februar.* Bin mit Lilian auf Titelseite der ›Berliner Illustrirten‹! Wieder viel Atelierbesuch. Hat sich herumgesprochen, daß wir ein Freudenhaus drehen. Der ganze UFA-Vorstand guckt zu. Müßte eigentlich Ehrenbürger von Perpignan werden, denn mein Bordellchen spielt dort, ist aber so luxuriös wie wohl niemals ein Püffchen in Perpignan. Man denke und staune: Lilian im Freudenhaus ! ! !

*22. Februar.* Lilian kommt in mein Büro. Sie schlägt vor, den Gerichtskomplex musikalisch zu gestalten. Bomben-Idee! Auch Melichar ist begeistert.

*25. Februar:* Nacht-Reitaufnahmen mit Lilian. Sie muß in einen Riesenbogen von Scheinwerfern angestrahlter Wasserfontänen. Der Schimmel bockt unter dem Tattersaal-Besitzer. Will nicht ins Wasser. Da schwingt Lilian sich auf den Pferderücken, schnalzt mit der Zunge, und wie ein Wiegenpferd galoppiert der Gaul in stolzer Haltung durch die Regenwand. Bei jeder Wiederholung! Sie reitet vorzüglich.

*7. März.* Fertigstellung ›Capriccio‹. Besprechung mit Lilian wegen ›Glas Wasser‹, das ich machen möchte mit Gründgens als Bolingbrooke und Lilian als englische Königin.

*3. Mai.* Der fertiggeschnittene Film ›Capriccio‹ wird im Propagandaministerium vorgeführt. Corell läßt mich rufen und teilt mir die Aufnahme im Promi mit: Vernichtende Goebbels-Kritik!

*4. Mai.* Gerüchte um Durchfall ›Capriccio‹ im ›Promi‹ verdichten sich. Aufregung in der UFA. Schwemme Ärger bei Maibock im ›Prälat‹ mit Radieschen herunter.

*5. Mai.* Werde ins ›Promi‹ zitiert. Finde dort Corell, Greven, Vogel,

Schweikart wartend vor. Sie wissen nicht, was los ist. Denken an eine besondere Vorführung irgendeines interessanten Films. Demandowski holt uns alle in den Vorführungsraum. Staatssekretär Hanke erscheint mit einigen anderen Herren, zitiert mich neben sich. Bin noch ahnungslos. Ein tolles Stück folgt: Hanke läßt einige Szenen aus ›Capriccio‹ vorführen. Bricht ab und verliest einen vernichtenden Brief seines Ministers Goebbels. Haupttenor: So sollen die Filme im Dritten Reich nicht aussehen! Er wünsche keinen solchen mehr zu sehen – usw. Mir platzt der Papierkragen. Ich lege mächtig los. Die Schnoddrigkeit des Ganzen läßt mich explodieren. Bin nicht zu beruhigen. Als einer von der Reichsmusikkammer auch noch mit einer ›Beleidigung Beethovens‹ wegen der Verwendung von ›Wer ein holdes Weib errungen, mische seinen Jubel ein!‹ in der Schlußszene daherkommt, platze ich völlig aus den Nähten, brülle, stürze aus dem Raum und knalle die Tür hinter mir zu. Saufe mir abends meinen Kummer vom Leib.

*31. Mai.* Werde ins ›Promi‹ bestellt. Was nun? Arbeitsverbot? Gedrückte Stimmung. Aber große Überraschung: Dr. Goebbels beruft mich in den Reichs-Kultur-Senat! Tableau! Außerdem Mitglied des Präsidialrates der Reichs-Filmkammer. Feierliche Rede dazu. Staunen meinerseits.

*16. Juni.* Wundermeldung: ›Capriccio‹ ohne Ausschnitte zensiert! Natürlich ohne Prädikat! Irgendwie mußte er es mir ja geben!

*11. August.* Premiere ›Capriccio‹ im Gloria-Palast! Verbeuge mich mit Lilian auf der Bühne. Großer Beifall. Beste Stimmung. Schampus im Künstlerzimmer. Nach der zweiten Vorstellung Riesen-Applaus. Premierenfeier im Dachgarten des Hotels EDEN. Dritte Vorstellung noch größerer Applaus, zahlreiche Vorhänge. Menschenmassen um unser Auto.

*19. August.* Mitteilung vom ›Promi‹: ›Glas Wasser‹ gestorben. Traurig, war eine Lieblingsidee von mir.

*29. August.* Bei Goebbels im ›Promi‹. Gespräch über de Costers ›Hochzeitsreise‹. Demandowski, Hanke, Naumann dabei. Goebbels mit erhobenem Zeigefinger: ›Aber nicht wie Capriccio!‹ Da werde einer schlau draus . . .«

Die Auszüge aus den Tagebüchern Karl Ritters werfen bezeichnende Schlaglichter auf die Methode, die Goebbels anwendet, um das gesamte deutsche Filmwesen in seine Abhängigkeit zu bringen. Mit Ritter verbindet ihn eine Art Haßliebe, die später nur noch Haß sein wird. Es ist erstaunlich, daß Ritter seine letzten, dem Regime so willkommenen Filme wie »Legion Condor«, »Stukas«, »GPU« und »Besatzung Dora« im Grunde gegen Goebbels drehen muß.

Da der »Promi«-Chef auch mit Lilian Harvey nichts mehr im Sinn hat, der er die hohen Devisen-Zahlungen mißgönnt, läßt er »Capriccio« sehr bald von den Programmen der deutschen Kinos verschwinden. Seine Motive sind unklar. Einerseits verlautet aus dem »Promi«, die Bordell-Szene habe den Minister empört (dabei haben die Autoren sie vorsichtshalber ins Ausland verlegt, denn eine »deutsche Frau« ist natürlich keine Hure!) und Lilians im Freudenhaus gesungenes Chanson sei »sittenlos«, andererseits kennt man Goebbels als tollkühnen Vorkämpfer einer »gesunden Sinnlichkeit« (und privat als Casanova, wie er im Buche steht). Jedenfalls paßt »Capriccio« nicht in »unsere heroische Zeit« ... So kommt es, daß dieser Film, einer der schönsten Lilians und ein Stück Geschichte auf dem Gebiet des Film-Musicals, dem deutschen Publikum weithin unbekannt bleibt.

Neben der Harvey sind in dankbaren Rollen vor allem zu sehen: Viktor Staal (der für diesen draufgängerischen Part besser geeignet ist als der liebenswürdige Willy Fritsch), Paul Kemp, Aribert Wäscher, Paul Dahlke, Anton Imkamp, Kate Kühl, Margot und Hedi Höpfner sowie Ursula Deinert. Für Regie-Assistenz und Schnitt zeichnet Karl Ritters Sohn Gottfried verantwortlich.

Die Pressestimmen stehen in krassem Gegensatz zu der negativen Meinung des Dr. Goebbels.

Martin Richard Möbius schreibt im *Berliner Tageblatt:* »Dies ist die Opera buffa des Tonfilms. Was während der letzten Zeit an photographiertem Operettentheater, an verfilmter Revue und ähnlichen Stilungeheuerlichkeiten in den Gesichtskreis geschoben worden ist, reißt dieser Guß ›Capriccio‹ ohne weiteres ins Dunkel – der Weg ist frei, zur filmisch gestalteten, musikalisch durchdrungenen Komödie großen Stils zu gelangen, zur Film-Commedia dell'arte. An der Durchbruchsstelle steht Karl Ritters ›Capriccio‹, erster, ernst gemeinter Versuch, verpflichtendes Ereignis. Dies entschieden, nachdrücklich und umfassend festzustellen, erscheint als oberste Pflicht, nachdem seit Jahren auf diesem reizendsten Randgebiet der Kunst nur noch mit stümperhafter Kopie, witzloser Wiederholung der Markt bestritten worden ist. Mag der und jener den Guß wegen verschiedener kleiner Bläschen nicht für voll nehmen wollen – wir sehen das Ganze, den Mut, das Selbstvertrauen, die Tat, das Genie. Dieses Werk Karl Ritters wird neben seinen anderen, worin noch die verkohlten Balken des Weltkrieges schwelen, als glücklichste, alle Heiterkeiten befreiende, alle Lebensgeister weckende und hinreißende Schöpfung im Gedächtnis bleiben.«

Fritz Böhme in *Deutsche Allgemeine Zeitung:* »Der Film ist so übersättigt mit Lustspiel-Materie, daß man, wenn man vor Lachen zum Überlegen kommen könnte, sich vielleicht fragen würde, ob's nicht ein bißchen zuviel Herausforderung des Gelächters ist. Aber man kommt kaum zum Überlegen. Man läßt sich überschütten. Man lebt wie im Märchen, wo man ja auch das Unglaubliche gläubig hinnimmt.«

Felix Henseleit in *Lichtbildbühne:* »Ein wirklich-unwirkliches Spiel von karnevalistischer Heiterkeit – die Welt durch ein Glas Sekt gesehen, ein Rausch der Unernstheit, der unbeschwerten, voraussetzungslosen Heiterkeit, deren Zeichen tänzerische Verspieltheit ist, ein Rausch der Formen, der Farben und eines Übermuts, wie er in dieser besonderen Art bisher noch nicht filmüblich war.«

Karl H. Ruppel in der *Kölnischen Zeitung:* »Der Betrachter sah den Film zweimal, in der Erwägung, daß die Intention eines so ideenreichen Spielleiters wie Karl Ritter, dem der deutsche Film die gültige Formulierung großer zeitgemäßer Themen verdankt, sich nicht mit einer photographierten Operette selbst gigantischen Ausmaßes begnügt haben könnte. In der Tat ist hier der grundsätzlich wichtige Versuch gemacht, durch musikalische Auflösung des Optischen zu einer neuen filmischen Form zu gelangen ... Die Energie und Vitalität, mit der Ritter in ein mindestens im deutschen Film noch wenig erschlossenes Gebiet vorgedrungen ist, verdient jede Zustimmung ... Aus der langen Reihe der Darsteller trifft Lilian Harvey als Madelone den Stil des Capriccios vollendet. Sie hat die Leichtigkeit, die sprühende improvisatorische Beweglichkeit, den karnevalistischen Übermut einer echten Commedia dell'arte-Figur. Selten hat man sie so unaffektiert lustig, so voll komödiantischer Laune und reizendem mimischen Witz gesehen.«

Werner Höfer in *Der Neue Tag,* Köln: »›Capriccio‹ ist der erste große Film der Saison. Er bringt zugleich eine der unentbehrlichen Erscheinungen des deutschen Films, Lilian Harvey, ins Rennen. Es ist keine Schauspielerin denkbar, der eine Hosenrolle so sehr zu Gesicht steht wie ihr, diesem schmalen, von Hause aus schon knabenhaften Persönchen, das hier alle seine Reize demonstrieren darf: tänzerische Beweglichkeit, schelmischen Charme und eine fast verbissene Energie. Eine große, wenn nicht die größte Harvey-Rolle!«

Hans Paeschke in *Deutsche Zukunft,* Berlin: »Dieses ›Capriccio‹ setzt aller bisherigen Possenreißerei die Krone auf, schlägt dem letzten Vorrat Ernst in uns den Boden aus. Das macht: Karl Ritter, der Regisseur chronikhafter Berichte einer sachlichen Lebensdramatik, hat mit diesem Film und seiner Handlung zugleich sich selbst auf den Kopf gestellt. Sein Werk gleicht einem Puppenspiel in der Maske menschlichen Geschehens, in dem eine mit Pseudo-Leidenschaften kostümierte Gesellschaft von Marionetten sich in tollen Streichen auf Schäferspielmanier ergeht. Dem grazilen Talent Lilian Harveys war das schauspielerische ›So-tun-als-ob‹ in allen Lagen auf den Leib geschrieben.«

Friedrich W. Hymmen in *Völkischer Beobachter:* »Singend läßt sich vieles sagen, wenn auch der Parodie manches ungeeignete zum Opfer fällt. Mozart läßt es sich ja noch gefallen, aber wenn der berühmteste Chor einer Beethoven-Symphonie in einen Marsch-Fox verwandelt wird (samt Schillers Text), so wirkt das nicht ulkig. Wir können keinen Spaß verstehen? Nun gut, drücken wir bisweilen ein Auge zu und lassen das Capriccio an uns vorüberwirbeln. Manche, die leicht träumen oder sonstwie einen schwachen Magen haben, mögen nach dieser ungewöhnlichen Kost einen Schnaps trinken.«

# Die Unermüdliche

Aus der Abenddämmerung meiner Erinnerungen betritt die Szene eine kleine, blonde Person namens Lilian Harvey. Ich habe sie nur ein einziges Mal gesprochen. Aber ich wußte von ihrer besten Eigenschaft: sie war von einem märchenhaften Fleiß, einem unglaublichen, beispiellosen Fleiß, einer besessenen Arbeitswut.

Die Harvey war physisch außerordentlich zart, und ihre Lunge war in großer Gefahr. In dem temperamentvollen Film »Capriccio« hatte sie zu tanzen, zu singen, zu reiten, zu fechten, zu flüchten, zu jagen, zu rennen, zu stürzen. Und sie holte das Letzte vom Letzten aus sich heraus. Indessen die anderen jungen Damen der Branche sich oft lediglich auf ihre hübschen Gesichter verließen oder auf ihre untadeligen Beine oder auf ihre intimen Beziehungen, verließ sich diese kleine Person auf ihren Fleiß, ihren wütenden, berserkerhaften, unnachgiebigen Fleiß, der ihre Begabung festigte und entwickelte. Bevor die Dreharbeit für den Film begann, stand sie monatelang morgens in aller Frühe auf und nahm Reitstunden, Fechtstunden und Gymnastikstunden. Sie ließ sich von einem rücksichtslosen Ballettmeister trainieren, von einem rücksichtslosen Reitlehrer schikanieren und von einem rücksichtslosen Fechtmeister die Handhabung des Floretts einbläuen. Dann nahm sie Unterricht bei einer Yoga-Lehrerin in der Atemtechnik, eine damals noch kaum bekannte Methode. Dann eilte sie zu einem Sprechmeister und machte Stimmübungen. Und ungezählte Male unternahm die Kleine in Wind und Wetter Dauerspaziergänge, um ihren schwachen Körper hart zu machen. Niemals ließ sie locker, niemals ließ sie sich gehen und nichts ließ sie sich durchgehen. Sie ging beinahe drauf dabei. Jedermann, der mit ihr arbeitete, wußte, daß sie ein Phänomen an Zuverlässigkeit, Pünktlichkeit und Gewissenhaftigkeit war. Und sie hätte sich angesichts ihrer Berühmtheit und ihrer Beliebtheit so vieles schenken können. Sie schenkte sich nichts. Sie erlaubte sich niemals, das Publikum durch leichtfertige Improvisationen übers Ohr zu hauen, was sich so manche Lieblinge erlaubten.

Sie bekam sehr hohe Gagen. Diese Gagen verdiente sie auf das würdigste, das heißt, sie hatte die Beträge wohlverdient.

*Sie verschwand nicht so bald von der Leinwand wie so viele andere, an denen sich die Zuschauer müde gesehen hatten. Als andere junge Schauspielerinnen älter wurden, der Zauber ihrer Jugend geschwunden und auch ihre Schönheit verblaßt war, lag Lilian Harvey noch immer mädchenhaft und ewig jung in den Armen von Willy Fritsch. So viele Namen erloschen. Lilians Name blieb. Ein Genie an Disziplin, Selbstbeherrschung, tadellosem Benehmen, enormem Fleiß und unbarmherziger Selbstkontrolle.*

(Fred Hildenbrandt: »Berliner Erinnerungen 1922–1932«, München 1966)

# Das Ende einer Karriere

Der erste Film, den Paul Martin in Deutschland ohne Lilian Harvey dreht, heißt »Fortsetzung folgt« und fordert hämische Glossen der »Branche« heraus. Zum Beispiel diese: »Fortsetzung folgt« sei eine Fortsetzung von Martins Hollywood-Film »Orient-Express«, der in Amerika ohne Fortsetzung blieb, weil er erfolglos war. »Fortsetzung folgt« sei also die fortgesetzte Erfolglosigkeit.

Paul Martin hat eine junge Schauspielerin entdeckt, die in Hubert Marischkas Filmlustspiel »Ihr Leibhusar« und in der deutsch-italienischen Coproduktion »Der Mann, der nicht nein sagen konnte« kleine Rollen spielte: Frauke Lauterbach. Diese engagiert er jetzt als Hauptdarstellerin seines Films, für den er zusammen mit Peter Hellbracht und Emil Burri das Drehbuch schreibt. Es ist eine belanglose Kriminalkomödie im Schriftsteller-Milieu; Viktor Staal spielt die männliche Hauptrolle – dies ist das einzige, das »Fortsetzung folgt« mit »Capriccio« gemeinsam hat.

Lilian Harvey, die es sehr richtig findet, daß Martin sich einmal in einer anderen Partnerschaft erprobt, gefällt der Stoff nicht. Sie macht Änderungsvorschläge, aber Martin will sich nichts sagen lassen. Dies sei *sein* Film. Er kümmere sich auch nicht um Lilians Film. Wir kennen das bereits aus Hollywood.

Also hilft Lilian ihm, indem sie seiner Hauptdarstellerin selbstlos Tips gibt, sie zu ihrer Modistin mitnimmt und sie ihrem Friseur empfiehlt. Eifersüchtig ist sie nicht. Im Gegenteil: als Lilian erfährt, daß Frauke Lauterbach in der UFA schlecht ankommt, legt sie bei Correll ein gutes Wort für sie ein.

Aber Paul Martin hat Pech. Das »Promi« hält seinen Film für mißlungen. Goebbels möchte ihn am liebsten verbieten. Ein zähes Tauziehen beginnt. Der Film wird neu geschnitten und endlich von der Zensur freigegeben. Er kommt aber nicht, wie Martin gehofft hat, am Kurfürstendamm heraus, sondern läuft am 26. August 1938 sang- und klanglos in Bochum an – vierzehn Tage nach dem umjubelten »Capriccio«-Start im Gloria-Palast Berlin.

Das ist abermals ein harter Schlag für Paul Martin. Deutlicher hätte ihm nicht demonstriert werden können, wie das vermeintliche Wettrennen zwischen Lilian und ihm ausgegangen ist: mit einem hundertprozentigen Sieg der Harvey, die Pauls katastrophale Niederlage um so mehr bedauert, als sie sie hat kommen sehen.

Als »Fortsetzung folgt« endlich nach Berlin gelangt, bringt nur ein kleines Kino in der Friedrichstadt diesen Film heraus, in dem Frauke Lauterbach ihre erste und letzte Hauptrolle spielt.

Aber der Mann, der nicht zum »Lilian-Harvey-Regisseur« abgestempelt werden wollte, gibt nicht auf. Mit beiden Händen faßt er zu, als ihm plötzlich und unerwartet die Regie des Films »Preußische Liebesgeschichte« angeboten wird. Er kommt gar nicht dazu, sich über die Großzügigkeit der UFA zu wundern, die doch jetzt eigentlich Vorsicht hätte walten lassen müssen. Aber die vermeintliche Großzügigkeit ist nichts anderes als eine Spielart des Fatalismus, der in der UFA um sich zu greifen begonnen hat.

Und Paul Martin wird es ausbaden müssen.

*

Denn die UFA ist verkauft worden. Goebbels, dem die mächtige, im Besitz des von Geheimrat Hugenberg geleiteten Scherl-Konzerns befindliche Filmfirma seit langem ein Dorn im Auge ist, hat sie durch den »Reichsbeauftragten für die Deutsche Filmwirtschaft«, Dr. Max Winkler, in Staatseigentum übergeführt, und jetzt ist er, der Minister, alles in einer Person: Inhaber, Generaldirektor, Produktionschef, Dramaturg und zuallererst Besetzungschef, der sich um jede, selbst kleinste Rolle, kümmert und darum, welcher Schauspieler, vor allem, welche Schauspielerin engagiert werden soll.

Schnell stellt man sich in der deutschen Filmwirtschaft darauf ein. Eine Künstlerin, die von Goebbels mit einem Auge des Wohlwollens betrachtet wird, ist einer rasanten Karriere sicher. Denn jeder Produzent, jeder Regisseur, der etwas werden will, beeilt sich, die Favoritin des Ministers vor die Kamera zu bringen.

So wird Lida Baarova in den Jahren zwischen 1935 und 1938 die Frau, von der man in den deutschen Filmateliers – und nicht nur hier – spricht.

Die Baarova, eine bildschöne Tschechin, hat, seit sie in dem UFA-Film »Barcarole« zum erstenmal auf der deutschen Leinwand auftaucht, eine Liaison mit ihrem Partner, Gustav Fröhlich. Auch in den Filmen »Ein Teufelskerl« und »Die Stunde der Versuchung« spielen die beiden zusammen. Gustav besitzt ein Haus auf der Insel Schwanenwerder, und eines Tages verliebt sich sein Nachbar in Fröhlichs Freundin und diese sich in jenen. Der Nachbar ist Dr. Joseph Goebbels. Als Fröhlich die beiden in flagranti erwischt, kommt es zu jener köstlichen Szene, von der die Filmbranche heute noch schwärmt, obgleich niemand, außer den Beteiligten natürlich, weiß, was sich nun wirklich damals abgespielt hat. Hat Fröhlich den Goebbels geohrfeigt? Haben sie sich sogar geprügelt? Tatsache ist, daß der Vorfall Gustav Fröhlich noch berühmter und populärer macht, ohne daß er irgendwelche Konsequenzen ziehen würde, außer der, seiner Freundin den Laufpaß zu geben, und daß Goebbels nicht aufhört, sich mit Lida Baarova zu treffen, denn aus dem nachbarlichen Flirt entwickelt sich die große Liebe seines Lebens. Er ist drauf und dran, seinen »Job« als Minister zur Verfügung zu stellen, und Adolf Hitler persönlich muß eingreifen, um seinen Propagandachef zur Raison zu bringen. Himmler hilft ihm dabei. Als es bei der Berliner Premiere des Dostojewski-Films »Der Spieler«, den Gerhard Lamprecht mit Lida Baarova und Albrecht Schoenhals in den Hauptrollen inszeniert hat, am 27. Oktober 1938 zu einem Skandal kommt – mehrere Kinobesucher, es sind SS-Männer in Zivil, rufen der vor den Vorhang tretenden Baarova zu: »Ministerhure raus! Ministerhure raus!« – begreift Goebbels endlich die Sinnlosigkeit seines Benehmens. Drei Tage nach der Premiere läßt er den »Spieler«, trotz des Prädikates »künstlerisch wertvoll«, verbieten, und Lida Baarova erkennt daran, daß sie verloren hat.

Aber die UFA hat noch einen Baarova-Film in Vorbereitung: »Preußische Liebesgeschichte«, worin Willy Fritsch Partner der schönen Tschechin sein soll. Angesichts der bedrohlichen Entwicklung im »Promi« wagen die UFA-Herren nicht, einen Spitzenregisseur mit der schweren Verantwortung zu belasten, die in jenen Monaten die Inszenierung eines Baarova-Films bedeutet.

So kommt Paul Martin zu der unerwarteten Chance, seiner mißglückten »Fortsetzung folgt« doch eine Fortsetzung folgen zu lassen. Obgleich er sich des Risikos bewußt sein muß, das ihn erwartet, greift er zu. Es bleibt ihm gar nichts anderes übrig.

Und es ist wirklich nicht Martins Schuld, daß dieser Kostümfilm um die Geschichte der Jugendliebe Kaiser Wilhelms des Ersten von der Filmzensur prompt nicht freigegeben wird. Niemand wundert sich darüber. Es ist keineswegs ein schlechter Film, wie man zwölf Jahre später, im März 1950, bei der nachgeholten Uraufführung feststellen kann. Übrigens wird auch »Der Spieler«, nunmehr unter dem Titel »Roman eines Spielers«, im Jahre 1950

*In Italien drehte Lilian Harvey »Ins blaue Leben«; ihr Partner, damals noch jung und schön, sollte später weltberühmt werden: Vittorio de Sica.*

*Ein anderer berühmter Partner, diesmal Franzose: Louis Jouvet. An seiner Seite spielte Lilian in Frankreich den Schubert-Film »Serenade«.*

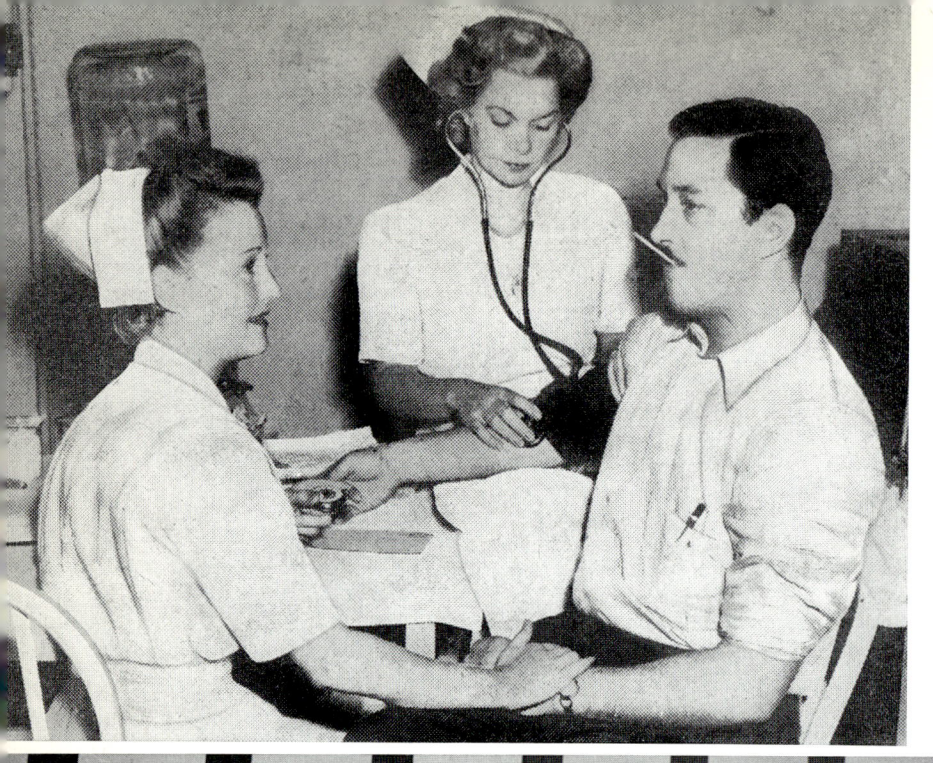

Als Lilian nach ihrer Flucht aus Deutschland in Hollywood kein Engagement fand, meldete sie sich freiwillig zum »Roten Kreuz« und wurde nach zweijähriger Tätigkeit mit einem Orden ausgezeichnet.

Wer als Filmschaffender vor amerikanischen Frauenverbandsvertreterinnen keine Angst zu haben behauptet, muß dieses Bild, in dessen Mitte Lilian Harvey Haltung zu wahren versucht, näher betrachten. Es wird zu seinem Verständnis der amerikanischen Mentalität beitragen.

neu herausgebracht. Eine Lida-Baarova-Retrospektive ohne Renaissance ...

Jedenfalls hat sich herausgestellt: ohne Lilian Harvey hat Paul Martin kein Glück. Es ist ein fatales Jahr für ihn, dieses 1938.

\*

Lilian vermag diese Entwicklung nur aus der Ferne zu beobachten. Sie dreht in Rom den Film »Castelli in Aria«, eine deutsch-italienische Coproduktion der UFA unter der Regie von Augusto Genina. Sie hat einen interessanten und charmanten Partner: Vittorio de Sica. Die deutsche Fassung dieses Films heißt »Ins blaue Leben«: Eine kleine Wiener Garderobiere gewinnt das Große Los, eine Reise nach Italien. Dort verliebt sie sich in einen Mann, den sie für einen reichen Fürsten hält, er ist aber nur ein armer Geiger. Damit ist das Happy-End gesichert.

Aus zwei Gründen hat sie diese Rolle sofort angenommen, obgleich sie von deren Niveau nicht begeistert ist: Einmal möchte sie Paul Martin bei seinem zweiten Film ohne Lilian Harvey nicht mehr »ins Handwerk pfuschen«, er soll keine Gelegenheit finden, sich durch sie gedemütigt zu fühlen, zum anderen hat in letzter Zeit die Belästigung durch die Gestapo wieder zugenommen. Das äußert sich in plötzlichen Anrufen, unerwarteten Besuchen durch unbekannte Männer: manchmal hat sie den Eindruck, Goebbels wolle sie zwingen, sich öfter direkt an ihn zu wenden und um Schutz zu bitten, aber den Gefallen wird sie ihm nicht tun. Der Aufenthalt in Berlin beginnt ihr unheimlich zu werden, deshalb ist sie froh, wenigstens vorübergehend aufatmen zu können. Sie genießt das angenehme Arbeitsklima und die herrliche Landschaft, denn natürlich muß ein Film, der die Reiselust schildert, an den schönsten Stätten Italiens aufgenommen werden.

Eines Tages schreibt ihr Paul, er habe Gelegenheit, in Berlin ein schönes Haus zu kaufen. Es gehöre einem Mann, der emigrieren wolle und deshalb Wert auf ausländische Devisen lege. Ob Lilian ihm helfen werde? Selbstverständlich wird sie ihm helfen.

Um die nicht ganz einfache Transaktion der Devisen zu veranlassen, bittet sie Franz Tanzler um Rat. Tanzler ist UFA-Beauftragter in Rom und gleichzeitig Co-Autor dieses Films.

Ungläubig blickt Tanzler sie an: »Sie wollen Paul Martin wirklich helfen?«

»Ja, selbstverständlich!«

»Darf ich ganz offen fragen: Hat er das Ihrer Meinung nach verdient?«

»Was wollen Sie damit sagen?« fragt Lilian ungehalten.

»Nun, es ist nicht gerade alltäglich, daß eine Frau – entschuldigen Sie bitte – das Liebesnest ihrer Nebenbuhlerin finanziert . . .«

Als Lilian ihn entsetzt anblickt, merkt Tanzler, daß sie wahrhaftig nichts von dem weiß, was in Berlin die Spatzen von den Dächern pfeifen. Sogar bis Rom hat es sich bereits herumgesprochen. Da ist es vielleicht ganz gut, sie endlich aufzuklären . . .

Und Lilian muß erfahren, daß die Filmkarriere der Schauspielerin Frauke Lauterbach zwar beendet ist, nicht aber ihr Weg an der Seite ihres Ex-Regisseurs Paul Martin.

Daß er, dem Lilian soviel geopfert hat, nicht nur nicht den Mut hat, sie von der neuen Situation in Kenntnis zu setzen, sondern sich obendrein erlaubt, sie um ihre Devisen anzugehen, um damit ein Haus zu kaufen, das möglicherweise die andere bewohnen soll – das verschlägt ihr die Sprache.

Tagelang ist nichts mit ihr anzufangen. Sie verkriecht sich im Hotel, bittet um eine Arbeitspause, die ihr gern bewilligt wird. Und versucht mit sich und der Welt wieder ins reine zu kommen.

Die Enttäuschung ist furchtbar, ist zerstörend. Lilian hat ihre Hollywood-Karriere freiwillig abgebrochen – Paul Martin zuliebe. Sie hat den Heiratsantrag des ihr sehr sympathischen Gary Cooper abgelehnt – Paul Martin zuliebe. Sie hat den größten Teil ihres Vermögens in ein ungarisches Schloß investiert – Paul Martin zuliebe. Was bleibt ihr noch? Wofür hat sie gearbeitet in den letzten Jahren? Für wen hat sie gelebt? Nur für eine Illusion?

Nach acht Tagen teilt sie der UFA schriftlich mit, daß sie nicht mehr nach Berlin zurückkehren werde. Sie habe beschlossen, ihren Vertrag zu lösen.

Postwendend antwortet die UFA; es ist ein eiskalter Brief, dem man anmerkt, daß Ernst Hugo Correll in Babelsberg nichts mehr zu sagen hat. Correll hat endlich den Angriffen des Dr. Goebbels weichen müssen. Alfred Greven ist jetzt Produktionschef, der bald weitere Nachfolger haben wird.

Kurz und bündig teilt die UFA ihrem Super-Star mit, an eine Vertragsauflösung sei nicht zu denken. Man habe bereits mehrere neue Harvey-Filme in Vorbereitung. Sollte Lilian dennoch auf einer Kündigung bestehen, werde die UFA in Anbetracht der Gagenhöhe eine Konventionalstrafe von anderthalb Millionen Mark – selbstverständlich in britischer Pfundwährung zahlbar – ansetzen müssen. Im übrigen habe die UFA für Lilians nächsten Film »Frau am Steuer«, um ihr entgegenzukommen und eingedenk früherer Wünsche, Herrn Paul Martin als Regisseur engagiert . . .

Inzwischen hat sie sich soweit gefangen, daß sie ins Atelier zurückgekehrt ist, zurück »Ins blaue Leben«. Und mit lächelndem Gesicht steht sie vor der Kamera und singt einen langsamen Walzer von Franz Grothe und Willi Dehmel:

>*»Guten Tag, liebes Glück!*
>*Kommst du wirklich zu mir?*
>*Guten Tag, liebes Glück!*
>*Das ist reizend von dir!*
>*Doch ich bitte dich,*
>*Darauf gib mir dein Wort:*
>*Geh nicht so schnell wieder von mir fort!«*

Dann versucht sie, sich zu beruhigen. Vielleicht ist alles nur halb so schlimm. Gerüchte werden aufgebauscht. Ein Mann, mit dem sie nun schon sechs Jahre zusammenlebt, der ihr fast alles verdankt, kann nicht so gemein sein. Man muß miteinander reden.

Sie beschließt, nach Berlin zurückzukehren, den nächsten Film zu machen und abzuwarten, was Paul Martin ihr zu sagen haben wird.

Aber das Geld für den Hauskauf schickt sie ihm nicht. Sie reagiert überhaupt nicht auf seine Bitte. Sollte er annehmen, sein Brief sei verlorengegangen, dann wird er in Berlin gewiß davon anfangen.

\*

Aber er fängt nicht davon an, und das ist verdächtig.

Es beginnt die Dreharbeit in einer Atmosphäre, die so unangenehm ist wie noch nie zuvor bei einem Lilian-Harvey-Film. Die Stimmung ist schlecht, die Schauspieler sind hektisch, der Regisseur verliert bei jeder Panne die Nerven. Nur Willy Fritsch bemüht sich um ausgleichende gute Laune. Er spürt Lilians Zerrissenheit und ist sehr nett zu ihr. Es ist ihr zwölfter gemeinsamer Film. Es wird ihr letzter sein.

Die »Frau am Steuer« fährt nicht Auto, sondern lenkt ihre junge Ehe durch die Gefahren einer Krisenzeit. Der Gatte hat am Tag der Hochzeit seine Stellung verloren und führt nun den Haushalt, während sie das Geld verdient. Das kommt vor und bietet zweifellos mancherlei Stoff für ein Lustspiel. Aber anno 1939 gibt es in Hitlers Deutschland natürlich keine Wirtschaftskrise mehr, und es gibt auch keine Arbeitslosen – folglich muß wieder einmal das Ausland als Schauplatz einer deutschen Filmkomödie herhalten. Diesmal ist es nicht Amerika, und nicht England, sondern – ausgerechnet – Ungarn.

Und die Gelegenheit, hier einen Film für die Emanzipation der Frau zu drehen, wird zu Lilians Enttäuschung gründlich vertan. Denn am Ende heißt es für die junge Ehefrau: Marsch, marsch, an den Kochtopf! Der Gatte darf ihren Platz im Bankhaus einnehmen. Und schon klopft der Klapperstorch an die Tür. Wie es sich für ein gut bürgerliches Eheleben gehört ...

Martin und Lilian vermeiden während der Arbeit jedes persönliche Gespräch. Er ist spürbar unsicher, fühlt sich offenbar schuldig und überlegt, was ihre Zurückhaltung bedeuten mag. Sie, die täglich das Mißtrauen neu überwinden muß, sieht keinen Anlaß ihm entgegenzukommen. Sie zwingt sich zur Schweigsamkeit. Sie sind nicht mehr das Team von einst. Sie sind plötzlich Gegner. Und die Gegnerschaft überträgt sich auf ihre Arbeit. Paul Martin besteht darauf, daß Lilian ihre Rolle böse anlege, sie soll unsympathisch wirken. Sie vertritt eine gegenteilige Auffassung und setzt sie dickköpfig durch.

Es ist erstaunlich, daß dieser Film trotzdem gute Kritiken findet. »Lilian Harvey und Willy Fritsch, das geradezu schon klassische Liebespaar des Lustspielfilms, wieder einmal zusammen zu sehen, ist schon ein Vergnügen an sich«, meint Jupp Müller-Marein in der *Berliner Nachtausgabe,* »denn sie strahlen nun einmal Sympathie aus, diese beiden, weil sie aus vielen gemeinsamen Filmen jene Haltung gewonnen haben, die man beinahe den ›Harvey-Fritsch-Stil‹ nennen könnte. Ein vornehmer Stil, denn ihre Haltung ist zumeist Zurückhaltung und die Kunst, mit leisen Worten viel zu sagen. Dabei hat Willy Fritsch das Kunststück vollbracht, das weibliche Wörtchen ›schmollen‹ ins Männliche zu übertragen. Und Lilian kann aktiv und tätig sein, ohne von ihrem mädchenhaften zarten Charme zu verlieren.«

Mit anderen Worten: Auch nach ihrem zwölften gemeinsamen Film, nach über dreizehnjähriger Partnerschaft hat das »klassische Liebespaar« nichts an Qualität und Attraktivität verloren. Mehr noch: die Weichen sind gestellt für den Übergang in ein reiferes, fundierteres Rollenfach. »Frau am Steuer« ist ein Neubeginn. Hier wird nicht geschildert, wie ein Liebespaar sich »kriegt«, sondern wie ein Ehepaar, das sich längst »gekriegt« hat, mit dem Alltag des Zusammenlebens fertig zu werden versucht. Es ist Lilians und Willys erster »Ehe-Film«. Und: ihr erster Film ohne Gesang und Tanz.

Dies muß festgehalten werden, um die in der Nachkriegszeit vielfach vernommene Auffassung zu widerlegen, der Fritsch und die Harvey seien »abgespielt« gewesen, als ihre Partnerschaft zerbrach, sie hätten ihrem Publikum nichts mehr bedeutet, sie seien erstarrt, farb- und substanzlos geworden. Das Gegenteil ist der Fall.

Am Abend des letzten Drehtages der »Frau am Steuer«, Lilian will gerade gehen, betritt Paul Martin ihre Garderobe. »Ich muß Ihnen etwas sagen, Lilian . . .«

Noch immer »siezen« sie sich.

»Ich bin da in eine Sache hineingerutscht, aus der ich nicht mehr herausfinde . . .«

Schweigend blickt sie ihn an.

Martin sucht nach Worten. »Aber – ich liebe Sie immer noch, Lilian!«

Da weiß sie endgültig Bescheid. Sie dreht sich um und verläßt wortlos das Atelier.

\*

An eine spontane Abreise ist nicht zu denken. Lilian zwingt sich zur Ruhe. Da sie für immer fortgehen will, darf sie jetzt nichts falsch machen.

Ihren weißen Riesen-Mercedes, der schon in Hollywood Aufsehen erregte, kann sie nicht mitnehmen. Sie kauft einen unauffälligen schwarzen MG. Den belädt sie mit nur wenigen Koffern, die das Notwendigste enthalten, vor allem Geld. Zufällig hat sie genügend ausländische Devisen im Haus. Die letzte Diätenzahlung in Höhe von 58 000 Reichsmark wagt sie allerdings nicht mehr vom Konto abzuheben.

Aber da ist noch ihr Schmuck. Sie besitzt herrliche Armbänder, Ketten, Ringe, Steine. Einen Teil jeder Gage hat sie in Pretiosen angelegt. Aber in Hitlers Deutschland ist es nicht jedermann möglich, Schmuck zu erwerben. Das riesige zweihundertachtzigkarätige Collier mit Rubinen, Smaragden, Saphiren und Brillanten im Wert von dreihunderttausend Reichsmark zum Beispiel hat sie als Ausländerin – obgleich sie daneben auch die deutsche Staatsbürgerschaft besitzt – nur mit einer Sondererlaubnis des Wirtschaftsministeriums auf Fürsprache der UFA-Direktion kaufen dürfen. Und kaufen bedeutet noch nicht tragen. Das Collier muß im Banktresor bleiben und darf seiner Besitzerin nur bei besonderen Anlässen ausgeliehen werden, z. B. für Bälle und Premieren; für Premieren im Ausland ist sogar noch eine Sonder-Sondergenehmigung erforderlich. Zum Glück nehmen es die Bankbeamten nicht allzu genau mit der Kontrolle, ein Augenaufschlag der berühmten Filmdiva macht sie großzügig. So kommt es, daß Lilian am Tage ihrer Flucht aus Berlin Schmuck im Wert von einer runden Million am Leibe und im Koffer hat.

Als es soweit ist, verläßt sie ihr Haus am Griebnitzsee – Mommy-Darling befindet sich glücklicherweise seit einiger Zeit in Cap d'Antibes – ohne Gepäck im Taxi. An einer genau verabredeten Stelle der Avus steht Micky Schölzer mit dem bepackten MG. »Micky«, die treue Seele, kennt jeder, der in Berlin mit Film zu tun hat. Sie ist Schofföse und Vertraute aller Stars. Und obendrein ein Original, eine winzige Person, die sich ein Telefonbuch unterlegen muß, um an das Steuer heranzureichen. Vor allem ist sie verschwiegen. Mit Tränen wird Abschied genommen. Lilian fährt von Berlin aus direkt nach Paris. An der Grenze muß sie, wie üblich, Autogramme geben, das ist alles. Unbehelligt gelangt sie nach Frankreich.

Erst nach Tagen spricht sich in der Branche herum, daß die Harvey verschwunden ist. Ihr weißer Mercedes wird beschlagnahmt und in den Dienst des »Promi« gestellt. Noch immer prangt der Schriftzug »Lilian« an der Wagentür.

Das Publikum, das von ihrer Flucht noch nichts weiß, bedauert, seinen Liebling weder bei der Berliner Premiere von »Ins blaue Leben« am 11. April 1939 zu erleben, noch bei der Uraufführung von »Frau am Steuer« am 5. Mai. Willy Fritsch verneigt sich, strahlend wie immer. Auch Paul Martin, der Regisseur, läßt sich sehen. Aber sein Gesicht ist ernst.

Paul Martin, der nun keine Angst mehr haben muß, als »Lilian-Harvey-Regisseur« abgestempelt zu werden, wird noch viele Filme machen, aber keiner davon reicht an den Erfolg und die Qualität seiner Harvey-Filme heran, denen durchweg das Prädikat »künstlerisch wertvoll« zuerkannt wird – ausgenommen der »Frau am Steuer«, aber das hängt mit Lilians Flucht zusammen. Mit Zarah Leander dreht Martin noch im gleichen Jahr »Das Lied der Wüste«, 1940 mit Leny Marenbach »Was will Brigitte?«, 1941 mit Gusti Huber und Johannes Heesters »Jenny und der Herr im Frack«, 1942 mit Clara Tabody »Maske in Blau«, 1943 mit Dorit Kreysler »Geliebter Schatz«. Lediglich »Das war mein Leben«, 1944 mit Carl Raddatz gedreht, bringt ihm noch einmal ein Prädikat ein.

Nach dem Kriege wird Paul Martin vorwiegend mit anspruchslosen Filmen der Kategorien »Heimat«, »Schlager« und »Starparade« beauftragt. Der große, überragende künstlerische Aufstieg, von dem er einst geträumt hat, bleibt ihm versagt.

Paul Martins beste Filme sind also die Lilian-Harvey-Filme. Aber Lilian

Harveys beste Filme sind nicht die Paul-Martin-Filme. Erik Charell, Karl Ritter und Wilhelm Thiele haben Lilian Harveys beste Filme gemacht. »Der Kongreß tanzt«, »Capriccio« und »Die Drei von der Tankstelle« sind ihre Spitzenleistungen.

*

Lilian hat keine Zeit, ihrer Enttäuschung nachzuhängen. Sie will es auch nicht. Nur mit Arbeit wird sie diesen Tiefschlag überwinden können, und Arbeit gibt es auch in Paris genug.

In dem Kostümfilm »Serenade« soll sie an der Seite des berühmten Schauspielers Louis Jouvet eine englische Tänzerin verkörpern, die sich in Wien, zur Zeit Metternichs, in den ganz und gar unbekannten Komponisten Franz Schubert verliebt und ihn zur Herstellung einer Serenade inspiriert.

Aha: Wien . . . Aha: Metternich . . . Aber der »Kongreß«, auch in Frankreich populärster Film der Harvey, hat längst ausgetanzt.

Louis Jouvet spielt den hartherzigen Chef der Geheimpolizei, der im Auftrage Metternichs in Wien für Ruhe und Ordnung sorgt. Sogar Beethoven erscheint persönlich auf der Leinwand. Der große Ludwig rät Schubert, nun schleunigst die »Unvollendete« zu komponieren, um sich auf diese Weise über seinen Liebeskummer hinwegzusetzen, denn die hübsche Tänzerin hat den Franzl verlassen, weil sie seiner Kunst nicht länger im Wege stehen will. Den Schubert spielt Bernard Lancret. Regie führt Jean Boyer, den Lilian als Regisseur ihrer französischen UFA-Versionen seit langem kennt. Die Schubert-Musik wird von Paul Abraham filmgerecht zubereitet.

Lilian kann sich mit dem Manuskript zunächst nicht befreunden. Erst nachdem sie erfährt, daß Louis Jouvet zugesagt hat, akzeptiert sie den Vertrag. Als Partnerin eines Jouvet wird der schlechteste Film erträglich.

Jouvet, dem der Stoff ebenfalls nicht zusagt, unterschreibt wiederum erst, als man ihm sagt, Lilian Harvey, die er seit langem verehrt, sei seine Partnerin. So werden beide erfolgreich gegeneinander ausgespielt.

Mitten in den Dreharbeiten geht dem Produzenten das Geld aus. Um den Film zu retten, springt Lilian ein. Sie kauft die Firma und vollendet die »Serenade«. Noch einmal kommt es in Paris zu einer großen Gala-Premiere mit geballter Prominenz in den Logen, auch der Staatspräsident ist erschienen. Den Reinerlös der Premiere stellt Lilian Harvey den Gesichtsverletzten des Ersten Weltkriegs zur Verfügung.

Allen Befürchtungen zum Trotz stellen am nächsten Tag die Kritiker fest, »Serenade« sei der bisher echteste Film um Franz Schubert.

Anschließend reist Lilian mit ihrer Mutter nach Ungarn. Sie genießt noch einmal die herbe Schönheit der weiten Puszta, das Abenteuer stundenlanger Ritte über Land, die rührende Liebe ihrer Dorfbewohner.

Nur vierzehn Tage sind ihr vergönnt. Dann erfährt sie aus dem Radio, daß deutsche Truppen die polnische Grenze überschritten haben. Das bedeutet Krieg. Und abermalige Flucht.

In der Nacht vergräbt sie mit ihrem Majordomus mehrere Kisten mit dem gesamten Silber des Schlosses. Und wenn es inzwischen nicht ausgegraben worden ist, liegt es da heute noch . . .

Einen Teil ihres Schmucks deponiert sie im Tresor des Gellert-Hotels in Budapest. Und wenn dieser seitdem nicht aufgebrochen worden ist, schmort er da heute noch . . .

Mit einem der letzten Züge passieren Lilian und Mommy-Darling die ungarische Grenze, um nach Antibes weiterzufahren. Schloß Tetétlen, den Millionenbesitz, der Paul Martin an Lilians Seite einen geruhsamen Lebensabend bescheren sollte, hat sie nie wiedergesehen. Während des Krieges wird es geplündert, dann beschlagnahmt und unter dem neuen Regime enteignet.

In Antibes herrscht Panikstimmung. Die Behörden haben zahlreiche Ausländer, vor allem politische und jüdische Emigranten aus Deutschland, im Fort Carré interniert, wo sie unter primitiven Lebensbedingungen hausen.

Lilian beginnt eine Aktion der Nächstenliebe. Sie organisiert eine Sammlung von Decken, Lebensmitteln und Medikamenten. Ihre Beliebtheit hilft ihr dabei. Sie spendet Geld. Und als es schließlich nichts mehr zu sammeln gibt, pflückt sie die ersten Feigen in ihrem Garten und bringt sie zu den Internierten, unter denen sie auch einen Bruder von Erich Pommer entdeckt. Es gelingt ihr sogar, mit ärztlicher Bescheinigung einige Kranke aus der Festung herauszuholen und ihnen nach ihrer Genesung zur Flucht zu verhelfen. Im Fort Carré nennt man Lilian Harvey den »Engel von Antibes«.

Soviel Uneigennützigkeit macht sie nur noch populärer. Als nach der Niederlage Frankreichs gegen Hitlers Truppen und der militärischen Besetzung des halben Landes die Fronten zum Stillstand gekommen sind, ernennen die Offiziere des 157. Régiment d'Artillerie à Pied der französischen Alpen-Armee Lilian Harvey zu ihrer »marraine«, ihrer Patin. Lilian wird auf die Fahne vereidigt und muß sich in der vordersten Linie sehen lassen, die hier mit der Grenze des mit Deutschland verbündeten Italien identisch ist.

Während die Kinobesucher im »Reich« ihr Vergnügen an der tüchtigen »Frau am Steuer« haben, macht sie, der sie Beifall klatschen, im Lager des Gegners »Truppenbetreuung«. Aber davon weiß in Deutschland der »Mann auf der Straße« noch nichts.

Übrigens hat sie, vom Anfangserfolg der »Serenade« angespornt, noch einen Film als Produzentin, mit sich selbst in der Hauptrolle, ebenfalls unter der Regie von Jean Boyer, gedreht: »Miquette«. Er wird kaum aufgeführt, die Deutschen sind schneller in Paris. Lilian setzt sich wieder nach Antibes ab. Sie wird nie wieder vor einer Filmkamera stehen.

*

Hier ist Gelegenheit, die seltsame Geschichte zu erzählen, in der Lilian Harvey auf Veranlassung des britischen Premierministers Churchill ohne ihr Wissen als politisches »Versuchskaninchen« getestet wurde.

Mit ihrem Film »Serenade« unternahm sie kurz nach der Katastrophe von Dünkirchen eine Tournee durch Südfrankreich.

Im Brückenkopf von Dünkirchen hatte sich nach der verheerenden Niederlage der Alliierten das Gros der flüchtenden Armeen gesammelt, um nach Großbritannien übergesetzt zu werden. Trotz pausenloser Angriffe der deutschen Wehrmacht gelang es, in der Zeit vom 27. Mai bis zum 4. Juni 1940 338 000 Mann heil nach England zu schaffen. Dennoch überwog in der ganzen Welt der Eindruck von der schlechten Qualität des britischen Militärs und der britischen Politik.

Wie dachte nun die französische Öffentlichkeit über den englischen Verbündeten? Wurde er nicht mehr für voll genommen? Hatte er seinen ganzen Kredit verspielt? Das hätte Churchill aus strategischen Gründen gern gewußt.

In »Serenade« hat Lilian als englische Tänzerin ihren Partner zu fragen: »Lieben Sie keine Engländer?« Als der Film in Toulon lief, saßen britische Kundschafter im Parkett. Es war ihnen wichtig, die Reaktion des französischen Publikums auf diese Frage zu ermitteln. Und wieder fragte die kleine Tänzerin im Film: »Lieben Sie keine Engländer?« Worauf im Kino demonstrativ Beifall ausbrach und die Kundschafter nach London melden konnten, Churchill dürfe beruhigt sein, die Sympathie für England habe beim französischen Volk nicht nachgelassen.

*

In der zweiten Jahreshälfte 1940 und bis zum Frühjahr 1941 »tingelt« Lilian, da sie zur Zeit keine Filme machen kann. Das heißt, sie zieht mit »Serenade« durch die Städte, gibt Liederabende oder nimmt an Wohltätigkeitsveranstaltungen zum Besten von Kriegsopfern teil. Besonders gern gesehen ist sie in der neutralen Schweiz. Sie feiert Wiedersehen mit Teddy Stauffer, der sich in sie verliebt und einige Chansons für sie komponiert, darunter in Schwyzer Dütsch »Liebs Chindli im Bettli . . .« Aber es handelt sich nicht, wie die erste Zeile vermuten lassen könnte, um ein Liebes-, sondern um ein Wiegenlied:

»*Liebs Chindli im Bettli,*
*Schlüss d'Auge, tue schlafe,*
*Die Sternli schynt scho . . .*«

Die Zeitung *Freie Innenschweiz* bringt am 3. Mai 1941 auf ihrer politischen Sonderseite »Köpfe der Woche« neben Abhandlungen über General List, den »deutschen Sieger in Griechenland«, Lord Gott den »Verteidiger Gibraltars« und Marschall Pétain der »um die Seele des französischen Arbeiters ringt«, als vierte im Bunde ein Porträt von Lilian Harvey, in dem es u. a. heißt:

»Gerne gruppieren wir eine solche Erscheinung zu den großen Köpfen der Woche. Wer zu den Menschen von ihrem Inneren, von Leid und Lust, von Gut und Böse, vom Schönen und – zur Abschreckung – vom Häßlichen spricht und wer selber soviel Anmut und Schönheit mit sich bringt, warum sollen wir diesen Menschen nicht zu den Großen zählen? Sie sammeln, bauen unser Inneres auf, es gibt genug, die es quälen, zertrümmern.«

In diesen Tagen ist ihr Paß abgelaufen. Da es in Basel, wo sie gerade auftritt, keinen englischen Konsul gibt, sucht sie den amerikanischen auf, der die britischen Geschäfte mit erledigt.

Nachdenklich blickt der Konsul sie an: »Miss Harvey, ich gebe Ihnen den dringenden Rat, schleunigst nach Antibes zurückzukehren und Ihre Koffer zu packen. Wenn Sie wollen, besorge ich Ihnen ein Flugticket nach Amerika.«

»Ist es so ernst?« fragt Lilian erschrocken.

Der Konsul nickt. »Sehr ernst.«

Sie unternimmt noch einen Abstecher zu ihrer Tante nach Solothurn. Dort bricht sie sich bei einem Sturz die Fessel, muß einmal mehr ihren Fuß in Gips legen und sich Krücken verpassen lassen.

Aber sie nimmt des Konsuls Warnung sehr ernst, packt wieder einmal ihre Koffer, läßt sich von Antibes aus in einem alten Auto, einem »Holzkocher«, an die spanische Grenze bringen, und fliegt von Barcelona aus nach Lissabon, wo der Atlantik-Clipper starten wird.

Der Chefpilot schüttelt den Kopf. Körperbehinderte darf er nicht mitnehmen, schon gar nicht jemand, der an Krücken herbeigehumpelt kommt. Es bedarf mehrerer inniger Augenaufschläge Lilians, ehe er weich wird und »o.k.« sagt.

Lilians Mutter hat sich zu ihrer Schwester nach Solothurn begeben.

Am 3. Juni 1941 fliegt Lilian mit gemischten Gefühlen nach New York. Es ist der letzte Clipper, der Lissabon verläßt.

Kurz darauf wird Südfrankreich, bisher die »Zone non occupée«, von den Deutschen besetzt. In Cap d'Antibes fragen Gestapomänner nach dem Haus der Lilian Harvey. Sie haben einen Deportationsbefehl in der Tasche.

Die Villa »Asmodée« wird das Quartier eines deutschen Offiziers. Er behandelt das Haus pfleglich und verhindert Diebstahl und Plünderungen. Das ist sehr nett von ihm, aber überflüssig. Denn was Lilian an Werten und vor allem an Dokumenten einer großen Laufbahn zu verlieren hat, das hat sie bereits im Schloß Tetétlen verloren, wo sie alles aufbewahrte, was ihr lieb und teuer war ...

*

Hier endet die Karriere des berühmten Filmstars Lilian Harvey. Sie ist fünfunddreißig Jahre alt.

Und hier beginnt das Leben des Ex-Filmstars Lilian Harvey. Es wird noch siebenundzwanzig Jahre dauern.

203

# *Keine Notiz nehmen ...*

Daß in der Nazizeit die deutsche Presse nichts veröffentlichen durfte, was der Parteiführung nicht genehm war, ist bekannt. Einen Einblick in die Methode, Pressezensur auszuüben und auch mit Nachrichten aus der Filmwelt Politik zu betreiben, gewähren die nachstehend zitierten Presseanweisungen des von Dr. Joseph Goebbels geleiteten Reichspropagandaministeriums aus den Kriegsjahren 1940 bis 1943.

*Für die kritische Würdigung des am kommenden Freitag in Hamburg und Berlin zur Uraufführung gelangenden »Michelangelo«-Films wird folgende Sprachregelung gegeben: Wenn dieser Film, der als ein interessanter Versuch zu betrachten ist, auch keine filmische Spitzenleistung darstellt, so kann die fotografische Leistung des reichsdeutschen Kameramannes Kurt Oertel lobend erwähnt werden, der sich um die Gestaltung eines ernsten, abendfüllenden Kulturfilms bemühte. Im übrigen steht es der Kunstbetrachtung frei, die in Erscheinung tretenden Mängel hervorzuheben. Der Film hat das Prädikat »volksbildend« erhalten.*
(20. 3. 1940)

*Weder die Tages- noch die Fachpresse soll die Frage der Gagen im Film anschneiden. Die Schriftleitungen werden gebeten, sich des Films »Leinen aus Irland« überall, wo er noch oder wieder angesetzt werden sollte, wärmstens anzunehmen.*
(5. 8. 1940)

*Jede Veröffentlichung in Wort und Bild über den Film »Kinder, wie die Zeit vergeht« ist ab sofort nicht mehr gestattet.* (30. 8. 1940)

*In der letzten Zeit mehren sich die Fälle, in denen in der Presse amerikanische Filme zum Gegenstand von Diskussionen gemacht werden. Alle Debatten über amerikanische Filme sind ab sofort abzustoppen. Das deutsche Publikum interessiert nur der deutsche Film. Es wird in diesem Zusammenhang erneut darauf hingewiesen, daß Berichte über das tschechische Filmwesen unerwünscht sind.*
(24. 6. 1941)

*Der UFA-Film »Sensationsprozeß Casilla«, der als Reprise demnächst eingesetzt wird, ist auch bei seinem Wiedererscheinen entsprechend zu würdigen.*
(21. 2. 1942)

*Die Presse wird gebeten, von der Ausbürgerung der Filmschauspielerin Lilian Harvey keine Notiz zu nehmen.* (9. 10. 1942)

*Der künstlerisch und volkserzieherisch hervorragende Film »Der große König« verdient besondere Beachtung der Blätter. In den Besprechungen sind jedoch alle Vergleiche Friedrichs des Großen mit dem Führer unter allen Umständen zu vermeiden, ebenso alle Analogien mit der heutigen Zeit, insbesondere die pessimistische Note, die zu Beginn des Films vielfach die Texte beherrscht und die keinesfalls mit der Haltung des deutschen Volkes im jetzigen Krieg zu identifizieren ist.* (7. 3. 1943)

(Joseph Wulf: »Theater und Film im Dritten Reich«, Gütersloh 1964)

# Den Menschen Freude bereiten ...

Hollywood 1941 war nicht Hollywood 1933. Und als Lilian Harvey das »Mekka des Films« wiedersah – achteinhalb Jahre, nachdem sie es zum erstenmal betreten hatte, um darin »Königin« zu werden – bereitete ihr niemand einen »Großen Bahnhof«. Keine Prominenz empfing sie mit Ovationen, kein kostbar eingerichteter Bungalow erwartete sie, kein hochdotierter Vertrag verhieß sieben sorglose Jahre.

Bei der FOX, wo sie vorsprach, um sich in Erinnerung zu bringen, zeigte man ihr die kalte Schulter. Miss Harvey? Ach ja, Miss Harvey – waren Sie es nicht, die seinerzeit vorfristig ihren Vertrag löste, um in Germany einen gewissen William Fritsch zu heiraten?

Bei der Columbia hatte man ebenfalls keine Aufgaben für sie.

Nur Louis B. Mayer, der bedeutende MGM-Produzent, der Greta Garbo zum Weltstar gemacht hatte, lud Lilian freundschaftlich in sein Haus ein und überlegte, was für Filme man mit ihr machen könnte. Es kamen auch Angebote, z. B. »Shadow of a Lady« von Joseph L. Mankiewicz, worin sie eine Frau spielen sollte, die für die Nazis spioniert. Lilian lehnte ab, es war ein reiner Propagandafilm. Die anderen Angebote lagen auf der gleichen Linie. Mit diesen Rollen hätte sie binnen kurzem ihren Namen ruiniert.

Monatelang wartete und hoffte sie. Sie lebte vom Verkauf einiger Schmucksachen. Sie schuf sich einen neuen Freundeskreis. Doch mußte sie eines Tages feststellen, daß man sich von ihr zurückzuziehen begann, auch die Einladungen bei Louis B. Mayer hörten plötzlich auf. Die Erklärung ließ nicht lange auf sich warten: das flüsterfreudige Hollywood schenkte Gerüchten Glauben, die Harvey sei eine Nazifreundin, wenn nicht gar Agentin, sie habe in Deutschland Juden ans Messer geliefert ...

Bald darauf war im Pressedienst der UFA in Berlin zu lesen, Lilian Harvey sei arm und vergessen in Amerika gestorben, nachdem sie vergeblich versucht hatte, in Hollywood wieder Fuß zu fassen. Die große Harvey-Gemeinde trauerte.

Ja, hätte Lilian in Hollywood Dokumente wie diese vorlegen können, die ihr erst nach dem Krieg bekannt geworden sind:

Der »Reichsführer SS und Chef der Deutschen Polizei« schrieb am 22. September 1942 an den Oberfinanzpräsidenten Berlin-Brandenburg, Vermögensverwertung: »Es ist beabsichtigt, der Filmschauspielerin Lilian Pape (Künstlername Lilian Harvey), geb. am 19. 1. 1906 in London/England, letzter inländischer Wohnsitz Potsdam-Babelsberg 2, Griebnitzstraße 6, jetziger Aufenthalt USA, die deutsche Staatsangehörigkeit abzuerkennen. Die Staatspolizeistelle Potsdam hat das Vermögen im Benehmen mit dem zuständigen Finanzamt einstweilen sichergestellt.«

Die Staatspolizeistelle Potsdam am 14. Juli 1943 an das Reichssicherheitshauptamt in Berlin SW 11: »Ich bitte, auf Grund des Gesetzes über die Einziehung volks- und staatsfeindlichen Vermögens vom 14. 7. 33, die Volks- und Staatsfeindlichkeit der *Pape* festzustellen, um die Einziehung ihres Vermögens zugunsten des Deutschen Reiches durchführen zu können. Die Obengenannte hat sich in Nordamerika in gehässiger Weise über die Führung des Reiches und das Deutsche Volk geäußert. Durch ihre Verächtlichmachung des nationalsozialistischen Deutschland hat sie ihre deutschfeindliche Einstellung zu erkennen gegeben. Auch legte die Pape keinen Wert darauf, als Deutsche angesprochen zu werden; sie gab sich stets als Engländerin aus und wurde auf Grund ihrer gezeigten Einstellung am 4. 2. 1943 der deutschen Staatsbürgerschaft für verlustig erklärt . . .«

Wieder einmal saß die »Obengenannte« bzw. »die Pape« zwischen zwei Stühlen.

In Hollywood hielt man sie für eine Nazi-Agentin. In Berlin wurde sie der »Verächtlichmachung des nationalsozialistischen Deutschland« verdächtigt.

In Hollywood hatte sie die Mitwirkung in antideutschen Hetzfilmen abgelehnt. In Berlin beschuldigte man sie dennoch gehässiger Äußerungen über Führer und Volk.

Um sich allen weiteren Auseinandersetzungen zu entziehen, meldete Lilian sich freiwillig beim »Roten Kreuz« und arbeitete im General Hospital in Los Angeles als Krankenschwester. Ohne Bezahlung. Sogar ihre Kleidung mußte sie selbst finanzieren. Dennoch machte ihr der anstrengende Dienst viel Freude. Zuerst wurde sie in der Polio-Abteilung der Kinder eingesetzt, vorübergehend sogar in der Lepra-Station.

Einige gute Freunde waren ihr geblieben. Mit Marlene Dietrich und Loretta Young hielt sie engen Kontakt und war ständiger Gast im Hause Charly

Chaplins, der sich gerade mit Oona O'Neill verlobt hatte. Zum Geburtstag schenkte Charly ihr eine silberne Dose mit einem Pferdemotiv und der Widmung: To Lilian from Charly Chaplin.

Aber für die Filmindustrie blieb sie gestorben.

Um sich einen Nebenerwerb zu sichern, verfiel sie auf die Glasmalerei. Das war bislang ein Hobby von ihr. Jetzt brachte es Geld. Denn die reichen Amerikanerinnen fanden Gefallen an Lilians romantischen Motiven auf Schalen und Vasen.

Nachdem sie zwei Jahre lang als Krankenschwester tätig gewesen war, überzeugte sie Rowland Lee, ihr alter Freund und Regisseur von »I am Suzanne«, daß sie ihren vaterländischen Pflichten nunmehr lange genug nachgekommen wäre. Er bot ihr an, Theater zu spielen und mit ihm auf Tournee zu gehen.

Theater – das war etwas völlig Neues für den Filmstar Lilian Harvey. Der Vorschlag faszinierte sie. Also studierte sie die Rolle der Elvira in Noel Cowards Komödie »Blithe Spirit« ein – in Deutschland unter dem Titel »Geisterkomödie« bekannt geworden – und begann eine neue Laufbahn, als Bühnenschauspielerin. Helena Rubinstein schuf ihr ein silbergraues Make-up, denn schließlich ist Elvira ein Geist, die verstorbene Ehefrau eines Mannes, die immer dann in Erscheinung tritt, wenn der Witwer dabei ist, eine neue Ehe einzugehen. Der »Geisterkomödie« folgten weitere Rollen – »Murder without Crime«, »Little Miss Bluebeard«, »Over Twenty-One« – in erfolgreichen Gastspielen, die zwei Jahre lang quer durch den amerikanischen Kontinent bis nach Kanada hinaufführten.

Inzwischen ging der Krieg zu Ende. Am liebsten wäre Lilian sogleich nach Europa zurückgekehrt, aber Bühnenverträge banden sie noch bis 1946.

1947 endlich bot sich Gelegenheit zu einer kurzen Reise nach Frankreich. Lilian flog mit der »Europe-bound« nach Paris und hatte in der gleichen Maschine wegen eines noch offenen Vertrages den Rückflug gebucht. In Paris aber wurde sie sofort vom Théâtre de L'Etoile für ein Gastspiel engagiert, ließ den Rückflug verfallen – und blieb am Leben. Denn die »Europe-bound« stürzte ab, alle Passagiere waren tot. Lilian beschloß, dies als Wink des Schicksals aufzufassen und endgültig in Europa zu bleiben.

Endlich das Wiedersehen mit Mommy-Darling – nach sechs Jahren! Die Villa »Asmodée« in Cap d'Antibes hatte ebenfalls heil den Krieg überstanden. Dennoch gab es keine Ruhe für Lilian. Sie unternahm Revue-Tourneen und reiste mit eigenem Programm »Meine Lieblingslieder« durch Europa. In

Lilian Harvey spielt Theater – in den USA in der »Geisterkomödie« neben Mona Barrie und Reginald Denny.

Im Sande verlaufen ... nämlich die einzige Ehe, die Lilian einging (mit dem dänischen Impresario Valeur Larsen). Zwei Jahre mußte sie bis zur Scheidung warten.

*Nie vergessen, immer verehrt und stets von Autogrammsammlern umringt: Für Lilian Harvey gab es keinen Feierabend.*

*Freudiges Wiedersehen nach langer Zeit: Lilian Harvey und Willy Birgel als Gäste der Internationalen Filmfestspiele in Berlin.*

Skandinavien feierte man gerührtes Wiedersehen mit dem berühmten Star. Und dann rief auch Deutschland. Wie ihr Comeback in Berlin aussah, haben wir eingangs geschildert.

Gern hätte sie wieder gefilmt. Aber im deutschen Nachkriegsfilm gab es keine Rollen für die Harvey. Als »süßestes Mädel der Welt«, wie das Publikum sie zu sehen gewohnt war, konnte sie sich nicht mehr präsentieren; der spezielle Harvey-Stil, überdies, existierte nicht mehr. Da aber, wie Lilian zu wissen glaubte, ihre Verehrer und Verehrerinnen sie sehr vermißten, enthielt sie sich ihnen nicht vor, bei keiner Gelegenheit. Überall trat sie mit alten und neuen Liedern auf und wurde herzlich gefeiert.

In Hamburg sah sie ihren langjährigen Freund und Partner Willy Fritsch wieder, der sich spürbar um Zurückhaltung bemühte. War Dinah Grace, seine Frau, auf Lilian eifersüchtig? Aber Dinah lud Lilian nach Hause zum Tee ein. Willy ließ sich nicht blicken. Er hatte sich, wie Lilian später erfuhr, während ihres Besuchs in die Küche zurückgezogen.

Eine Gastspieldirektion versuchte, die Harvey und den Fritsch wieder zusammenzukoppeln. Willy lehnte ab. Ihm wurde gegen gute Gage sogar angeboten, nichts anderes zu tun als allabendlich während Lilians Show scheinwerferbeleuchtet in der Loge zu sitzen und zu lächeln. Aber das lehnte Lilian ab.

Und dann geschah es, daß sie in einem Anfall von Torschlußpanik, 47 Jahre alt, heiratete.

Auf einer Skandinavientournee lernte sie den dänischen Theater-Agenten Hartwig Valeur Larsen kennen, der sich, wie er behauptete, »auf den ersten Blick« in sie verliebt hatte. Lilian mußte zwar öfter hinblicken, ehe sie ihrerseits eine gewisse Sympathie für den gut aussehenden, beredten, temperamentvollen Mann zu entdecken glaubte. Aber sie war gerade des Herumreisens überdrüssig, sehnte sich nach einem »warmen Mantel«, hatte vielleicht auch allzu tief über ihre verpaßten Chancen nachgegrübelt – kurz, wenige Tage nach dieser ersten Begegnung verlobten sich Lilian und Hartwig in Madrid, wo sie gerade gastierte. Die Trauung fand am 7. Februar 1953 in der kleinen Dorfkirche Taarbaek bei Kopenhagen statt. Die Nachricht erregte beträchtliches Aufsehen.

Die Zeitungen kommentierten ironisch; wie sich mancher Journalist überhaupt angewöhnt hatte, Lilian-Harvey-Berichte mit der Tinte des Spotts zu schreiben. Daß der »blonde Traum« nicht aufhörte, durch die Lande zu ziehen und, wie man meinte, auf der Suche nach einer verlorenen Vergangenheit vor keinem Publicity-Trick zurückschreckte, wirkte sich in negativen Formulierungen aus, wurde gedeutet als die Jagd nach dem Comeback, dem unerreichbaren. Aber: »Das gibt's nur einmal, das kommt nicht wieder ...«

Die »Hochzeit des Jahres« entpuppte sich für Lilian als Irrtum ihres Lebens. Zwei Jahre brauchte sie, um den »Mann ihres Herzens«, der sich bald in der Rolle eines Nichtstuers und Schmarotzers sehr wohl fühlte, wieder loszuwerden. Freiwillig wäre er nicht gegangen. Aber der Aufmerksamkeit ihrer Freundinnen in Cap d'Antibes gelang es, den Bruder Leichtfuß bei einem Seitensprung in flagranti zu ertappen – und endlich konnte die Scheidungsmühle erfolgreich in Gang gesetzt werden.

In der Berlinerin Else-Pitty Wirth hatte Lilian in dieser Zeit einen Menschen gefunden, der ihres Vertrauens würdig war. Frau Wirth gab eine Stellung als Büroleiterin auf und zog zu Lilian als Geschäftsführerin, ständige Begleiterin und beste Freundin. Sie kümmerte sich um die Harvey-Finanzen und brachte erfolgreich eine Wiedergutmachungsaktion zustande.

»Lilian Harvey wieder Millionärin«, meldeten eines Tages die Zeitungen in Schlagzeilen. Sie habe von der ungarischen Regierung 1,8 Millionen Schweizer Franken Wiedergutmachung für ihr enteignetes Schloß Tetétlen bekommen. Aber die Wirklichkeit sah anders aus.

Lilian hatte von Wien aus, wo sie gastierte, die Einreise nach Budapest beantragt. Die Antwort war ein »Jein«: Die Künstlerin Lilian Harvey, antworteten die Ungarn, sei ihnen herzlich willkommen – aber der Großgrundbesitzerin müsse die Einreise verweigert werden.

Kriegsschäden-Spezialisten aber hatten herausgefunden, daß die ungarische Regierung den Besitz einer britischen Staatsbürgerin nicht hätte beschlagnahmen dürfen. Die Ungarn bequemten sich zu einem Kompromiß. Über den »Kern« des Gutes ließen sie nicht mit sich reden. Das Schloß war inzwischen in eine Traktorenfabrik verwandelt, im Franz-Liszt-Haus eine Kantine eingerichtet worden. Jedoch für alles »bewegliche Gut« anerkannten sie eine Entschädigung in Höhe von 1,8 Millionen Franken.

Aber: von dem anerkannten Betrag wurden nur 57 000 englische Pfund bewilligt. Und von diesen ausgezahlt nur 15 000 Pfund, also rund – 200 000 Mark. Damit war der Fonds, den die Ungarn für Entschädigungen dieser Art in London angelegt hatten, bereits erschöpft. Spätere Einzahlungen gab es nicht mehr.

Die »neue Millionärin« war also keine. Das aber mitzuteilen, fanden die deutschen Zeitungen viel weniger interessant.

Erfolgreicher war das Abkommen, das auf Frau Wirths Betreiben zwischen Lilian und dem Senat von Berlin geschlossen wurde. Das Entschädigungsamt bewilligte auf Grund der Verluste, die ihr durch das fluchtartige Verlassen Deutschlands vor Kriegsbeginn und die Enteignung ihres Vermögens entstanden waren, eine monatliche Rente von 600 Mark und eine nachträgliche Abfindung in Höhe von 51 258 Mark. Sogar Paul Martin hatte wunschgemäß eine eidesstattliche Versicherung abgegeben, ihm sei bekannt, daß die UFA Lilian nach »Frau am Steuer« in weiteren Filmen hatte einsetzen wollen. »Es war dies jedoch nicht möglich, da Frau Lilian Harvey wegen ihrer antinationalsozialistischen Einstellung Deutschland verlassen mußte.«

Und nicht nur wegen dieser, wie wir jetzt wissen . . .

In seinem Begleitbrief an Lilian schrieb Martin u. a.: »Aus den Zeitungen weiß ich über Ihre Pläne. Auch hierzu wünsche ich Ihnen viel Glück und Erfolg. Was mich betrifft, ich mache jährlich ein bis zweieinhalb Filme, wenn es gut geht. Die augenblickliche Filmpleite erschwert natürlich auch meine Pläne. Die überall fühlbare Unsicherheit nimmt leider von Film zu Film zu; ihre Auswirkung kriege auch ich zu fühlen – trotzdem darf ich mich nicht beklagen. Nochmals alles Liebe, viel Erfolg und die herzlichsten Grüße – Ihr Paul.«

Willy Fritsch, der aus seiner Kenntnis der Dinge ebenfalls als Zeuge hätte aussagen können, schwieg. Er beantwortete nicht einmal Lilians Brief mit ihrer entsprechenden Bitte.

Und immer wieder gab es neue Schlagzeilen in der Presse.

»Lilian Harvey lebt jetzt von Schnecken!« Experimentierfreudig hatte sie tatsächlich mit einer Schneckenzucht angefangen. Der Start war glänzend: Die Restaurants an der Côte d'Azur rissen sich um ihre Tierchen. Dann aber wuchsen ihr die Schnecken buchstäblich über den Kopf, sie fraßen ihre Herrin arm, und es fehlte an Regen. Da verschenkte sie die ganze Zucht und aß fortan Langusten.

»Lilian Harvey als Boutique-Inhaberin!« Als Lilian eine amerikanische Freundin zu Besuch hatte, die sich geringschätzig über die Arbeit einer Künstlerin aussprach und meinte, es sei ungleich schwerer, ein Geschäft zu führen, kam es zu einer seltsamen Wette: »Wetten, daß ich es genau so gut kann – nämlich ein Geschäft führen?« Prompt eröffnete Lilian im benachbarten Juan-les-Pins eine Boutique, die sehr gut einschlug, bald viele prominente Kunden aus Deutschland hatte und zum Ziel ganzer Gesellschaftsreisen wurde. Ein Jahr hielten Lilian und ihre Mitarbeiterinnen durch, dann fanden sie es zu anstrengend, und die Boutique wurde geschlossen. Aber die Wette war gewonnen.

»Lilian Harvey hilft Henri Garat«, schrieben französische Zeitungen. Als es dem französischen Willy Fritsch, Henri Garat, sehr schlecht ging – er hatte nach schweren Unfällen komplizierte Operationen durchmachen müssen – gehörte Lilian spontan zu denen, die ihm halfen. Im Casino Juan-les-Pins kam eine Show heraus, die unter dem Titel »Fünfzehn Jahre später« Lilian und Garat noch einmal mit ihren Liedern vereinte – der Abend mußte oft wiederholt werden. Henri war trotz aller Sorgen ein fröhlicher Mensch geblieben, der das Leben nicht allzu ernst nahm. Verehrer hatten ihm in Paris ein Lokal eingerichtet: er wurde sein bester Gast und trank sich arm. Als er starb, bezahlte eine reiche Dame die Beerdigungskosten. Um Henris Sohn Marcel zu unterstützen, veranstaltete Lilian zu seinen Gunsten eine Soiree.

Ab 1961 spielte sie auch in Deutschland Theater. Sie begann im Heidelberger Zimmertheater mit der Titelrolle in Terrence Rattigans Stück »Olivia« und sprang damit zugleich ins Fach der Mütter. Sorgfältig bereitete sie sich vor, sie wußte, was dabei auf dem Spiel stand. Dem Abend war unter der Regie von Gillis van Rappard ein Erfolg beschieden.

»Manche meinen gewiß« – schrieb die *Rhein-Neckar-Zeitung* – »es sei ein leichtes, diese Rolle zu spielen und darin Erfolg zu haben, wenn man Lilian Harvey heißt. Das Gegenteil ist der Fall. Es ist eine kaum vorstellbare Belastung; denn viele erwarten in jedem Augenblick etwas Besonderes von ihr, eben weil sie Lilian Harvey heißt. Der Boden eines Zimmertheaters ist für einen Schauspieler ein besonders schwieriges Terrain. Lilian Harvey – man muß bedenken, daß sie theatermäßig eigentlich von der großen Schau, von der Revue herkommt – hat dieses Terrain auf Anhieb in den Griff bekommen.«

Weitere Gastspiele folgten in Solothurn mit »Frau ohne Tadel« von Pierre Bürki und im Theater an der Berliner Allee zu Düsseldorf mit »Bezaubernde Mama«. Mit den Kritiken konnte sie zufrieden sein.

»Warum tust du das?« wurde sie von ihren Freunden gefragt. »Warum spielst du an kleinen Bühnen, plagst dich mit oft nicht ebenbürtigen Ensembles, trittst vor geringem Publikum auf? Hast du das nötig?«

»Ich arbeite, weil es mir Spaß macht«, pflegte sie dann mit idealistisch verklärtem Lächeln zu sagen. »Es gibt für mich nichts Schöneres, als den Menschen Freude zu bereiten. Ich halte die zuverlässige, sich immer gleichbleibende Freundlichkeit für einen Gradmesser der Kultur eines Menschen. Deshalb wird man mich nie aus der Rolle fallen sehen. Freundlichkeit kostet nichts. Und Freude bereiten macht glücklich.«

»Ich sehe nicht ein«, sagte sie zu einer befreundeten Journalistin, »warum Erfolg an eine Altersgrenze gebunden sein soll. Ich arbeite, daß es nur so dampft. Es ist schwerer, auf der Bühne zu stehen als im Filmatelier, aber dafür spürt man, wie das Publikum mitgeht.«

Finanziell ging es ihr wieder gut. In Krisensituationen hatte sie hin und wieder ein Schmuckstück verkauft, sich aber nie von ihrem größten Schatz, dem Collier, getrennt, das sie auch als Krankenschwester trug, allerdings unter dem schlichten Kittel verborgen. Summen aus den Wiedergutmachungsaktionen ermöglichten ihr sogar den Kauf eines kleinen Hauses in der Schweiz, in dem hochgelegenen Dorf Morgins im Wallis. Dazu hatten die Ärzte geraten, ihrer häufig angegriffenen Gesundheit wegen. Eine nur mühsam verheilte Tbc drohte jederzeit neu auszubrechen.

Eine Zeitlang schien es, als winke endlich eine Filmaufgabe. Ein junger Mann mit verlockendem Drehbuch, aber nicht ausreichenden Finanzen, die er durch forsches Auftreten zu ersetzen versuchte, hoffte mit dem Namen Harvey Bankkredite lockermachen zu können. Als ihm dies nicht gelang und er auch Lilian selbst nicht dazu zu bewegen vermochte, sich an der Finanzierung zu beteiligen, flüchtete er sich in Lügen und behauptete in einer Schweizer Zeitung, nicht er sei schuld am Nichtzustandekommen seines genialen Projektes, sondern Lilian Harvey, die keinen zusammenhängenden Satz mehr sprechen könne. Deutsche Blätter griffen den Schwindel bereitwillig auf. Daß die Schweizer Zeitung ein Dementi brachte, nützte Lilian wenig. Und in der deutschen Öffentlichkeit begann sich der Eindruck festzusetzen: die Harvey ist am Ende ... Um so böse Gerüchte zu widerlegen, verschrieb sich Lilian erneut der Bühne. Das Karlsruher Privattheater »Die Insel« brachte das Drei-Personen-Stück »Zwischenstation« von Pierre Bürki heraus, das auch in Mannheim und Heidelberg gespielt wurde, und Lilian hatte die Genugtuung, daß Wolfgang A. Peters in der *Frankfurter Allgemeinen Zeitung* folgende Kritik veröffentlichte:

». . . Dies ist vor allem das Verdienst der Hauptdarstellerin Lilian Harvey . . . Sie ist die Überraschung des Abends. Nach der überwundenen Nervosität des Anfangs spielte sich das zarte, grazil-graziöse Persönchen mit dem feinen Profil zunehmend frei, sie war erstaunlich differenzierter, mit Zwischentönen, halb Liebende, halb Intellektuelle, überzeugend vor allem im dritten Akt, in der theatralisch heiklen Vergiftungs- und Sterbeszene, wo sie eine kaum vermutete Gestaltungskraft beweist, die dem Geschehen alle Peinlichkeit nimmt; das waren ergreifende Momente. Freilich hätte man ihr ein besseres, vielleicht poetischeres Stück gewünscht.«

Nein, sie war nicht am Ende.

Und Ehrungen blieben nicht aus. In Berlin, während der Internationalen Filmfestspiele, wurde ihr vom Bundesinnenminister das Filmband in Gold für langjähriges und hervorragendes Wirken im deutschen Film überreicht. In München erhielt sie den von einer deutschen Zeitschrift gestifteten traditionellen »Bambi«. In Nizza gab es ein Lilian-Harvey-Festival, veranstaltet von der Association Culturelle Franco-Allemande mit Wiederaufführungen ihrer Filme.

Nach einem Gastspiel in Hamburg, wo sie an Peter Ahrweilers »Kleiner Komödie« fünfzigmal die »Olivia« spielte, lockte das Kleine Theater Bad Godesberg mit Agatha Christie's »Spinnennetz«. Es war eine Rolle, die ihr lag: eine englische Lady, die unschuldig in einen Mordfall verstrickt wird, sich in Lügengeschichten verheddert und am Schluß sehr erstaunt ist, daß niemand ihr glauben will, als sie wirklich die Wahrheit sagt. Die Aufführung wurde ein großer Erfolg, es kam zu über hundert Wiederholungen und Gastspielen im Ruhrgebiet, in Süddeutschland und in Belgien.

Agatha Christie, die sonst die Televisions-Rechte ihrer Stücke nur nach Amerika verkaufte, war von Lilian Harveys Leistung so beeindruckt, daß sie ihr die Sondererlaubnis erteilte, das »Spinnennetz« von einer deutschen Fernsehanstalt aufzeichnen zu lassen. Da sich aber kein Sender fand, der von dieser Erlaubnis Gebrauch machte, unterblieb die Aufzeichnung.

Es war, als genierten sich viele Redakteure des Fernsehens und der Zeitungen, viele Dramaturgen des Films und der großen Bühnen, die alternde Lilian Harvey als Künstlerin, die ihre Daseinsberechtigung beweisen wollte, ernstzunehmen. So überschwer und erdrückend hing ihr der Ruhm der Jugend an, daß es kaum möglich schien, den Sprung in ein anderes Fach zu vollziehen. Und nur wenige aus ihrer Umgebung kamen auf die Idee, ihr den Sprung in die Zukunft zu erleichtern.

# In Cap d'Antibes

Die Franzosen lieben es, ihren Häusern klangvolle, ausdrucksstarke Namen zu geben. So wohnen sie im »Maison plein Soleil« (»Haus voller Sonne«), in »Les Fruits d'Or« (im »Goldenen Obst«) oder in »L'Europe verte« (im »Grünen Europa«).

An der Côte d'Azur findet man »Les Jardins de l'Amiral« (»Die Gärten des Admirals«) neben der »Auberge des Flibustiers« (»Herberge zu den Seeräubern«). Und neben Lilian Harveys Villa »Asmodée« in Cap d'Antibes stehen zwei Häuschen mit Namen, die auf das »süßeste Mädel der Welt« und ihre Filme Bezug nehmen. Das sind die Villa »Capriccio« und das Haus »Chemin du Paradis«, nach dem französischen Titel eines Films genannt, dessen deutsche Version »Die Drei von der Tankstelle« heißt.

Ein drittes Häuschen auf dem Harvey-Grundstück sollte die Erinnerung an »Der Kongreß tanzt« wachhalten. Dessen französischer Titel jedoch eignet sich schlecht für eine kleine Villa, die kein Vergnügungs-Etablissement beherbergt, sondern lediglich harmlose Sommergäste: »Le Congrès s'amuse« . . .

Als Lilian Harvey dort wohnte, wurde sie nicht nur durch die Namen ihrer Häuser tagtäglich an ihre große Vergangenheit erinnert. Wenn der Briefträger kam, pflegte er nicht zu klingeln, sondern zu pfeifen. Was pfiff er? Natürlich: »Das gibt's nur einmal, das kommt nicht wieder . . .«

Das heißt – pardon – er pfiff es natürlich auf Französisch: »Ce n'est qu'un rêve, un jolie rêve . . .«

*

Als Lilian ihre Villa »Capriccio« baute, hatte sie Streit mit dem Architekten. Der versuchte, ihr nachträglich eine Treppe zu berechnen, die er im Kostenvoranschlag vergessen hatte. Lilian verweigerte die Zahlung. Der Architekt erhob Klage.

Er hatte das Pech, daß der Richter ein Lilian-Harvey-Fan war, dem sich endlich Gelegenheit bot, den berühmten Filmstar persönlich kennenzulernen.

So unglaublich es klingt – vor Gericht kam es zu folgendem Dialog:

Richter, sehr böse zum Anwalt des Klägers, der persönlich nicht erschienen war: »Ja, was glauben Sie denn, was Madame ohne Treppe hätte tun sollen, etwa hinein- und herausfliegen nach Ihrer Meinung?«

Anwalt: »Das natürlich nicht! Aber mein Klient meint –«

Richter: »Was Ihr Klient meint, interessiert mich nicht. Er ist mir sowieso unsympathisch!«

Anwalt: »Aber, Sie kennen ihn ja gar nicht!«

Richter: »Ich will ihn auch nicht kennenlernen! Ein Mann, der sich mit einer so schönen und berühmten Künstlerin anlegt, ist nicht wert, sich Architekt zu nennen!« Und er strahlte Lilian mit unverhohlener Begeisterung an.

Anwalt: »Mein Klient muß aber darauf bestehen –«

Richter: »Das kann er halten, wie er will! Bei mir hat er jedenfalls verloren! Seine Klage wird zurückgewiesen. Natürlich kostenpflichtig.« Er sprang auf, gab Lilian einen Handkuß und bat um ein Autogramm.

So geschehen vor dem Tribunal d'Antibes, im Sommer 1963.

# In einem Meer von Mimosen

Man nennt sie die »Halbinsel der Milliardäre«, die zwischen Cannes und Nizza ihre lieblichen Ufer ins Mittelmeer reckt. Es ist das Cap d'Antibes mit den Orten Antibes und Juan-les-Pins, die ineinander übergehen und mit anderen Nachbargemeinden zusammenwachsen. Das Klima ist bestechend, der Bodenpreis horrend, und unter den Eigentümern sind berühmte Namen der internationalen Gesellschaft.

Die Hennessys bewohnen das »Oustaou«, Soraya residiert im »Olga«, Ali Khans Tante gehört die »Casa del Cipresso«, der Begum das Schloß »Jeanne-Andree«, dem österreichischen Industriellen Fritz Mendl das »Chateau des Pins«, dem deutschen Warenhaus-Chef Helmuth Horten der Besitz »Dubo«. Der Simca-Boß Pigozzi versteckt sich in der »Villa Pigozzi«, der Reeder Niarchos im »Chateau de la Croe«, der Filmproduzent Jack Warner im »Aujourd'hui«. Madame Florence Gould, die Witwe des amerikanischen Eisenbahnkönigs, der Juan-les-Pins gegründet hat, beherrscht »La Vigie«. Sir Duncan, der Waffen-Fabrikant, sitzt im »Zero«, Monsieur Meyer, Präsident der Galeries Lafayette, in »La Calade«, der »Galanterie-König« Guidicelli in »La Dunette«.

»An der Riviera spielt sich alles unter 300 Leuten ab«, sagte der Schriftsteller Somerset Maugham, der selbst ein großes Haus auf Cap Ferrat, dem Cap d'Antibes benachbart, besaß. Er mußte es also wissen!

Im Zentrum aller dieser Besitzungen wohnte seit 1932 Lilian Harvey in ihrer Villa »Asmodée«. Als sie in finanzielle Schwierigkeiten geriet, verkaufte sie von ihrem 5000 Quadratmeter großen Grundstück, zu dem ihr seinerzeit Maurice Chevalier verholfen hatte, Parzelle um Parzelle bzw. baute selbst einige Häuser, um sie zu vermieten. Und bis zu ihrem Tode stand sie mitten im gesellschaftlichen Betrieb der Côte d'Azur, der ein anstrengender Betrieb ist. Aber sie hütete sich davor, aus den Verpflichtungen, die sich hieraus ergaben, eine Lebensaufgabe zu machen.

Oft war sie bei Jean Gabriel Domergue zu Gast, dem berühmten Frauenmaler und Erfinder der modischen »langen Hälse«, dem sie schon 1932

Modell gesessen hatte. Ihr Porträt wurde 1939 zur Weltausstellung nach New York geschickt und ist seitdem verschollen.

Guten Kontakt hielt sie mit Dr. Alfred Sprinz, dem deutschen Konsul in Nizza, den sie oft zu kulturellen Veranstaltungen an der Côte d'Azur begleitete.

Freudiges Wiedersehen gab es mit alten Kollegen von »drüben«, mit dem Shakespeare-Darsteller Tom Rutherford, dem Regisseur Rowland V. Lee und dem sympathischen Tänzer Anton Dolin, der zur Hochzeit der Grace Kelly mit dem Monarchen von Monaco dortselbst das Fest-Ballett einstudierte. Serge Lifar kam mit seiner Freundin, der Gräfin Ahlfeld. Die Gräfin Maeterlinck lud Lilian auf ihren Besitz bei Beaulieu ein; Maeterlinck hatte sie 1947 für die Titelrolle seiner »Isabelle« haben wollen, die Verhandlungen zerschlugen sich aber.

Und dem deutschen Industriellen Quandt verdankte Lilian willkommene Unterstützung, als ihr die Mercedes-Werke in einer Wiedergutmachungsaktion Schwierigkeiten bereiteten.

Lilian hatte beim Entschädigungsamt Ersatz für ihren kostbaren weißen, von der Gestapo beschlagnahmten Super-Mercedes beantragt. Die für die Schadensfeststellung benötigte Fahrgestell- und Motornummer ihres Wagens war bei Daimler-Benz angeblich nicht aufzutreiben. Ein kurzes Gespräch mit Quandt bei einem Empfang in dessen Villa »Aigue-Marin«, unweit der »Asmodée«, genügte: vierzehn Tage später hatte das Werk alles Gewünschte geliefert, 10 000 Mark Entschädigung wurden für den Wagen bewilligt.

*

Trotz eindringlicher Warnungen der Ärzte ließ sich Lilian Ende des Jahres 1967 zu einem Gastspiel am Kurtheater Garmisch-Partenkirchen überreden. Unter der Regie des Intendanten Fritz Rohrbeck spielte sie wieder einmal Pierre Bürkis »Frau ohne Tadel«. Sie genoß den Applaus des Publikums, als ihr aber am Abschiedsabend ein goldener Lorbeerkranz – der erste ihres Lebens – überreicht und sie zum Ehrenmitglied des Kurtheaters ernannt wurde, überfiel sie insgeheim ein Schreck: Das alles sah plötzlich nach Abschied aus.

Sie fühlte sich schwach und krank, als sie wieder in Cap d'Antibes eintraf. Ein nervöses Herzleiden wurde festgestellt. Die Schwäche wollte nicht nachlassen. Dann entdeckte ein Internist eine verschleppte Gelbsucht und machte ein bedenkliches Gesicht. Wochenlanges Krankenlager folgte. Zwar schmiedete sie neue Pläne in der festen Überzeugung, auch diese, wie sie glaubte, vorübergehende Schwäche mit Energie überwinden zu können, aber ihr Zustand verschlimmerte sich.

Else-Pitty Wirth berichtet: »Als sie am 23. Juli mehrmals das Bewußtsein verliert, rufe ich den Arzt zu ihr, der sofort die Überweisung in die Klinik Jeanne d'Arc nach Antibes veranlaßt. Dort macht man mir über ihren Zustand keine Hoffnung. Sie liegt ohne Bewußtsein bis zum 25. Juli. Nachmittags öffnet sie die Augen und spricht ganz klar mit mir: Pitty, ich will doch leben, man hilft mir doch hier? Sie bemerkt im Zimmer die Blumen und freut sich wie immer darüber. Sie schläft wieder ein, ich hoffe weiter ... Am 27. Juli, *1968* nachts um ein Uhr, ruft man mich an: Wir bringen sie Ihnen. Man erfüllt damit Lilians Wunsch, in ihrer geliebten ›Asmodée‹ zu sterben. Um zwei Uhr fünfzehn ist sie tot ... Im großen Salon, in einem Meer von Mimosen, wird sie aufgebahrt.«

Die Trauerfeier fand am 29. Juli in Lilians Haus statt. Unter den Gästen befanden sich Lilians Schwester, Marjorie Boehme, Serge Lifar und die Gräfin Ahlfeld, Madame Domergue, der Comte de Roumilly, Christine Carrere, Philippe Nicaud als Vertreter der französischen Filmwirtschaft, die Tänzerin Rosella Hightower, Anton Dolin, der deutsche Konsul, Dr. Sprinz, und zahlreiche Freunde von nah und fern.

Auf dem Friedhof Robiac in Antibes, am Grab, das ein Berg von Blumen bedeckte, sprachen Serge Lifar für Frankreich, Anton Dolin für England, Intendant Rohrbeck für Deutschland.

Trauerpost kam aus der ganzen Welt. Am wenigsten aus Deutschland. Von Willy Fritsch keine Zeile, keine Blume. Nur Albrecht Schoenhals, seine Frau und Gustav Fröhlich gedachten ihrer berühmten Kollegin. Nicht einmal die deutsche Filmwirtschaft, der Lilian Harvey einst zu weltweitem Ruhm verholfen hatte, war mit einer Kondulation vertreten.

Die Nachrufe in der deutschen Presse waren kurz und nicht immer sachlich. Die große Karriere der Harvey wurde weniger gewürdigt als ihr angeblich dramatisches Ringen um ein Comeback in der Nachkriegszeit. Manche Gazetten vergossen Krokodilstränen.

*Frau im Spiegel:* »Das eigene Glück blieb immer nur ein Traum für sie. Selbst in den Jahren ihrer großen Filmerfolge wagte sie nicht, fest daran zu glauben – sie blieb allein. Zweiundsechzigjährig starb Lilian einsam, wie sie immer gewesen war. Und sie war völlig mittellos, heißt es.«

Nichts daran stimmte.

*Neue Post:* »Bescheiden und traurig führte sie an der Riviera ein Andenkenlädchen für Touristen. Ihre Tränen weinte sie im verborgenen. Ihr letzter Wunsch war, Deutsche, die in Amerika leben, noch einmal mit Filmen wie ›Der blonde Traum‹ und Schlagern wie ›Ich tanze mit dir in den Himmel hinein‹ zu erfreuen. Aber ihre Filme wurden nicht wieder aufgeführt. Lilian Harveys letzter Wunsch blieb unerfüllt.«

Lilian Harveys letzter Wunsch hatte anders gelautet: in der deutschen Presse mit der gleichen Sympathie und Sachlichkeit gewürdigt zu werden wie in der französischen und englischen.

*DPA:* »Dem Vernehmen nach soll sie bei ihrem Tode völlig mittellos gewesen sein. Sie lebte jedoch in einer verhältnismäßig luxuriösen Villa. 1960 war sie von der ungarischen Regierung mit 1,8 Millionen Schweizer Franken für den Verlust ihres Schlosses Tetétlen bei Budapest entschädigt worden.«

Nicht einmal die größte deutsche Nachrichten-Agentur, deren Archiv hieb- und stichfest zu sein pflegt, hatte soviel Interesse an Lilian Harvey, daß ihre Informationen auf dem laufenden gewesen wären; sie mußte auf Vermutungen zurückgreifen.

*Jasmin:* »Ein strahlendes Lächeln auf dem zerknitterten Gesicht, zeigte sie sich manchmal bei Filmfestspielen unter den jungen Schauspielerinnen von heute. Sie erschien in gewagten Abendkleidern und zog den verblichenen Glanz der zwanziger Jahre hinter sich her wie eine Schleppe . . . Als sie an der französischen Riviera starb, wurde ein kleiner, schon ein wenig verstaubter Lorbeerkranz auf ihren Sarg gelegt. Eine einzige Fernsehkamera surrte, und ein paar alte Freunde weinten. Ich habe die Harvey gut gekannt. Sie hätte sich Photographen aus allen Ländern und ein Meer von Blumen gewünscht . . .«

Man merkt, daß die Verfasserin dieser Zeilen, die die Harvey gut gekannt haben will, an der Beerdigung nicht teilgenommen hatte.

\*

»Reiche Leute lieben keinen Tod!« sagte der Maler Philippe Roy, der bei Antibes einen gutgehenden Antiquitätenladen betreibt, zu Frau Wirth, als sich diese bei ihm, einem guten Freund der Harvey, ein Jahr später Rat holte. Sie hatte, um einen Wunsch der Verstorbenen zu erfüllen, einen Bronzeabguß der von der Bildhauerin Lore Friedrich-Gronau geschaffenen Figur, die Lilian als Fanny Elßler zeigt, herstellen lassen, den sie nun in einer kleinen Feier am ersten Todestag auf das Grab stellen wollte.

Roy bezweifelte, daß zu dieser Denkmalsenthüllung viele Gäste kommen würden, und riet statt dessen zu einem Gedächtnis-Empfang in der Villa »Asmodée«. Er meinte, zu einem Cocktail seien die »oberen dreihundert« von Antibes jederzeit bereit, nicht jedoch, an die Vergänglichkeit alles Irdischen erinnert zu werden. Auf Friedhöfen sehe man ihresgleichen nie.

Wie hohl die Gesellschaft war, die sich auf der »Halbinsel der Milliardäre« zusammendrängte, um ihr Leben zu genießen, hatte Else Wirth bereits zu spüren bekommen.

Zwar hatte Lilian sie zur Erbin der Hälfte ihres Vermögens eingesetzt, aber es dauerte lange, bis sie darüber verfügen konnte. Bankkonten und Tresore waren bis zur Testamentseröffnung gesperrt und versiegelt; und an ihre eigenen Mittel konnte Frau Wirth ebenfalls nicht heran, weil sie in den gleichen Tresoren und Konten lagen. In ihrer Not, denn viele Ausgaben kamen auf sie zu, wandte sie sich an Lilians Freunde.

»Wer ist dort?« fragte eine ihr seit langem gut bekannte Millionärin, die sie telefonisch um Hilfe anging. »Frau Wirth? Ich kenne keine Frau Wirth!« Und legte auf.

Eine andere Dame, der sie einen kostbaren Ring zum Verkauf anvertraut hatte, betrog sie kühl lächelnd um 4500 Francs, und da Frau Wirth, dem guten Ruf der Dame vertrauend, sich keine Quittung hatte geben lassen, vermochte sie sich nicht zu wehren.

Eine dritte, Witwe eines bekannten Malers, riet ihr naiv, doch ein Bild ihres Mannes, das Lilian besaß, zu verkaufen, um zu Geld zu kommen. Daß es vorkommen könnte, daß jemand im Augenblick nicht »flüssig« war, ging über den Horizont der Dame, ebenso, daß ein Gemälde nicht augenblicks zu Geld gemacht werden konnte.

An der Côte d'Azur kann man herrlich leben. Aber man darf dort nicht leben, ohne Geld zu haben, und – was noch schlimmer ist – man darf dort nicht sterben.

Frau Wirth verzichtete auf einen Empfang am Jahrestag des Todes der Harvey. Und tatsächlich erschien zur Denkmalsenthüllung, zu der sie eingeladen hatte, kaum einer der früheren Freunde. Aber Feriengäste und Touristen beteiligten sich in großer Zahl.

Serge Lifar hielt eine kurze Rede und enthüllte die Figur. Und erfreulicherweise war endlich auch ein Vertreter der deutschen Filmwirtschaft erschienen und legte Rosen auf das Grab.

In ihrem Testament hatte Lilian bestimmt, die Villa »Asmodée« sollte nicht veräußert werden und Else Wirth lebenslänglich darin wohnenbleiben dürfen.

Die hohe Erbschaftssteuer in Frankreich machte es unmöglich, diesen Willen zu respektieren. Frau Wirth mußte das Haus verkaufen, um alle anderen Verpflichtungen erfüllen und Lilians Schwester auszahlen zu können. Sie selbst behielt die kleine Villa »Chemin du Paradis« und blieb in Cap d'Antibes wohnen, um Lilian über den Tod hinaus die Treue zu halten. Als Sachwalterin ihrer hinterlassenen Erinnerungsstücke und als Pflegerin ihres Grabes.

Mit den früheren Freunden der Harvey hat sie kaum noch Kontakt.

»Reiche Leute lieben keinen Tod.«

# Ein neues Harvey-Bild

Am Ende seines Berichts stellt sich für den Chronisten die Frage, ob Lilian Harvey überhaupt fähig gewesen ist, ihre eigene Bedeutung zu erkennen.

Viel spricht für die Annahme, daß sie sich lediglich als Person gesehen hat, der es dank vielseitiger künstlerischer Begabung vergönnt war, anderen Menschen Freude zu bereiten.

Daß sie in einer wichtigen Phase des deutschen Musikfilms stilbildendes Element war, daß sie entscheidend dazu beitrug, eine historische Epoche filmischer Unterhaltung zu entwickeln, zu formen und abzuschließen, hat sie offenbar nicht mit dem richtigen Abstand zu beurteilen verstanden. Sonst hätte sie nicht so eifrig an der Demontage ihres eigenen Denkmals mitgewirkt.

Es gibt Menschen, die muß man vor sich selbst in Schutz nehmen. Einem Bildhauer, der an seinem Werk, obgleich es vollendet, noch immer formt, weil er sich von der geliebten Arbeit nicht trennen kann, sollte man den Meißel aus der Hand nehmen. Einer Lilian Harvey hätte, da sie selbst kein Einsehen hatte, verboten werden müssen, nach dem Kriege ein Comeback anzustreben.

Diese Forderung ist ebenso brutal wie sie von der Harvey unmöglich zu erfüllen gewesen wäre.

Als Greta Garbo 1941, im Alter von 35 Jahren, zu filmen aufhörte und sich ins Privatleben zurückzog, folgte sie einem Entschluß, der Ausdruck von Unsicherheit und Zweifel war, von Angst vor dem Altern, von Hemmung vor einem neuen Rollenfach, von Sorge, an der Umstellung scheitern zu können. Sie verstummte lieber, als sich Experimenten auszusetzen. Sie verschwand buchstäblich von der Bildfläche und schuf damit den Mythos von der scheuen, einsamen, bei lebendigem Leibe gestorbenen Frau, von der »göttlichen« Garbo. Das Publikum bewunderte sie, verehrte sie, verstand sie. Niemand mäkelte an ihr herum. Ihre künstlerische Leistung ist Filmgeschichte geworden.

Das einzige, das Lilian Harvey mit Greta Garbo gemeinsam hat, wenn man schon beide Namen in einem Atemzug nennt, ist ihr Alter und damit das Problem der natürlichen Veränderung. Aber während das herbe Naturell der Garbo dieses Problem mit einer negativen Entscheidung löste, war es der lebensbejahenden, heiteren und optimistischen Harvey unmöglich, an Kapitulation zu denken. Dazu kamen zwei Ereignisse, die ihre Karriere gewaltsam unterbrachen und die Harmonie einer künstlerischen Ausreifung verhängnisvoll störten.

Daß Lilian Harvey einem Mann zuliebe aus freien Stücken die Hollywood-Laufbahn beendete, die im Gegensatz zur Auffassung vieler Kritiker ihr keine Enttäuschung, keine Niederlage bereitet hatte, sondern nach Überwindung von Anfangsschwierigkeiten sie auf den Gipfel zu führen verhieß, daß sie also privater Motive wegen beruflichen Ehrgeiz zurücksteckte, war die erste, wenn auch noch freiwillige, gefährliche Interruption einer planvollen Entwicklung.

Die zweite, die sich logisch aus der ersten ergab, setzte mit der Flucht aus Deutschland ein. Fünfunddreißigjährig wurde Lilian Harvey gezwungen, ihre Filmtätigkeit aufzugeben. Während die Garbo zur gleichen Zeit im gleichen Alter aus eigener Erkenntnis die Konsequenzen zog, blieb der Harvey die natürliche Einsicht in die Dinge vorenthalten. Sie mußte in eine ungewollte Pause mit der Überzeugung gehen, bei weitem noch nicht alles geleistet zu haben.

Und als sie nach dem Krieg wieder deutschen Boden betrat, war sie unfähig, gedanklich nachzuvollziehen, was sie an natürlicher Entwicklung versäumt hatte. Nur deshalb konnte es geschehen, daß sich die Dreiundvierzigjährige gebärdete, als habe es keine Vakanz gegeben, als könnte sie 1949 in Berlin da wieder anknüpfen, wo sie zehn Jahre vorher aufgehört hatte. Dieser unnatürliche Prozeß hat sie die Unbefangenheit einer Frau gekostet, die unter normalen Verhältnissen normal gereift und gealtert wäre.

Denn was war es, was man einst unter dem Begriff »Lilian Harvey« verstand und jetzt wieder zu verstehen anfängt? Es war der Zusammenklang von Tanz, Gesang, Musik, Spiel, Jugend und Schönheit. Es war eine Art filmisches »Gesamtkunstwerk«, aus dem kein einzelnes Element hätte herausfallen können, ohne das Ganze zu zerstören. Ein Begriff also von zeitlich begrenzter Wirkung, dem der Versuch einer Verlängerung um jeden Preis nur Abbruch getan hätte. Als die Harvey abtrat, war sie noch die Verkörperung dieses Begriffs.

Sie wäre es heute noch, hätte sie es fertiggebracht, sich nach dem Krieg in

Die »Fanny-Elßler«-Figur erinnert an eine große tänzerische Vergangenheit (ganz oben).
Der letzte Vorhang – der letzte Applaus. Lilian Harvey mit Blumen und Lorbeerkranz auf der Bühne des Kurtheaters Garmisch-Partenkirchen (rechts).
Ein Jahr nach ihrem Tode enthüllte Serge Lifar auf ihrem Grab in Antibes die Bronze-Figur der »Fanny Elßler« (oben).

*Das klassische Profil einer schönen Schauspielerin (hier in »Schwarze Rosen«) – 29 Jahre alt.*

ihre Villa »Asmodée« zurückzuziehen und dort einen friedlichen, unauffälligen Lebensabend zu verbringen. Unangetastet geblieben wäre ihr Ruf als Muse des Unterhaltungsfilms, lächelnd hätten die Menschen des »Blonden Traums« gedacht, der auch ihrer Jugend Traum gewesen, und dem »süßesten Mädel der Welt« bis in den Tod die Liebe bewahrt. Man hätte sie bewundert, verehrt, verstanden. Niemand hätte an ihr herumgemäkelt. Ihre künstlerische Leistung wäre längst Filmgeschichte.

Aber die Harvey war keine Garbo. Es hielt sie nicht in der Zurückgezogenheit ihres schönen Refugiums. Ihr Mitteilungsbedürfnis war ungebrochen. Sie bildete sich ein, ihren Nächsten zur Freude sich selbst auf dem Altar der Menschenliebe opfern zu müssen. Die Harvey in den Trümmern Berlins: »Wissen Sie, was Sie jetzt brauchen? Etwas ganz Liebes und Süßes, etwas, das die Herzen höher schlagen läßt! Der Krieg ist doch aus!«

Die Harvey heroisch, als Gastspielreisen sie bereits anstrengten: »Es gibt nichts Schöneres, als den Menschen Freude zu bereiten. Und solange man mich braucht, werde ich damit nicht aufhören!«

Die Harvey, als ein Journalist von ihr wissen wollte, was sie als Reporterin die Harvey fragen würde: »Ich würde als Reporterin fragen – sind Sie glücklich, Lilian Harvey? Und als Lilian Harvey würde ich antworten: Ja! Ein dickes, großes Ja auf diese Frage! Und ich bin dankbar, dankbar allen Menschen, die lieb zu mir waren und es noch sind . . .«

Diese Antwort stellte ihrem Charakter das schönste Zeugnis aus. Eine Frau, die so tief enttäuscht worden war wie sie, die einem Irrtum ihres Herzens die Karriere geopfert hatte, haderte nicht mit ihrem Schicksal, sondern bekannte strahlend: »Ja, ich bin glücklich!« Sie resignierte nicht. Sie zog sich nicht verbittert zurück. Vielmehr war sie bereit, alles zu verstehen und alles zu verzeihen.

Nur – was sie einmal gewesen, schien sie nicht richtig einschätzen zu können, und ebensowenig, wie sehr sie das, was sie war, durch ihr unbekümmertes Überall-dabei-sein-wollen dezimierte und aufs Spiel setzte.

Sie, die ein Weltbegriff war, die die Japaner genau so entzückte wie die Eskimos in Grönland und die Indianer in Patagonien, war am Ende ihres Lebens stolz darauf, vom Kurtheater Garmisch-Partenkirchen zum Ehrenmitglied ernannt zu werden.

Nichts gegen das Kurtheater Garmisch-Partenkirchen.

Sie, die in Hollywood »Königin« hätte werden können, mußte bei einem Gastspiel im Düsseldorfer Theater in der Berliner Allee eine Büfettdame abfällig fragen hören, weshalb sie denn anderen Schauspielern das Brot wegnehme, sie habe doch genug Geld.

Nichts gegen das Theater in der Berliner Allee und seine Büfettdame.

In unbeirrbarem Sendungsbewußtsein hat sie Tournee-Strapazen ertragen, auf mühsamen Proben mit oft unzulänglichen Schauspielern unendliche Geduld entwickelt und sich vor keiner Erniedrigung gescheut. Mancher Partner, der nicht zu begreifen vermochte, was den berühmten Star dazu trieb, an kleinen Bühnen Theater zu spielen, fühlte sich neben ihr nicht erhöht, sondern ließ sie arrogant ihren eigenen Abstieg spüren.

Und warum dies alles? Nur weil sie in ihrer Herzenseinfalt etwas ganz »Liebes und Süßes« im Auge hatte und jedermann Freude bringen wollte. Und nur weil es die Harvey bis zum Tode nicht fertigbrachte, ihren fanatischen Fleiß, ihren besessenen Ehrgeiz zu zügeln. Wie sie einst singen lernte, seiltanzen lernte, fechten lernte, um das Wort »unmöglich« nicht aussprechen zu müssen, so lernte sie in reifen Jahren noch Sprechbühne und Boulevardtheater und genoß befriedigt den Beifall, der ihr zu bestätigen schien, daß sie es wieder einmal geschafft hatte.

Spürte sie nicht, daß sie gegen ein ungeschriebenes Gesetz verstieß, indem sie als Weltstar, der im Olymp seines Ruhms hätte bleiben müssen, aus den Wolken herabstieg, sich unter die Sterblichen mischte und sich »dem Volke gemein« machte? Hat sie nicht gewußt, daß ein Idol nicht eigenmächtig beschließen kann, als schlichter Mensch unter Menschen zu leben?

Das Publikum muß diese Art Kontaktfreudigkeit als billige Anbiederung mißverstehen. Vom Mißverständnis zum Mißbrauch ist nur ein kurzer Schritt. Man umdrängt das Idol, das sich anbietet, man will an seinem Ruhm teilhaben. Plötzlich entdeckt man seine Sterblichkeit und empfindet Genugtuung. Ein Gefühl von Ebenbürtigkeit kommt auf, der Überheblichkeit folgt. Am Ende sind Hohn und Spott der Lohn für den Menschlichkeitsdrang des Idols, weil es seinen Fans den entscheidenden Beweis schuldig geblieben ist: den Beweis ewiger Jugend.

Der Beifall, den das Publikum der Nachkriegs-Harvey spendete, war zwar echt, galt aber weniger dem Comeback als der Erinnerung an die große, schöne, dankbar verklärte Filmvergangenheit, die meist identisch war mit der Jugendzeit derer, die klatschten. Aber in den Beifall mischten sich auch Enttäuschung und Verstimmung, weil durch Lilians Erscheinung mancher an das eigene Älterwerden erinnert wurde. Dann fragte Frau Meyer bestürzt ihren Gatten: »Du, die Harvey und ich, wir sind doch der gleiche Jahrgang

– sehe ich etwa auch schon so alt aus?« Und Herr Meyer lächelte seine Gattin an: »Aber, Elschen, ich bitte dich! Neben der siehst du doch wie ein junges Mädchen aus!« Worauf Frau Meyer beruhigt ihren Applaus verdoppelte.

Nein, ihre Leistung als Bühnendarstellerin war nicht schlecht; die Kritiken, die sie lobten, übertrieben nicht. Aber außer ihr selbst hat niemand ihre Altersleistung verlangt und gebraucht. Der große Begriff »Lilian Harvey« ließ sich durch keine neue Dimension erweitern. Das erkannten auch die Intendanten der großen Bühnen, die es ablehnten, sie zu engagieren. Und aus dem gleichen Grund hat das Fernsehen darauf verzichtet, Lilian Harveys Comeback zu unterstützen. Da ließ man sich lieber die Chance entgehen, eine Agatha-Christie-Sendung auszustrahlen.

Der Ruhm der jungen Harvey war nicht vom Tisch zu wischen. An ihm hatte sich die alternde, die alte Harvey stets neu messen zu lassen.

Was nützte es, daß sie ausrief: »Ich habe meine Vergangenheit längst bewältigt! Nur meine Umgebung ist damit noch nicht fertig geworden!« Jeder Reporter, der sie interviewte, stieß sie mit seinen Fragen automatisch in die Vergangenheit zurück; das Publikum, sentimental nach ihren alten Liedern verlangend, tat das gleiche. Nur mit einem totalen Rückzug hätte sie dieses Problem lösen können. Aber sie wollte keinen Rückzug. Sie liebte das Leben.

Erst ihr Tod hat der Verwirrung, an der sie selber schuld war, ein Ende gemacht. Die Erinnerung an die alternde Harvey beginnt zu verblassen, das Bild der jungen rückt wie erwartet wieder in den Vordergrund. Diese logische Entwicklung gibt dem Chronisten das Motiv für sein Buch. Nachdem auch Willy Fritsch und Paul Martin gestorben sind, hält er den Zeitpunkt für gekommen, der Öffentlichkeit ein berichtigtes Lilian-Harvey-Porträt vorzulegen.

Deshalb ist dies nicht mehr die Geschichte der von blindem Ehrgeiz getriebenen, eiskalten Künstlerin, die nur an Karriere denkt und keine Gefühle kennt, nicht die Story des kleinen Mädchens, das nach Hollywood geholt wird und dort wie viele andere Girls aus Europa an den zu hohen Ansprüchen scheitert. Diese Biographie kann nicht länger vertreten werden.

Lilian Harvey – das ist vielmehr der Roman einer fanatischen Künstlerin, der auf dem Weg zum Gipfel das Gefühl ein Bein stellt. Das Protokoll eines maßlosen Fleißes, dem sich alles unterordnet – nur nicht das eigene Herz. Es ist die Tragikomödie einer liebenswerten Frau, die im richtigen Augenblick das Falsche tut.

# Filmographie Lilian Harvey

1925 *Der Fluch*. Prod. Robert-Land-Film, Wien. Buch: Ernst Weizmann und Walter Reisch. Regie: Robert Land. Darsteller: Oscar Beregy, Albert Heine, Hans Thimig, Ferdinand Bonn, Anton Pointner.

*Leidenschaft (Die Liebschaften der Hella von Gilsa)*. Prod. Eichberg-Film, Berlin. Buch: Hans Sturm und Helmuth Ortmann. Regie: Richard Eichberg. Darsteller: Otto Gebühr, Dina Gralla, Camilla von Hollay, Edda Stevens, Hermann Picha, Kurt Vespermann, Lydia Potechina.

*Liebe und Trompetenblasen*. Prod. Eichberg-Film. Buch: Hans Sturm und Hans Bachwitz. Regie: Richard Eichberg. Darsteller: Harry Liedtke, Harry Halm, Mary Kid, Hans Junkermann, Paul Morgan, Peter Voß.

*Die Kleine vom Bummel*. Prod. Eichberg-Film. Buch: Helmuth Ortmann. Regie: Richard Eichberg. Darsteller: Hans Brausewetter, Dina Gralla, Ernst Winar, Hans Junkermann.

1926 *Prinzessin Trulala*. Prod. Eichberg-Film. Buch: Hans Sturm. Regie: Erich Schönfelder. Darsteller: Harry Halm, Dina Gralla, Hans Junkermann, Leopold von Ledebur.

*Vater werden ist nicht schwer*. Prod. Eichberg-Film. Buch: Alfred Halm nach dem Roman von Ernst von Wolzogen. Regie: Erich Schönfelder. Darsteller: Harry Halm, Siegfried Arno, Albert Paulig.

*Die keusche Susanne*. Prod. Eichberg-Film. Buch: Hans Sturm. Regie: Richard Eichberg. Darsteller: Willy Fritsch, Ruth Weyher, Werner Fütterer, Hans Junkermann, Lydia Potechina, Otto Wallburg, Ernst Hoffmann.

1927 *Die tolle Lola*. Prod. Eichberg-Film. Buch: Hans Sturm nach dem Bühnenstück *Der Weg zur Hölle* von Gustav Kadelburg. Regie: Richard Eichberg. Darsteller: Harry Halm, Hans Junkermann, Julia Serda, Julius von Szoreghy.

*Eheferien*. Prod. Eichberg-Film. Buch: Hans Sturm und Robert Liebmann nach der Novelle *Eheringe* von Hans Sturm und Alexander Engel. Regie: Victor Janson. Darsteller: Harry Halm, Angelo Ferrari, Ida Perry, Hans Sturm, Albert Paulig.

1928 *Du sollst nicht stehlen*. Prod. Eichberg-Film. Buch: Robert Liebmann. Regie: Victor Janson. Darsteller: Werner Fütterer, Dina Gralla, Bruno Kastner, Charlotte Susa, Erich Kaiser-Titz.

*One Night of London*. Prod. Pick-Blattner, London. Buch: Herbert Juttke und Georg C. Klaren. Regie: Lupu Pick. Darsteller: Robert Irvine, Ivy Duke, Robert English, Ben Nedell. Deutscher Titel: *Eine Nacht in London*.

1929     *Ihr dunkler Punkt.* Prod. UFA. Buch: Robert Liebmann nach der Novelle *Die Dame mit dem schwarzen Herzen* von Frank Maraun. Regie: Johannes Guter. Darsteller: Willy Fritsch, Siegfried Arno, Harry Halm, Warwick Ward, Julius Falkenstein.

*Adieu Mascotte.* Prod. UFA. Buch: Franz Schulz nach einer Story von Michel Linsky. Regie: Wilhelm Thiele. Darsteller: Igo Sym, Harry Halm, Marietta Millner, Julius Falkenstein.

*Wenn du einmal dein Herz verschenkst.* Prod. UFA. Buch: Robert Liebmann nach dem Roman *Der Vagabund vom Äquator* von Ludwig von Wohl. Regie: Johannes Guter. Darsteller: Igo Sym, Harry Halm, Karl Platen, Alexander Sascha, Rudolf Biebrach.

1930     *Liebeswalzer.* Prod. UFA. Buch: Hans Müller und Robert Liebmann. Regie: Wilhelm Thiele. Darsteller: Willy Fritsch, Georg Alexander, Julia Serda, Karl Ludwig Diehl, Hans Junkermann, Lotte Spira, Karl Etlinger, Viktor Schwannecke.

*Love Waltz.* Prod. UFA. Regie: Wilhelm Thiele. Darsteller: John Batten, Georg Alexander, Karl Ludwig Diehl, Julia Serda, Hans Junkermann, Karl Etlinger. (Die englische Version des Films *Liebeswalzer*).

*Hokuspokus.* Prod. UFA. Buch: Karl Hartl und Walter Reisch nach dem gleichnamigen Theaterstück von Curt Goetz. Regie: Gustav Ucicky. Darsteller: Willy Fritsch, Oskar Homolka, Gustaf Gründgens, Otto Wallburg, Harry Halm, Rudolf Biebrach.

*The Temporary Widow.* Prod. UFA. Buch: Ben Levy. Regie: Gustav Ucicky. Darsteller: Laurence Olivier, Felix Aylmer, Frederick Lloyd, Gillian Dean, Frank Stanmore. (Die englische Version von *Hokuspokus*).

*Die Drei von der Tankstelle.* Prod. UFA. Buch: Franz Schulz und Paul Frank. Regie: Wilhelm Thiele. Darsteller: Willy Fritsch, Oskar Karlweis, Heinz Rühmann, Fritz Kampers, Olga Tschechowa, Kurt Gerron, Felix Bressart.

*Le Chemin du Paradis.* Prod. UFA. Regie: Wilhelm Thiele und Max de Veaucorbeille. Darsteller: Henri Garat, René Lefèvre, Jacques Maury, Olga Tschechowa, Gaston Jacquet. (Die französische Version von *Die Drei von der Tankstelle*).

*Einbrecher.* Prod. UFA. Buch: Robert Liebmann und Louis Verneuil. Regie: Hanns Schwarz. Darsteller: Willy Fritsch, Heinz Rühmann, Ralph Arthur Roberts, Oskar Sima, Gertrud Wolle, Kurt Gerron, Paul Henckels.

1931     *Princesse à vos Ordres.* Prod. UFA. Buch: Robert Liebmann, Paul Frank und Billie Wilder. Regie: Hanns Schwarz. Darsteller: Henri Garat, Marcel Vibert, Raymond Guerin, Bill Stössel, Jean Mercanton. (Die französische Version des deutschen Films *Ihre Hoheit befiehlt,* worin Käthe von Nagy die Rolle von Lilian Harvey spielte – neben Willy Fritsch, Reinhold Schünzel und Paul Hörbiger).

*Nie wieder Liebe.* Prod. UFA. Buch: Irma von Cube und Anatol Litvak nach dem Bühnenstück *Dover – Calais* von Julius Berstel. Regie: Anatol Litvak. Darsteller: Harry Liedtke, Felix Bressart, Margo Lion, Oskar Marion.

Julius Falkenstein, Hermann Speelmanns, Theo Lingen, Raoul Langen, Louis Brody.

*Calais – Douvres*. Prod. UFA. Regie: Anatol Litvak. Darsteller: André Roanne, Armand Bernard, Robert Darthez, Sinoel, Theo Lingen, Oskar Marion, Julius Falkenstein, Louis Brody. (Die französische Version von *Nie wieder Liebe*).

*Der Kongreß tanzt*. Prod. UFA. Buch: Norbert Falk und Robert Liebmann. Regie: Erik Charell. Darsteller: Willy Fritsch, Conrad Veidt, Otto Wallburg, Carl-Heinz Schroth, Lil Dagover, Alfred Abel, Eugen Rex, Adele Sandrock, Julius Falkenstein, Max Gülstorff, Paul Hörbiger.

*Le Congrès s'amuse*. Prod. UFA. Regie: Erik Charell und Jean Boyer. Darsteller: Henri Garat, Lil Dagover, Armand Bernard, Robert Arnoux, Pierre Magnier, Odette Talazak, Paul Ollivier. (Die französische Version von *Der Kongreß tanzt*).

*The Congress dances*. Prod. UFA. Regie: Erik Charell und Karl Winston. Darsteller: Henri Garat, Conrad Veidt, Lil Dagover, Gibb McLaughlin, Eugen Rex, Olga Engel. (Die englische Version von *Der Kongreß tanzt*).

1932    *Zwei Herzen und ein Schlag*. Prod. UFA. Buch: Franz Schulz nach einer Komödie von Birabeau und Dolley. Regie: Wilhelm Thiele. Darsteller: Wolf Albach-Retty, Rosa Valetti, Kurt Lilien, Otto Wallburg, Tibor von Halmay, Hans Deppe.

*La Fille et le Garçon*. Prod. UFA. Regie: Wilhelm Thiele und Jean Boyer. Darsteller: Henri Garat, Lucien Baroux, Marcel Vallée, Mady Berry, Tibor von Halmay. (Die französische Version von *Zwei Herzen und ein Schlag*).

*Quick*. Prod. UFA. Buch: Hans Müller nach dem gleichnamigen Bühnenstück von Felix Gandéra. Regie: Robert Siodmak. Darsteller: Hans Albers, Willi Stettner, Albert Kersten, Paul Hörbiger, Carl Meinhard, Paul Westermeier, Genia Nikolajewa, Käthe Haack.

*Quick*. Prod. UFA. Regie: Robert Siodmak. Darsteller: Pierre Brasseur, Jules Berry, Marcel André, Pierre Finaly, Jeanne Fusier-Gir, Armand Bernard. (Die französische Version von *Quick*).

*Ein blonder Traum*. Prod. UFA. Buch: Walter Reisch und Billie Wilder. Regie: Paul Martin. Darsteller: Willy Fritsch, Willi Forst, Paul Hörbiger, Trude Hesterberg, Hans Deppe, Wolfgang Heinz.

*Une Rêve blonde*. Prod. UFA. Regie: Paul Martin und Jean Boyer. Darsteller: Henri Garat, Pierre Brasseur, Charles Redgie, Pierre Pierade, Claire Franconney. (Die französische Version von *Ein blonder Traum*).

*Happy ever after*. Prod. UFA/W & F. Regie: Paul Martin und Karl Winston. Darsteller: Jack Hulbert, Cecily Courtneidge, Sonnie Hale, Percy Parsons, Edward Chapman, Clifford Heatherley. (Die englische Version von *Ein blonder Traum*).

1933    *Ich und die Kaiserin*. Prod. UFA. Buch: Walter Reisch und Robert Liebmann nach einer Idee von Felix Salten. Regie: Friedrich Holländer. Darsteller: Mady Christians, Conrad Veidt, Heinz Rühmann, Friedel

Schuster, Hubert von Meyerinck, Julius Falkenstein, Paul Morgan, Hans Hermann Schaufuß, Kate Kühl, Heinrich Gretler.

*Moi et l'Imperatrice*. Prod. UFA. Regie: Friedrich Holländer. Darsteller: Charles Boyer, Pierre Brasseur, Danielle Bregis, Julius Falkenstein, Pierre Stephen, Julien Carette. (Die französische Version von *Ich und die Kaiserin*).

*The only Girl*. Prod. UFA. Buch: Robert Stevenson und John Heygate. Regie: Friedrich Holländer. Darsteller: Charles Boyer, Mady Christians, Maurice Evans, Ernest Thesiger, Julius Falkenstein, Friedel Schuster, Huntley Wright. (Die englische Version von *Ich und die Kaiserin*).

*My Lips betray*. Prod. Fox-Hollywood. Buch: Hans Kräly und Jane Storm nach einer Idee von Attila Orbok. Regie: John G. Blystone. Darsteller: John Boles, El Brendel, Irene Brown, Maude Eburne, Henry Stephenson, Herman Bing.

*My Weakness*. Prod. Fox-Hollywood. Buch: David Butler nach einer Idee von B. G. DeSylva. Regie: David Butler. Darsteller: Lew Ayres, Charles Butterworth, Harry Langdon, Sid Silvers, Henry Travers.

1934 *I am Suzan*. Prod. Fox-Hollywood. Buch: Edwin Justus Mayer und Rowland V. Lee. Regie: Rowland V. Lee. Darsteller: Gene Raymond, Leslie Banks, Georgia Caine, Geneva Mitchell, Halliwell Hobbes, The Piccoli Marionettes and the Yale Puppetteers.

*Let's live tonight*. Prod. Columbia-Hollywood. Buch: Gene Markey nach einer Idee von Bradley King. Regie: Victor Scherzinger. Darsteller: Tullio Carminati, Janet Beecher, Hugh Williams, Tala Birell, Gilbert Emery, Luis Alberni.

1935 *Invitation to the Dance*. Prod. Associated British/BIP-London. Buch: Eric Maschwitz und George Posford. Regie: Dr. Paul Merzbach. Darsteller: Carl Esmond, Richard Bird, Esme Percy, Hay Petrie, Anton Dolin, Harold Warrender.

*Schwarze Rosen*. Prod. UFA. Buch: Curt J. Braun, Walter Supper, Paul Martin. Regie: Paul Martin. Darsteller: Willy Fritsch, Willy Birgel, Gertrud Wolle, Gerhard Bienert, Valy Arnheim, Kurt von Ruffin, Ilse Trautschold, Ewald Wenck.

*Roses noires*. Prod. UFA. Regie: Paul Martin. Darsteller: Jean Galland, Jean Worms, Ernest Ferny, André Nicolle. (Die französische Version von *Schwarze Rosen*).

1936 *Glückskinder*. Prod. UFA. Buch: R. A. Stemmle, Paul Martin, Curt Goetz. Regie: Paul Martin. Darsteller: Willy Fritsch, Oskar Sima, Paul Kemp, Fred Goebel, Erich Kestin, Otto Stoeckel, Paul Bildt, Albert Florath.

*Les Gais lurons*. Prod. UFA. Regie: Paul Martin. Darsteller: Henri Garat, Alfred Pizella, Jean Toulout, Pierre Magnier, Paul Ollivier, Raymond Aimos. (Die französische Version von *Glückskinder*).

*Did I betray?* Prod. Reunion/UFA. Buch: Paul Martin, John Heygate und Peter MacFarlane. Regie: Paul Martin. Darsteller: Esmond Knight, Dennis

Hoey, Robert Rendel, Amy Veness, Henry Wolston, W. A. Haines, Beatrice Munro. (Die englische Version von *Schwarze Rosen,* 1938 unter dem Titel *Black Roses* neu herausgebracht).

1937 *Sieben Ohrfeigen*. Prod. UFA. Buch: B. E. Lüthge, Paul Martin, Curt Goetz. Regie: Paul Martin. Darsteller: Willy Fritsch, Alfred Abel, Oskar Sima, Erich Fiedler, Ernst Legal, Otz Tollen, Erwin Biegel, Erich Dunskus.

*Fanny Elßler*. Prod. UFA. Buch: Eva Leidmann und Paul Martin. Regie: Paul Martin. Darsteller: Willy Birgel, Rolf Moebius, Paul Hoffmann, Liselotte Schaak, Ernst Karchow, Walter Werner, Ernst Sattler, Hubert von Meyerinck.

1938 *Capriccio*. Prod. UFA. Buch: Felix Lützkendorf, Rudo Ritter. Regie: Karl Ritter. Darsteller: Viktor Staal, Aribert Wäscher, Paul Kemp, Paul Dahlke, Anton Imkamp, Kate Kühl, Ursula Deinert, Margot und Hedi Höpfner, Werner Stock, Annemarie Holtz, Herbert Weißbach.

1939 *Castelli in Aria*. Prod. UFA/Astra, Rom. Buch: Alessandri de Stefani und Franz Tanzler. Regie: Augusto Genina. Darsteller: Vittorio de Sica, Otto Tressler, Hilde von Stolz, Fritz Odemar, Josefina Dora, Anton Pointner, Leo Peukert. (Deutscher Titel: *Ins blaue Leben*).

*Frau am Steuer*. Prod. UFA. Buch: Paul Hellbracht und Paul Martin nach einem Lustspiel von Paul Barabas. Regie: Paul Martin. Darsteller: Willy Fritsch, Leo Slezak, Georg Alexander, Lotte Spira, Ingolf Kuntze, Grethe Weiser, Rudolf Platte, Hans Junkermann, Karl Etlinger, Ursula Deinert, Josefine Dora.

1940 *Serenade*. Prod. Astra-Films, Paris. Buch: Jean Boyer. Regie: Jean Boyer. Darsteller: Bernard Lancret, Louis Jouvet, Roger Bourdin, Marcel Vallée, Felix Oudart, Robert Arnoux.

*Miquette*. Prod. Astra-Films, Paris. Buch: Jean Boyer nach dem Bühnenstück *Miquette et sa mère* von Robert de Flers und Armand de Caillavet. Regie: Jean Boyer. Darsteller: Lucien Baroux, Daniel Clerice, André Lefaur, Suzanne Dantes, Leon Belières, Jean Brochard, Marguerite Piery.

# Personenregister

Abel, Alfred 101
Abraham, Paul 199
Ahlfeld, Gräfin 218 f.
Ahrweiler, Peter 214
Aimot, J. M. 19
Albach-Retty, Wolf 114
Albers, Hans 13, 97, 112, 114 f., 119
Alexander, Dr. (Arzt) 71
Alexander, Georg 82, 97 f.
Angel, Heather 138
Arna, Lissi 132
Arno, Siegfried 75
Aros (A. Rosenthal) 19
Arucas, Marquis von 76
Ayres, Lew 146

Baarova, Lida 191 ff.
Bahr, Hermann 97
Bankhead, Tallulah 161
Bànky, Vilma 40
Barnes, Eleanor 156
Baroux, Lucien 114
Bassermann, Albert 98
Batten, John 7
Beckmann, Hans Fritz 167, 170
Beethoven, Ludwig van 13, 184, 187
Begum 217
Behn-Grund, Friedl 133
Benatzky, Ralph 78
Bendow, Wilhelm 75
Benett, Constance 143
Beregy, Oskar 40–43
Berger, Dr. (Rechtsanwalt) 135
Berger, Ludwig 132
Bergner, Elisabeth 40, 98, 112, 147
Berry, Jules 115
Berstel, Julius 95
Biery, Ruth 157
Birabeau 114
Birgel, Willy 165, 173, 183
Blystone, John G. 145
Boehm (Chauffeur) 125, 140
Böhme, Fritz 186

Boehme, Marjorie (siehe Marjorie Pape) 219
Boehme, Richard 22
Boles, John 138, 146
Bonn, Ferdinand 41
Boyer, Charles 8, 98, 110 f., 128 f., 155
Boyer, Jean 20, 199, 201
Boyer, Lucienne 183
Brasseur, Pierre 8, 119, 122 f.
Brausewetter, Hans 40
Brecht, Bertolt 13, 117
Bressart, Felix 89
Bruckner, Anton 13
Brüning, Heinrich 78
Brundidge, Harry 150
Bürki, Pierre 212 f., 218
Burri, Emil 190

Canaris, Wilhelm 183
Caracciola, Rudolf 134
Carminati, Tullio 160
Carrere, Christine 219
Chaplin, Charly 29, 55, 208
Charell, Erik 101, 105 f., 109 f., 199
Chevalier, Maurice 98, 110, 139 f., 153, 155, 158, 160, 217
Christians, Mady 125, 127 f.
Christie, Agatha 214, 227
Churchill, Sir Winston 201
Clair, René 91, 181
Coogan, Jacky 55, 75
Cooper, Gary 150–153, 155, 194
Cora, Maria 40
Correll, Ernst Hugo 68–71, 81, 101 ff., 130, 180–183, 190, 194
Coster, Charles de 184
Courtneidge, Cicely 119
Coward, Noel 208
Crawford, Joan 143
Crothers, Bill 73
Czinner, Paul 98

Dagover, Lil 98, 101, 132
Dahlke, Paul 185
Dehmel, Willi 195

235

Deinert, Ursula 185
von Demandowski (Reichsfilmdramaturg) 182, 184
Desni, Xenia 109
DeSylva, B. G. 146
Diehl, Karl Ludwig 98
Dieterle, Wilhelm (William) 97, 132
Dietrich, Marlene 9, 78, 81, 96, 98, 127, 132, 143, 158, 207
Dietrich, Sepp 183
Dießl, Gustav 97
Dolin, Anton 161 ff., 218 f.
Dolley 114
Domergue, Jean Gabriel 217
Domergue, Madame 219
Doraine, Lucy 40
Dudow, Slatan 117
Duncan, Sir 217
Dupont, E. A. 68, 97, 132

Edthofer, Anton 98
Eggebrecht, Axel 80
Eggerth, Martha 97
Eichberg, Richard 23–26, 44–50, 52–58, 60 ff., 65, 68–73, 97, 154
Eichberger, Willy (siehe Carl Esmond)
Einstein, Albert 147
Esmond, Carl (Willy Eichberger) 162
Esterhazy, Agnes 40
Evans, Maurice 7

Falk, Norbert 101
Falkenstein, Julius 101
Fallada, Hans 78, 116
Fanck, Arnold 49
Farkas, Nikolaus 43
Feyder, Jacques 97
Fischer, Heinz 41
Forst, Willi 97, 118
Forster, Rudolf 98
Fraenkel, Heinrich 80
Frank, Paul 88
Freud, Sigmund 78
Friedrich-Gronau, Lore 220
Fritsch, Dinah (siehe Dinah Grace)
Fritsch, Michael 176
Fritsch, Thomas 16 f.
Fritsch, Willy 7, 10, 16 ff., 56–65, 71 f., 74–79, 81–86, 90 ff., 94 f., 101, 103–106, 110–114, 116, 118–121, 123 f., 133 ff., 144, 146, 148, 151, 153 ff., 157 ff., 164 f., 167 f., 170, 176–179, 183, 185, 189, 192, 195–198, 206, 209, 211 f., 219, 227
Fröhlich, Gustav 191 f., 219

Fryland, Alfons 40
Fütterer, Werner 55 ff.
Furtwängler, Wilhelm 13

Gable, Clark 168
Gallone, Carmine 97
Garat, Henri 8, 90, 92, 94 f., 104, 110, 114, 118, 122 f., 146 f., 155, 212
Garat, Marcel 212
Garbo, Greta 9, 20, 80, 97, 117, 143, 152, 206, 223 ff.
Garde, Graf de la 99
Gebühr, Otto 48–52, 98
Genina, Augusto 20, 193
George, Heinrich 97
Gerasch, Alfred 101
Gilbert, Jean 57, 114
Gilbert, John 80
Gilbert, Robert 13, 88, 96, 101, 107, 117 f., 127 f.
von Gilsar 46
Goebbels, Joseph 146, 156, 164, 174, 182–185, 190–194, 204
Göring, Hermann 164
Goetz, Curt 20, 85, 168 ff.
Gott, Lord 202
Gould, Florence 217
Grabley, Ursula 97 f.
Grace, Dinah (Dinah Fritsch) 18, 65, 159, 176–179, 209
Gralla, Dina 56
Gregor, Nora 132
Greven, Alfred 183, 194
Grothe, Franz 195
Gründgens, Gustaf 86 f., 183
Gülstorff, Max 101
Guidicelli 217
Guter, Johannes 74 ff.

Haack, Käthe 51
Hahn, Manon 181
Haid, Liane 40
Hale, Sonnie 119
Halm, Harry 56, 74 ff.
Hamann, Edith 19, 84, 125
Hanke (Staatssekretär) 184
Hanussen, Jan Erik 122
Havilland, Olivia de 156
Hayworth, Rita 161
Heesters, Johannes 198
Hellbracht, Peter 190
Helm, Brigitte 97
Henckels, Paul 91
Hennessey 217

Henseleit, Felix 186
Herlth, Robert 101
Hesterberg, Trude 98
Heymann, Werner Richard 13, 82, 88, 90, 107, 117 f.
Hightower, Rosella 219
Himmler, Heinrich 192
Hindemith, Paul 13, 147
Hinrich, Hans 119
Hitler, Adolf 7, 26 f., 78, 112, 150, 164, 168, 192, 195, 197, 200
Höfer, Werner 186
Höpfner, Hedi 185
Höpfner, Margot 185
Hörbiger, Paul 101, 108 f., 117, 123 f.
Hoffmann, Carl 101, 105, 108
Hoffmann, Paul 173
Holländer, Adi 135
Holländer, Friedrich 81, 91, 127 f., 134, 150
Holländer, Viktor 127
Homolka, Oskar 40
Horn, Camilla 97, 132
Horten, Helmuth 217
Huber, Gusti 198
Hugenberg, Alfred 191
Hulbert, Jack 7, 119
Hylton, Jack 183
Hymmen, Friedrich W. 187

Ihering, Herbert 80
Imkamp, Anton 185
Irvine, Robert 73

Jacquet, Gaston 91
Jannings, Emil 78, 81, 132
Janssen, Walter 97
Jolson, Al 79
Jordan, Egon von 97
Jouvet, Louis 8, 199
Jüterborg, Kati 29
Jugo, Jenny 73, 98
Junkermann, Hans 57, 97

Kampers, Fritz 91, 97
Karlweis, Oskar 90 f., 97 f.
Kaye, Danny 161
Keaton, Buster 97
Keith, Jens 173 f.
Kelly, Grace 218
Kemp, Paul 167 f., 185
Kiepura, Jan 97
Klemperer, Otto 147
Klitzsch, Ludwig 79, 81, 103, 171
Knight, Esmond 7

Korda, Alexander 40
Kortner, Fritz 40, 97, 148
Kracauer, Siegfried 112
Kräly, Hans 20, 126, 132, 145 f.
Krauß, Werner 29, 54, 73
Kreuder, Peter 167
Kreysler, Dorit 198
Kühl, Kate 185
Kürty, Ellen 40
Kupfer, Margarete 101

Lamprecht, Gerhard 192
Lancret, Bernard 199
Land, Robert 41 ff.
Lang, Fritz 40, 68
Larsen, Hartwig Valeur 209
Laughton, Ethel (siehe auch Ethel Pape) 22
Lauterbach, Frauke 190 f., 194
Laval, Pierre 110
Leander, Zarah 198
Lederer, Franz 97
Lee, Rowland V. 149 f., 208, 218
Lee, Sonja 160
Lefèvre, René 91
Leidmann, Eva 173
Leni, Paul 132
Lessing, Gotthold Ephraim 25
Lessing, Marion 97
Liebmann, Robert 82, 126, 128
Liedtke, Harry 56, 95
Lifar, Serge 173, 218 f., 221
Lilien, Kurt 114
List, Wilhelm 202
Liszt, Franz 78
Litvak, Anatol 20, 95
Lubitsch, Ernst 89, 98, 117, 132, 135 f., 138, 146, 160
Lüthge, B. E. 170
Lützkendorf, Felix 182

Maeterlinck, Gräfin 218
Maeterlinck, Maurice 54, 218
Mamoulian, Rouben 152
Mankiewicz, Joseph L. 206
Mann, Heinrich 78, 81
Mann, Thomas 147
Mannheim, Lucie 97
Marcova, Alica 162
Marenbach, Leny 198
Marischka, Hubert 190
Martens, Valerie von 85
Martin, Paul 101, 119–124, 128, 133, 135, 145 f., 149, 152–156, 159, 162–175, 180 f., 190–200, 211, 227

Maugham, Somerset 217
Maury, Jacques 91
Maxwell, Elsa 161
May, Joe 98
Mayer, Louis B. 206
Melichar, Alois 181, 183
Mendl, Fritz 217
Merzbach, Paul 162
Meyer (Präsident der Galeries Lafayette) 217
Milestone, Lewis 78, 146
Miller, Arthur 13
Millner, Marietta 75
Mindszenti, Maria 40
Möbius, Martin Richard 185
Moissi, Alexander 97
Mommy-Darling (siehe Ethel Pape)
Morgan, Paul 97, 128, 132
Mozart, Wolfgang Amadeus 187
Müller, Hans 82
Müller, Renate 114
Müller-Marein, Jupp 196
Mundin, Herbert 139
Murnau, Friedrich Wilhelm 132
Mycroft, Walter 162

Nagy, Käthe von 92, 94 f.
Naumann 184
Negri, Pola 20, 112, 132
Neher, Carola 98
Neufeld, Max 40
Niarchos (Reeder) 217
Nicaud, Philippe 219
Nielsen, Asta 20

Oertel, Kurt 204
Offenbach, Jacques 127 f.
Olivier, Sir Laurence 7, 86
Ondra, Anny 98
O'Neill, Eugene 13
O'Neill, Oona 208
Otto, Paul 98

Paeschke, Hans 186
Pagnol, Marcel 98
Pape, Ethel (genannt Mommy-Darling) 23, 25 f., 29 f., 32, 38 f., 45, 60 f., 87, 121, 134 f., 163 f., 198, 200, 208
Pape, Walter Bruno 22–25, 27 f.
Pape, Marjorie 22
Pape, Walter (genannt Jimmy) 22 f., 43
Paudler, Maria 97
Parlo, Dita 79, 132
Parry, Lee 46 ff., 54

Parsons, Percy 119
Pawlowa, Anna 32, 36, 41, 45
Pechstein, Max 147
Pétain, Henri Philippe 202
Peters, Wolfgang A. 213
Pfeiffer, Max 165
Pick, Lupu 73
Pigozzi 217
Planer, Franz 89, 91
Poelzig, Hans 78
Pointner, Anton 41 f., 97
Pommer, Erich 19, 21, 68, 77, 79, 81 f., 85, 87 ff., 91, 98 f., 101 ff., 106, 108, 115 ff., 119–122, 127 f., 130, 135, 159, 165
Porten, Henny 20
Posca, Edith 74
Potechina, Lydia 57
Putti, Lya de 40, 132

Quandt, Günther 164
Quandt jr. 164, 218

Raddatz, Carl 198
Rappard, Gillis van 212
Rattigan, Terrence 212
Raymond, Gene 150
Reinhardt, Max 57, 68, 101, 156
Reisch, Walter 117, 120, 126, 128
Remarque, Erich Maria 78
Reval, Else 58 f.
Rex, Eugen 101, 128
Richter, Paul 40
Riemann, Johanna 132
Ritter, Gottfried 185
Ritter, Karl 180 ff., 184–187, 199
Ritter, Rudo 182
Roanne, André 8, 95
Robert, Eugen 51
Roberts, Ralph Arthur 91
Röhrig, Walter 101, 181
Rökk, Marika 182
Rohrbeck, Fritz 218 f.
Rosay, Françoise 97
Rosenberg, Alfred 78
Roumilly, Comte de 219
Roy, Philippe 220 f.
Rubinstein, Artur 161
Rubinstein, Helena 208
Rühmann, Heinz 78, 90 f., 127 ff.
Ruppel, Karl Heinz 186
Rutherford, Tom 218

Salten, Felix 126, 128
Sandrock, Adele 92 f., 101

Saroyan, William 13
Sartre, Jean Paul 13
Scherl, August 191
Scherzinger, Victor 160
Schiller, Friedrich von 187
Schleicher, Kurt von 164
Schmedes, Käthe 29
Schmeling, Max 78
Schmidt, Ilse (siehe auch Dinah Grace) 171
Schneider, Romy 114
Schölzer, Micky 198
Schönberg, Arnold 13, 78
Schoenhals, Albrecht 192, 219
Schostakowitsch, Dimitrij 13
Schröder, Friedrich 170
Schroth, Carl-Heinz 101
Schroth, Heinrich 97
Schubert, Franz 200
Schünzel, Reinhold 94
Schulz, Franz 88
Schulz, Walter 114
Schumann, Robert 33
Schwarz, Emil 36, 41, 44 f.
Schwarz, Hanns 91, 94
Schweikart, Hans 184
Serda, Julia 82, 97
Shall, Theo 97, 132
Sharkey, Jack 78
Shean, Winny 138, 140
Sica, Vittorio de 193
Sieber, Rudolf 158
Sima, Oskar 91, 98, 168
Sinclaire, Virginia 141
Siodmak, Robert 20, 114 ff.
Soraya 217
Speelmanns, Hermann 75
Spoliansky, Mischa 96
Sprinz, Alfred 218 f.
Staal, Viktor 185, 190
Stammer, Werner 181
Stauffer, Teddy 202
Stemmle, R. A. 168
Stern, Ernst 101
Sternberg, Josef von (Joe Stern) 68, 78, 81
Sternheim, Carl 51
Stolz, Robert 86
Storm, Jane 145
Stovitts, Hubert J. 173
Straßner, Joe 61, 101, 133 f., 138, 143
Strauß, Richard 182
Strawinsky, Igor 13
Stroheim, Erich von 40
Sturm, Hans 55

Susa, Charlotte 97, 132
Sym, Igo 76

Tabody, Clara 198
Tanzler, Franz 193 f.
Tauber, Richard 96
Thiele, Wilhelm 75, 78, 82 f., 88 f., 114, 199
Thiery, Fritz 81, 101
Thimig, Hans 41 f.
Thomas, Dan 158
Tiedtke, Jakob 51
Trenker, Luis 79
Tschechowa, Olga 91, 97, 132, 177

Ucicky, Gustav 86
Udet, Ernst 156

Valetti, Rosa 114
Veaucorbeille, Max de 90
Veidt, Conrad 29, 54, 97, 101, 112, 127–130, 132
Verneuil, Louis 91
Vibert, Marcel 94
Vlasek, June 139
Vogel 183
Vollmöller, Karl 81
Voß, Peter 97

Wachsmann, Franz 127 f.
Wäscher, Aribert 185
Wagner, Cosima 78
Wagner, Elsa 97
Wagner, Fritz Arno 76
Wagner, Richard 78
Wallburg, Otto 57, 101, 114
Warner, Jack 217
Weber, Carl Maria von 162
Welles, Orson 161
Weyher, Ruth 57
Wieck, Dorothea 98, 132
Wiemann, Mathias 98
Wilder, Billie 20, 88, 116 ff., 120
Wilder, Thornton 13
Winkler, Max 191
Wirth, Else-Pitty 210 f., 219–222
Wolf, Friedrich 78
Wong, Anna May 97
Wurzel, Sol 138, 140, 145

Young, Loretta 161, 207

Zimmermann, Mary 29
Zoubkoff 51
Zuckmayer, Carl 81, 147